钟启泉 著

深度学习

Deeper Learning

华东师范大学出版社
·上海·

图书在版编目(CIP)数据

深度学习/钟启泉著.—上海:华东师范大学出版社,2021
ISBN 978-7-5760-1849-3

Ⅰ.①深… Ⅱ.①钟… Ⅲ.①教学研究 Ⅳ.①G420

中国版本图书馆 CIP 数据核字(2021)第 115585 号

深度学习

著　　者　钟启泉
策划编辑　彭呈军
责任编辑　朱小钗
责任校对　潘　宁　时东明
装帧设计　卢晓红

出版发行　华东师范大学出版社
社　　址　上海市中山北路 3663 号　邮编 200062
网　　址　www.ecnupress.com.cn
电　　话　021-60821666　行政传真 021-62572105
客服电话　021-62865537　门市(邮购)电话 021-62869887
地　　址　上海市中山北路 3663 号华东师范大学校内先锋路口
网　　店　http://hdsdcbs.tmall.com

印 刷 者　浙江临安曙光印务有限公司
开　　本　787 毫米×1092 毫米　1/16
印　　张　14.5
字　　数　241 千字
版　　次　2021 年 8 月第 1 版
印　　次　2022 年 12 月第 7 次
书　　号　ISBN 978-7-5760-1849-3
定　　价　52.00 元

出版人　王焰

(如发现本版图书有印订质量问题,请寄回本社客服中心调换或电话 021-62865537 联系)

目 录

引言　拥抱"哥白尼式的变革"　　　　　　　　　　　　1

第一章
核心素养与深度学习

一、从"知识论"到"素养论"　　　　　　　　　　　　7
二、教学的功能与应试教育的神话　　　　　　　　　10
三、洞察"学习"的本质　　　　　　　　　　　　　　13

第二章
"深度学习"的概念

一、"深度学习"的概念界定　　　　　　　　　　　　23
二、"深度学习"的课题选择与中心目标　　　　　　　31
三、"深度学习"的特质与效果　　　　　　　　　　　34

第三章
认知发展与深度学习

一、知识与学习　　　　　　　　　　　　　　　　　41
二、从认知发展看"深度学习"　　　　　　　　　　　48
三、从发展论理解"深度学习"　　　　　　　　　　　53
四、支撑"深度学习"的学习理论　　　　　　　　　　59

第四章

深度学习的教学设计

一、深度学习的基本原理	65
二、深度学习与教学架构	68
三、深度学习的单元设计与授课类型	76
四、以对话为中心的设计	80
五、深度学习设计的要诀	85

第五章

深度学习：超越传统教学的局限性

一、深度学习的优势	93
二、深度学习的挑战	95
三、建构"思考的课堂文化"	102

第六章

深度学习："对话指导"与"反思指导"

一、瞄准哲学对话水准的"对话指导"	113
二、瞄准反思水准的"反思指导"	118
三、深度学习与"学习共同体"	121

第七章
深度学习视域下的课外作业

一、课外作业的性质与功能　　127
二、拓展深度学习的疆界　　130
三、健全课外作业的环境　　138

第八章
深度学习视域下的教育评价

一、全方位地把握"教育评价"　　145
二、基于"核心素养"的新型评价体制　　149
三、教育目标分类学与评价方式的开发　　154

第九章
深度学习与学习责任转移模型

一、教师的"慧眼"与"有意义学习"　　161
二、学习责任转移模型　　166
三、磨炼教师的"教学胜任力"　　174

第十章
深度学习与教师成长

一、作为"反思性实践家"的教师　　183
二、教学研究范式的转型及其课题　　187
三、教学研究：充实教师的"专家资本"　　192

附　录
从"基础学力"到"核心素养"：日本的案例

一、战后日本的"学力论争"与学力论的演进　　201
二、"21世纪型能力"模型与"深度学习"的创造　　210

结　语
走向"深度学习"

一、汲取学习科学的养分　　218
二、超越"个体能力主义"　　221
三、编织跨界的知识网络　　224

引言　拥抱"哥白尼式的变革"

我们正处在急剧变化的社会里,面对未来社会的发展,谁都必须具备现代知识社会的"生存能力"——广博的知识,灵动的思考,以及敢于直面课题,通过主体的参与、同他者的协作,智慧地解决课题的能力。这就是当今世界各国界定"21世纪型能力"(核心素养、关键能力)的共同诉求。换言之,学校教育的共同目标是瞄准"真实性学力"(authentic achievement),而"真实性学力"需要借助"真实性学习"(authentic learning)来培育。这种"学习"被视为"同周边的人协同,运用工具,直面没有唯一正解的课题,求得课题解决的探究活动"。"深度学习"(deeper learning)就是这样一种新型的学习范式。

20世纪50年代中叶,心理学发生了从"行为主义"转向"认知主义"的革命性变化,谓之"认知革命"。认知心理学把"学习"界定为"能动地解读信息、以自己的方式建构意义的动力性过程",谓之"建构主义学习观"。在认知心理学看来,学习者是一个能动的存在:能够通过了解自身的认知过程(元认知)、展开自我调整的学习;能够借助自身的能力,主动地改善固有的环境——先天条件与后天环境。到了20世纪80年代中叶,"社会建构主义"主张,"学习"不是个人头脑中产生的活动,而是浸润在社会文化情境之中的活动——是在特定的共同体与文化中同工具与他者的交互作用而产生的。这就是认知心理学的"情境学习论",强调了学习境脉的重要性。"从20世纪80年代开始,认知科学家就把'深度学习'作为构成学习科学之基础的核心课题展开了研究,并把这种'真实的实践'(authentic practice)视为学校教育标准的根本原理。"[1]从本质上来说,学校的课堂教学是由三种对话——"同客体的相遇与对话""同他者的相遇与对话""同自己的相遇与对话"——组成的。学习的客体本身倘若不是"真实"的世界,儿童的对话就难以产生,学习也难以深化。"深度学习"的精髓在于,培育学生成为"探究者"与"思考者",而非"记忆者"。这就要求紧扣学科的本质(数学即数学样式的学

---

[1] R. K. Sawyer. 学习科学指南(第二版第二卷)[M]. 大岛纯,等,主译. 京都:北大路书房,2016:4.

习,历史即历史样式的学习,语文即语文样式的学习、音乐即音乐样式的学习),同时注重跨越学科边界的跨界学习,让学习者学得更主动、更透彻、更深邃。"深度学习"就是这样一种充满挑战性的真实的学习。

英国大文豪、1925 年诺贝尔文学奖得主萧伯纳(G. B. Shaw)说,"我们想看到的,不是知识追逐儿童,而是儿童追求知识"[1]。"深度学习"的意义,超越了单纯知识的习得,旨在发展广泛的技能、态度(能力),培育作为学习者的人格(人性)的成长。可以说,它是一种"立足于转换教学范式的学习观"[2]。"深度学习"涵盖三个视点:其一,主体性学习——所谓"主体性学习"是指学习者用"自己的语言"来叙述自己的思考。当他们叙述自身体验的时候,当他们联系自身经验来叙述的时候,当他们潜心地展开挑战学习的活动的时候,能够用"自己的语言"来言说。在主体性学习之际,产生孜孜以求的学习欲望。其二,对话性学习——所谓"对话",是指基于发现"更优的解"这一共同的目标,秉持彼此间的信赖感与诚实性而展开的协同性的知性作业。在对话活动中寻根究底,反复叩问:为什么探究这个课题(目的);通过探究,弄清楚什么(内容);应当用怎样的方法展开探究(方法)。着力于在"习得""运用"与"探究"的学习过程中求得问题的发现与解决。其三,协同性学习——所谓"协同"是指彼此立足于对方的视点来审视对方的见解,洞察问题、求得共鸣。在对话活动中拥有不同见解的他者不是"敌对者",而是共同求得问题解决的"协同者"。借助同多样的他者的合作、同外界的交互作用,拓展并深化学习者自身的思考。同时,培育学习者洞察并尊重他者的价值、分享各自的意义世界的悟性。我国当下应试教育的课堂所欠缺的,正是"深度学习"的这三个修饰词——"主体性""对话性""协同性"。

"深度学习"是 21 世纪学校变革的风向标,也是我国教育部"新课程改革"以来一直倡导的教育指针。"深度学习"对于一线教师而言,意味着面临如下三重挑战:第一,从聚焦"教"转向聚焦"学"的挑战。传统的课堂教学把教学教育视为一种信息传递,让儿童巩固所传递的知识,死记硬背就行了。在这里无异于把"教"等同于"学","教即是学"。然而,当今时代的教学不能归结为教师单纯地传递信息,它要求教师为

---

[1] W. L. Ostroff. 唤起好奇心[M]. 池田匡史,吉田新一郎,译. 东京:新评论,2020:3—4.
[2] 沟上慎一. 能动学习与教学范式的转换[M]. 东京:东信堂,2014:19.

每一个儿童提供积极参与,并能诱发学习兴趣与体验的"学习场"。教师对于儿童而言,承担着一种"协助者"的作用。第二,从"个人学习"转向"协同学习"的挑战。"深度学习"既非单纯教学内容的更新,亦非单纯教学方法的导入,而是意味着构成整个教育的根基——学习观——的转型,亦即从聚焦"个人"转向聚焦"学习共同体"。知识的整合需要基于"协同的过程",在协同作业中每一个学习者的思考得以可视化。第三,从"教案"转向"学案"的挑战。亦即意味着教师从"一种故事"到"多种故事交响"的教学观的转型。教学设计的根本就在于不仅积累学科或跨学科的知识,而且要求因应境脉,重建知识。所谓"教案"就是教师基于单元目标、教材观和评价标准,围绕该课时的目标而展开的教学计划。既然是教案,不过是教师预先设想的一则故事而已,在实际的教学中会产生不同学习者的学习故事。因此,即便是同样的教案,班级不同,教师也能临机应变展开有效教学。正是因为教学中产生的差异,才会催生儿童思考的交响,促成丰盈而有深度的学习。

未来是等不来的,"深度学习"要靠一线教师的创造。在应试教育的课堂中,教师是知识的垄断者,儿童则被视为无知的存在,课堂教学的任务不过是让儿童囫囵吞枣地接受教师传递的标准答案而已。在素质教育的课堂中,儿童是作为"学习主体"参与教师以儿童的知识差异为背景而设计的共同探究活动。借助对话与反思、知识的建构与情意的陶冶,培育每一个学习者的"核心素养"。这是两种截然不同的教育路线,容不得"和稀泥"。早在 20 世纪初,杜威(J. Dewey)就曾经提出从"教师中心"转向"儿童中心"教育原理的"哥白尼式的变革"。在当今知识社会的时代,基于"核心素养"的课堂转型已是势所必然。革新的教师应当热情地张开双臂,拥抱新世纪学校教育"哥白尼式的变革"。

第一章 核心素养与深度学习

核心素养与深度学习息息相关。在知识传递型的教学中受重视的是知识的量的增加与对碎片化知识的理解,从某种意义上说,这是一种作为"信息"的知识。但在知识社会中"知识"的网络化是必要的,因为唯有当"知识"被置于具体的境脉之中才富有意义,这种被链接起来的"知识"才能臻于深度理解。因此,不是单纯地积累学科的知识,而是要求重建因应境脉的"知识"——这就是"深度学习"的根本出发点。

一、从"知识论"到"素养论"

(一) 学力论的刷新

着眼于"学力"这个词,你会有怎样的联想呢?或许你会习惯性地联想到各门学科的要素性知识与技能,亦即构成课程的种种领域——尽可能多地预先分配好了的要素性知识与技能。然后,要求精准地施教、记忆,并在考试中能够迅速地再现出来——这就是所谓的"学力"。然而,这不过是一种"应试学力"。单纯地强调学科领域的知识,亦即传统的所谓"知识点"的思维方式,可以谓之"知识论"。

运用所学知识解决实际中面对的问题,成为儿童在学校学习庞杂知识的直接理由。但在实际问题的解决中,单纯地拥有学科知识是行不通的。首先,直面当下的问题,如何迅速而又准确地攫取相应的知识?又怎样进行精准运用呢?事实上,在现实的问题情境中能够对号入座、或者依葫芦画瓢地运用的知识,是非常罕见的。在这里,不仅需要有谓之"思考力"与"判断力"的学力的认知侧面,而且需要有锲而不舍地致力于问题解决的意志与情感的"自我调整力"之类的学力的情意侧面。再者,现实社会中的问题解决通常需要集合多方的力量,协调利益关系与立场不同的人。特别是旨在超越直面的人际关系的困难而展开的"沟通能力"以及人际关系的"调节能力",具有决定性的作用。这就是说,学校教育的功能要在现实社会中发挥作用,倘若单纯地满足于"知识点"的掌握,是远远不够的。思考力、判断力、意欲与情感的自我调节力、沟通能力与人际关系的调节能力,是不可或缺的,这些统称为"素养论"。

所谓"素养""能力",作为意味着"胜任力"的术语,在教育学、心理学、语言学、经营学等学科领域中,尽管定义有微妙的差别,但无非是指旨在适当地解决人生中形形色色的问题,单靠知识不足以应对,尚需多样的素养与能力。从某种意义上说,一个人终身直面的、问题解决所必须具备的、起码的"胜任力",就是所谓的"核心素养"或者"关键能力",也可以谓之"21世纪型能力"。这种从"知识论"到"素养论"的教育原理的转换,大幅地拓展或者刷新了"学力论"。换言之,这意味着学校教育主要课题的转换,即从"知道什么"到"能做什么"的转换,再进一步地向"能够现实地解决怎样的问题"的转换。

(二)"核心素养"的由来

哈佛大学心理学家惠特(R. White)率先倡导"核心素养"(competence)的概念。[1]他认为,人原本拥有"有能性",即拥有伴随"动机""学习""发展""适应"等从情感到认知的广泛心智功能的存在而生存的能力。惠特通过观察婴幼儿,发现人与生俱来就具有同环境中的人、事、物展开能动作用的倾向性。人是借助这种倾向性在与环境的交互过程中逐渐获得适于各种情境的能力。同样,这种现象不限于婴幼儿,大凡心智健全的人,在整个一生中都可以借此形成多种多样的能力。

这种概念的背景可以追溯到皮亚杰(J. Piaget)关于"学习"的发展心理学的见解。比如,婴儿发现一粒糖,便会送入口中,知道是糖,但并不吃下去,婴儿只是在口中嚼着、舔着、把玩着,处理客体的方式并没有同化。不过,送入口中这一图式是可以带来对"糖"这一食物的本质性理解的适当作用方式,婴儿享受到甘甜的滋味,成功地实现了对糖的"同化"。一天,婴儿见到玻璃球。看起来滑溜溜的,同糖果一样,婴儿会毫不犹豫地将其送入口中。但这次不能同化了,马上吐了出来。为了同化玻璃球,就得抓住这个滑溜溜的东西,并且不停地转动它,这就叫做"调节"。以运作玻璃球的方式为契机,婴儿获得了新的抓手的动作,又会在处置别的物体的情境中反复操练,从而促进对各种客体的同化（理解）。这样，基于图式的客体的同化与基于客体需要的调节，得以反反复复，婴幼儿逐渐加深了对周边事物与现象的具体理解，同时，对环境也获得了有效的作用方式，并且得以精致与拓展。这就是"学习"的原初形态。

在惠特看来，"核心素养"的术语包括两层含义：其一，先天具备的、能动地作用于环境中的人、事、物的动机作用（能源要因）。其二，由此产生的有效作用于环境中的人、事、物的关系性的认知能力（关系性）。[2] 这里的"认知"不是指单纯地记住名称而已，而是指"能够"因应客体的特质而做出适当的"关联"，进而通过"认知"（链接作用）具体的客体，体验并凝练具有通用性的"链接作用"。就是说，从驱动"认知"的能源要因出发，获得"认知"活动的机制，并通过这种机制最终获得了"作用方式"，亦即"通用能力"，这就诞生了今日适用于问题解决能力的概念——"核心素养"。

（三）关键能力的探讨

OECD（2006 年）关于"核心素养"的界定是，"人在特定的情境中引出、运用社会心理资源（包括技能与态度）、因应更复杂的需要的能力"[3]。这就是说，对于个人的成功与社会的发展而言是具有价值的；在不同情境中旨在应对复杂的需求与课题而能够活用的能力，对所有的人都是重要的，而"关键能力"在这种核心素养中是一种核心的能力。"关键能力"主要由如下三种素养构成：交互运用工具的能力；在异质的社会团队中进行交流的能力；自律地进行活动的能力。构成这种关键能力的核心是"深度思维"（reflectiveness）。

OECD 国际学力调查 PISA 在其测量内容的框架中，分别界定了"阅读素养""数学素养"与"科学素养"[4]，这三者作为关键能力的一部分发挥了作用。

阅读素养——旨在实现个人发展目标、增长知识、发挥潜能，以及参与社会，有效地寻求信息，理解、运用、深度思考书面文本（包括传统的连续性文本与图表之类的非连续性文本）的能力。

数学素养——理解数学在现实世界中发挥的作用，同时，拥有作为一个公民被赋予的对社会的建设性关注的深度思考、作为权衡自己生活所需之方法，运用数学、作出更有根据的数学判断的能力。

科学素养——作为一个反思型公民,运用科学知识、揭示科学疑问,基于科学意识、获取基于证据引出结论的能力,以便理解和帮助作出关于自然世界的决定,并借助人类活动作出相应调整的能力。

OECD 的"关键能力"及 PISA 的"三大素养"的界定,意味着新时代学校教育的学力目标的刷新,对世界各国基础教育的发展产生了巨大的影响。

二、教学的功能与应试教育的神话

(一) 教学的功能

所谓"教学",是以承载文化遗产的"教材"为媒介,在"教师"与"学生"的交互作用之中,获取文化内涵、形成学生的学力的过程。因此,"教学"拥有借助学习集体,传递与发展人类的文化遗产、培育知性发展之素养的功能。[5]

第一,教学是先辈向后辈传递文化遗产的一种活动。所谓"文化遗产"指的是,囊括了知识、技能、艺术之类活动的人类创造的成果。"读·写·算"等生活所必备的基础性知识、从事职业所必备的实用知识与技能、学问与文化素养,是借助"教学"得以传递给学习者的。

第二,在教学中借助知识与技能的习得过程,培育思考力与创造力。在学科与单元、跨学科及教学之外的情境中,发现问题所在、做出推理与判断之际,这些能力也发挥着作用,同时,教学也发挥着培育学习者的锲而不舍的学习精神、习得学习方法的功能。这是同形成"知性的诚实性"(intellectual integrity)与个性培育息息相关的。

第三,教学是借助教师与学生集体的活动而形成的。教师与学生集中在"课堂"这一场所里,发表不同的见解、共同提出想法、致力于问题的解决——从这一意义上说,是教学的一大特征。通过这些活动也能够习得"见解与主张的提出、讨论的进展、结论的归纳"等技能;进而通过协同学习,培育社会性——在"学校"这一自由发表各自见解、容许失败的场所,知性与人性得以保障。这也是教学的一种功能。

"深度学习"的实践面临的一个挑战性课题是实现"优质"与"平等"的兼得,并从认知心理学的角度提出了旨在缩小学力的个别差异的具体方案：1. 把握认知的基础性过程的个别差异，使其影响得以最小化来组织学习环境。2. 在提升思维与理解的认知功能的同时，也提升元认知侧面，从而提高每一个儿童的学习自律性，深化步骤性知识、技能的获得与概念理解的深化，特别关注高阶认知机能的重要侧面——批判性思维——的培育。3. 借助协同学习，提升班级全员的思维与理解的水准，并把这种过程与成果加以内化。[6]

（二）戳穿应试教育的神话

1. 考试不能预测人生的成功

传统的学习模型以为，"学习"是个人把其外部的知识内化为知识、技能的过程。在这种模型中个人与知识是分别存在的。就学校的教学而言，教师是把教师自身与教科书的知识传递给儿童。在这里，所谓儿童（学习者）的"学习"就是掌握知识，儿童即接受知识的存在。然而，"情境学习论"纠正了上述这种学习观。在情境学习论看来，"所谓'学习'是个人参与实践共同体本身。在离开了个人的外部，知识与技能并不存在。唯有借助实践共同体的参与，才会有被称为'知识与技能'的掌握。"[7]儿童在学校教学中死记硬背教师授予的知识，并不是真实地掌握了知识。

"考试不能预测人生的成功，学历并不反映真实的实力。"[8]中小学的课程教学内容远离了现实的境脉，待儿童进入成人时，中小学时期学到的大半知识会被忘得精光。萨德勒（P. M. Sadler，1997年）在一项研究中揭示，询问哈佛大学应届毕业生："什么原因导致月有阴晴圆缺？"能够正确回答的在24人中只有3人。又问："什么原因导致了季节的变化？"，能够正确回答的在24人中只有1人，尽管这些知识他们在小学求学时期学过。同样，成人当中只有八分之一的人能够变换单位，比如，小时与分钟会混杂成一个单位进行运算；大部分成人不会分数的加法和乘法运算，其原因是因为这些知识在现实生活中几乎不用。[9]

美国哈佛大学的麦克兰德（D. C. McClellend）在20世纪70年代开始着手实证性地探讨"核心素养"的问题，确认了测定"素养"比测定"知识"更重要。[10]他在1973年发表关于"动机作用"的研究论文，列举大量的证据，论证了传统考试、学校成绩与资格证明并不能预测一个人是否拥有学科知识、职务上的业绩与人生的成功。比如,美国国务院从事海外事务信息职务的人事选拔,一般是根据专业教养、普通教养、文化知识、英语能力之类的关键测验来进行的,然而这些成绩同他们在任地的工作情况与业绩之间并无多大的相关。单纯地掌握要素性的知识,并不是高质量地解决问题的充足条件。况且这些测验对于少数民族、女性、低社会经济阶层出身者多有不利。

2. "非认知能力"的重要性

OECD(2015年)强调,"儿童要获取人生的成果、为社会进步作出贡献,就得有均衡发展的认知能力与社会情绪能力(非认知能力)"。[11]那么,什么才是预测人们日后工作业绩的要素呢?根据麦克兰德的研究,区分平庸职员与卓越职员的要素是:第一,应对不同文化的人际感受性——倾听不同文化的人们的话语及其意涵的能力,预测他们会如何应对的能力。第二,拥有对他人的前倾期待——认识包括敌对的人在内的所有他者的基本尊严与价值的强烈信念,即便在疲惫状态之下仍然保有这种前倾期待的能力。第三,敏锐察觉政治背景的能力——在这种沟通中,能够迅捷地察知谁影响谁、每个人的政治权力的立场是怎样的。第一个要素是超越了语言运用能力的高度的沟通能力;第二个要素是贯穿了伦理观、宽容心乃至信念的意愿与强烈的自我控制能力;第三个要素也是一种高度的社会技能。然而,上述三个要素均未列入整个基础教育和高等教育的目标之中,并未占据核心地位,但它们却是左右每一个人工作状态的核心要素。因此,麦克兰德提议,面对人生直面的种种问题,高质量地解决现实问题所必须的要素,可以谓之"核心素养"。当然,"知识"也囊括在核心素养之中,不过从传统的见解看来,其比重极小。另一方面,具有更大影响的是意志与情感之类的自我调节能力;积极性自我概念与自我信赖之类的情意性素质与能力;人际关系调整能力与沟通能力等社会技能。今日这些能力被视为"非认知能力"(或称"社会情感能力")。麦克兰德的这个发现对当今人才的选拔与管理以及人才培养机构的课程与评价方式产生了莫大的影响。

麦克兰德的研究发现包含三层含义。其一,清楚地揭示了传统的纸笔测验成绩并不能充分地预测在未来社会能获得成功这一严峻的事实。片面地灌输知识是无济于事的,在学习的过程中要让学习者习得复杂的思维与高阶的判断。这是因为,纸笔测验的成绩仅仅是单纯的知识而已,有助于现实问题解决的思考力与判断力的指标是不容忽略的。其二,清楚地表明了主观能动性与情感的自控能力、社会技能之类的非认知能力对于高质量地解决现实问题,是至关重要的。其三,清楚地提示了学校变革的学力目标与教育评价的方向——要培育学习者成为出色的思考者与探究者,唯一的出路就是走向"素质教育"。这样,实现"素质教育"所必须的充分的学习经验是什么?如何引导学习者去学习这些内容?用什么方法去指导才是有效的?对所有这些问题的理论与实践的探讨,乃是当今世界各国教育界孜孜以求的。

3. 没有唯一正解的教育

今日社会正在经历从"产业社会"到"知识社会"的产业结构的转型。"知识社会"不同于"产业社会",它不存在唯一的正解。它要求每一个人凭借自身的能力,在同多样的他者的协同中求得该情境的"最优解",换言之,需要每一个人最大限度地发挥自身的素养与能力。比如,即便是牵引产业社会的制造业,单靠基本性能的优越性也是不充分的,还需要谋求有别于别的公司、别的国家的独创性,尽早地察觉市场的潜在需求,并以具体的方式或者崭新的提案,创造新的市场需求。在这里存在着知性想象力的丰富源泉。当下的世界性问题——诸如环境问题、粮食问题、资源与能源问题、贫困与贫富差距问题、和平与发展问题——的解决,超越国境进行强有力的合作与智慧的协调是不可或缺的。没有"唯一正解"的难题,简直是堆积如山。

学校教育向着"可持续发展"新的教育原理过渡,势在必行。"知识社会"中的每一个人作为自立的个人,需要跟同样是自立的多样的他者进行协同,在社会的不断进步中产生新的知识、培育能够创造性地应对全球流动情境变化的素养与能力。这样,"知识社会"的到来——这一不可避免的世界性的潮流,亟须学校教育的原理从"知识论"转向"素养论"。

三、洞察"学习"的本质

(一) 何谓"学习"

在心理学领域,"学习"被界定为"基于多元经验所发生的比较持久的行为变化,以及对后续行动也产生效果的现象与过程。"[12]这样,大凡上学、从事体育运动、参与社会活动等,作为一种行动表现在日常生活之中的一切现象,均可称为"学习"。不过,另一方面,形成不良癖好与恶习也是"学习"。但不管怎样,受年龄增长、疲劳、疾病与药物的影响而产生的一时性变化的场合,不能说是"学习"。

在学校中最重要的"学习"可以说是极其复杂的行为。即便如此,我们还是可以举出诸多关于"学习"的定义,这些定义影响着学校日常的教学:1. 所谓"学习"就是通过读书、体验、教学,获取知识与技能。2. 所谓"学习"是指比较持续的行为与态度的变化。3. 所谓"学习"是指带来体验的结果、神经机能产生变化的一种活动。4. 所谓"学习"是指习得知识与技能的一种认知过程。5. 所谓"学习"是在知识体系中积累大量的概念与反应方式的一种活动,等等。[13]

那么,称之为"学习"的"学习"究竟是怎样产生的呢?为了解释这个问题,以往采用人类之外的一些动物,诸如狗、鼠之类进行实验,大体形成了如下两种学习理论体系:一是"联结说"(S—R说)——包括"古典条件反射""操作条件作用""尝试错误"说;二是"认知说"(S—S说)——包括"顿悟"说、"格式塔"说。这些学说主要以动物作为研究对象的一个理由是,可以避免无关因素的混入,谓之"条件控制"。亦即动物的实验便于揭示原始性的现象,可根据实验结果再推想人类的学习。然而,在学校课堂教学的场合,不是单纯地教授知识,还需要让他们结合自身获得的体验加以理解,同伙伴分享见解,产生新的思考。传统的学习观以为,知识在书本之中,所谓"学习"即往头脑中灌输正确的知识。新的学习观主张,真正的知识是以种种原有的经验为脚手架,通过在不同情境中、在反复的运用中,体悟到怎样的知识、在怎样的情境中、并且为什么是有效的——知识就是经由这种真实性经验的梳理与整合的结果。在当今摈弃"被动学习"、崇尚"能动学习"的时代,一线教师需要运用迄今为止所掌握的心理学的研究见识,认识到"学习方式学习"的必要性。换言之,"深度学习"是新时代理想的学习方式。

(二) 围绕"学习"本质的三种共识

根据OECD教育革新研究中心的研究,"知识"不仅是指事实,而且应当更广义地加以理解;知识的质与量同等重要;知识的获取过程应当置于学习过程的中心地位。该中心从"学习"的认知视点出发归纳了10个"指标",这就是:1.学习本质上是学习者进行的一种活动;2.最优的学习重视既有知识;3.学习必须求得知识结构的整合;4.借助最优的学习,能够平衡地获取概念、技能与元认知能力;5.学习借助知识的基础性要素的层级化组织,最优地建构更复杂的知识结构;6.通过最优的学习,能够运用外部世界的结构,形成头脑中的知识结构;7.学习受到人类信息处理能力的制约;8.学习是基于情感、动机、认知的能动的交互作用而产生的;9.最优的学习建构关键性的知识结构;10.学习需要时间与努力。[14]这些指标反映了一种全新的学习观。下面,再来归纳一下当代学习科学围绕"学习"的本质问题,究竟取得了哪些引人注目的共识。

其一,既有的知识。"儿童是带着丰富的既有知识参与教学的。"这是学习科学围绕人类终身持续的学习活动的本质,所取得的第一个共识。[15]儿童不是一张白纸。儿童从婴幼儿期开始,就能够主动地参与周边的环境,在同环境的交互作用中学习多样事物。到了新学期,儿童已经拥有了庞大的非正规知识或者"朴素概念"。比如,在算术的图形教学之前,通过积木,儿童已经懂得了基本的图形或构成图形的要素,以及这些要素之间的关系。然而,在传统的学校教学中却无视这些事实,形成循规蹈矩就座、聆听教师教诲的行为规范,儿童在极其被动的状况下接受"这是三角形、那是四角形"之类的知识,反而不得要领。就是说,我们通常抱有的"学习"的概念是存在诸多问题的,尤其糟糕的是把儿童视为一张"白纸",以为唯有通过成人灌输有价值的经验,才能产生有意义的学习。死记硬背的灌输式教学,赤裸裸地体现了这种"学习"的概念。在20世纪60年代,美国心理学家奥苏伯尔(D. P. Ausubel)从两个维度梳理了"学习"的概念[16]。第一个维度——是否运用了既有知识。同既有知识链接起来展开的学习,谓之"有意义学习",而不同既有知识相互链接的学习,谓之"机械性学习"。在同学习者自身的关系上不反思"意义"的机械性学习,是非常浅层的学习。所谓学习的深与浅,是指学习者是否有意义的产生,其意义的深度,把握这种深浅的关键在于同既有知识的链接。第二个维度——"接受学习"还是"发现学习"。所谓"接受学习"是指教师把预先准备好的知识系统地加以授受的学习;所谓"发现学习"是指在同客体的关系之中,儿童自身发现、生成知识的学习。这样,在学习中存在四种类型的学习。之所以容易产生"发现学习"优于"接受学习"的印象,是由于在大多数场合下基于"机械性接受学习"与"有意义发现学习"的对比而产生的误解。其实,它是一种"接受学习"与"发现学习"、"机械性学习"与"有意义学习"的比较而已。就是说,重要的是"有意义学习",需要教师考虑到先行的学科与教学的内容、教材的特质,适当地选择"接受学习"与"发现学习",加以巧妙地组合。

其二,具体的境脉。"学习往往是在具体的境脉中产生的。"——这是学习科学围绕人类终身持续的学习活动的本质,所取得的第二个共识。亦即人类的学习与智慧的发挥强烈地依存于境脉与情境,就是所谓的"情境学习"(situated learning)。在传统的教学中,知识是被舍去了一切境脉与情境,作为一般的命题(即在任何情况下都能够自如地运用)来教学的。然而,不伴随某种境脉与情境的知识,当直面有现实意义的问题解决之际,A问题情境下能够解决的问题,在B的问题情境下是不起作用的。比如,算术教学中龟兔问题的设计就不是那么自然。当儿童面对这样的教学情境——"有载客60个人的汽车,要运送140人,问需要多少辆汽车?",回答是二又三分之一辆。有"二又三分之一辆"的汽车么?事实上是不存在的,但儿童会坦然地回应说,"不过,这是正确答案""学校的学习就是这样的"。习得这种知识当然无助于现实中的问题解决。实际问题的解决首先需要把现实世界中的问题状况,转化成为数理处理的方式,然后实施运算及其处理,求得数理的解决,进而对解决做出现实性的评价。因此,教学创造的要诀在于境脉的形成。在现实问题的解决中需要动员种种学科的知识与技能的组合,这就是学习原本的姿态,谓之"真实性学习"。

其三,成长的心态。"成功的学习在于认识学习意义、拥有成长心态"——这是学习科学围绕人类终身持续的"学习"活动的本质,所取得的第三个共识。如前所述,儿童天生就是一个学习者,"学习无助感"是后天产生的。试看一年级新生,个个神采奕奕。但久而久之,在学校教学的环境之下自己的努力总是不能奏效,逐渐放弃了努力,变得意志消沉。美国心理学家德韦克(C. Dweck)立足于"矫正儿童的学习意欲,让儿童看到努力的有效性,是可以改变这种学习无助感的"这样的认识出发,以被诊断为"极端学习无助感"的8—13岁儿童为对象,实施名为"再归因法"的为期25天的教育实验。[17]儿童在放学之后,给他们布置15道算术题,规定了合格的标准。倘若每天不能达到2—3道的标准,就算失败。老师要求失败的儿童尽力而为,进而告知失败的原因在于"努力不够",应当加倍努力。这样,精神振作起来,在尔后的作业中积累成功的经验。在这个教育实验背后的见解是——学习无助感的儿童把失败归因于"能力不足",而积极上进的儿童归因于"努力不够"。若儿童改变归因的个人认知倾向——从"能力归因"转变为"努力归因",就能够使得他们真切体验到自身努力的有效性。德韦克延伸了上述研究,进一步提出了"心态"(mindset)的概念。[18]顾名思义,这是一种心理状态,也是一种认知方式与信念。围绕儿童的学习与成绩的心理学的归因研究,大体归结为两种原因,即"努力"与"能力"。大凡调查小学低年级的儿童中的"勤奋孩子"与"聪明孩子",大多孩子都是奋发努力,成为"聪明孩子"的。就是说,努力与能力朝着同一个方向,通过努力,能力往往是能够获得变化与成长的。德韦克把这种以成长能力的概念为基础的见解,称之为"成长心态"。另一方面,到了初中以后,人们渐渐地认为,倘若取得了同样的成绩,就以为是不努力的孩子才是"聪明孩子"。出于这种认知,努力与能力是逆向而行的,这是由于关于能力的见解、概念发生了变化。就是说,以为能力是与生俱来的,其限度是命运决定了的,终究是终身不变的能力。于是,无论是自己还是他人,即便是同样的成绩,也证明了"越是努力者,能力越低"。德韦克把这种受僵化的能力概念支配的见解,称之为"僵化心态"。持"僵化心态"的儿童,以不努力而能获得成功才是自己能力高强的证明,不屑于努力;而持"成长心态"的儿童则会产生全然不同于僵化心态儿童的精神世界——正"因为努力,才能成为有能者"。这样,哪一种心态占据优势,就决定了儿童之间"向学力与人性"的巨大鸿沟。

(三) 关于"学习"本质的重要命题

OECD教育研究革新中心的伊斯坦(D. Istance)和杜蒙(H. Dumont)教授基于人类学习本质的分析,归纳了如下重要的结论。[19]

1. 以学习者为中心,促进他们的学习参与,使他们能够理解作为学习者的自我。因为,知识总是借助学习者的活动建构起来的。

2. 学习应当植根于其社会本质。有效的学习本质上不是"单独"的活动,而是通过交互作用与协同过程产生的。因此,应当积极地促进组织化的协同学习。

3. 学习是在情感、动机作用与认知的相互影响之中产生的。因此,教师应当高度关注学习者的动机作用与情感的重要性。

4. 学习者由于基础性学习方法不同而形成多样化的学习风格。不仅有知识、学习方式、学习风格与方略、兴趣、动机、自尊心等各有差异，而且其语言背景、文化背景、社会背景之类的社会环境因素，也是多种多样的。学习者之间的个别差异，包括既有知识的差异，是非常敏感的。因此，学校教学的一个基本课题是审慎地对待个别差异，同时保障他们能够在共享的教育与文化框架中协同学习。

5. 学习是受个人的信息处理能力制约的。教师必须根据每一个学习者的需求，合理安排学习任务，避免过重的学习负担。

6. 教师应展示明确的教育期待，并展开同教育期待相应的评价战略。在这里特别强调的是"形成性评价"。

7. 学习的重要特征之一在于，通过组织层级化的知识要素形成复杂的知识结构。因此，教师应当强有力地促进跨学科的、广域的知识整合。

所有这些原理都是"深度学习"环境所必须的。这种环境的特质，要求聚焦作为主要活动的学习，即不是教师中心，而是学习者中心的学习环境；是经过结构化、专业化设计的、有助于自律性学习的环境；是能够对多样的学习需求做出高度反应的个别化学习环境。总而言之，深度学习所要求的环境，是一种拥有社会性且有包容性的学习环境。

参考文献

[1][2][10] 奈须正裕. "素质·能力"与学习的机制[M]. 东京：东洋馆出版，2017：50，11，50.

[3][4] 松尾知明. 何谓 21 世纪型能力：基于核心素养的教育改革的国际比较[M]. 京都：明石书店，2015：15，17.

[5] 樋口直宏，编著. 教育的方法与技术[M]. 京都：智慧女神书房，2019：64.

[6] 子安增生，楠见孝，斋藤智，野村理朗. 编. 教育认知心理学展望[M]. 京都：中西屋出版，2016：204.

[7][8] 北野秋男，下司晶，小笠原喜康. 著. 现代学力测验批判[M]. 东京：东信堂，2018：133，111.

[9] A. Collins,R. Halverson,著.数字社会的学习方式:教育与技术的再思考[M].稻垣忠,编译.京都:北大路书房,2012:20—21.

[11] OECD,编著.社会情绪能力:向学力[M].无藤隆,秋田喜代美.主译.东京:明石书店,2018:3.

[12] 田爪宏二,编著.教育心理学[M].京都:智慧女神书房,2018:62.

[13] D. B. Fisher,N. E. Frey,著."学习的责任"在谁:借助"责任转移模型"变革教学[M].吉田新一郎,译.东京:新评论股份公司,2017:3—4.

[14][19] OECD教育研究革新中心,编著.学习的本质:从研究的应用到实践[M].立田庆裕、平泽安政,主译.东京:明石书店,2013:81,363—374.

[15][16][17][18] 奈须正裕,著.创造新型学习的智慧与技艺[M].东京:行政出版公司,2020:73,77,185,182—183.

第二章 「深度学习」的概念

儿童在学校的学习过程中不断同新的未知世界相遇，发起探求新知的挑战。以此为契机，每一个学习者皆可获得成长。"深度学习"着眼于儿童"怎样进行学习"，亦即儿童在学校的学习过程中如何直面社会性的课题；如何探求具体问题的解决之道；如何在运用知识，培育"思考力·判断力·表达力"的学习场中，培育儿童作为"学习主体"的能动的活动的力量——这就是"深度学习"应有的状态。

一、"深度学习"的概念界定

（一）"深度学习"与"浅层学习"

"深度学习"（deeper learning）是指"学习者能动地参与教学的总称"，亦即"通过学习者能动地学习，旨在培育囊括了认知性·伦理性·社会性能力，以及教养·知识·体验在内的通用能力。因此，发现学习、问题解决学习、体验学习、调查学习等，均属深度学习的范畴"。[1]"深度学习"并不是从传递特定知识内容的教科书开始，而是从揭示问题开始的。在深度学习中学习者围绕问题，引出不同的思考与解决方法，教师则判断他们在该时点"知道了什么""能够做什么"，从而制订学习规则，展开一系列旨在问题解决所需的知识与技能的探究活动。

瑞典的马顿（F. Marton，1976）让大学生阅读教科书的某些章节与新闻报道，询问他们是怎么阅读的，分析他们对教科书与新闻报道的理解。5—6周之后的记忆保持作为学习成果来进行分析，借以揭示阅读方式与学习成果之间的关系，研究表明，大体可分两种类型：其一，并不要求深度理解教科书和新闻报道的内容，仅仅是发现问题点，着眼于文章某个侧面的阅读方式。这种学生的学习成果是不充分的。其二，着眼于作者的意图是什么,报道的要点有哪些,可以从中得出哪些结论。这是一种把握教材的知识内容和新闻报道整体意义的阅读方式,利用此方式进行学习的学生的学习成果是优异的。

所谓学习的"深"与"浅",具体地说,是从比较两种学习——"深度学习"与"浅层学习"——究竟存在哪些差异开始的。从这种"学习差异"的研究,引发了广为人知的恩特威斯尔(N. Entwistle, 2010)等人的"深度学习"研究。所谓"深度学习"(deeper learning)是指"寻求意义的学习";所谓"浅层学习"(surface learning)是指"着眼于个别用语与事实的学习"。两种学习的特征形成鲜明的对照。[2]

表2-1 深度学习与浅层学习的特征①

深度学习
1. 同既有知识与经验链接起来进行思考。
2. 掌握普遍的范式与内在的原理。
3. 基于证据,引出结论。
4. 关注逻辑性与推理,展开批判性探讨。
5. 体悟学习中的成长。
6. 潜心学程内容,孜孜以求。

浅层学习
1. 知识碎片化。
2. 记忆知识和例行的操作步骤。
3. 对新颖思考的意义感到困惑。
4. 几乎不寻求学程或课题的价值与意义。
5. 缺乏学习目的与策略的反思。
6. 心理压力过大,忧心忡忡。

这就是说,两者的差别在于"深度学习"是寻求意义与知识、经验的链接,发现共同的范式与原理,琢磨证据的检验与讨论的批判性,认识自我理解的水准;而"浅层学习"是作为碎片化知识的暗记与再现,不寻求价值与意义,意味着无意义、无目的的学习。

马克泰格(J. McTighe)与维金斯(G. Wiggins, 2004)从前述的"发现共同的范式

---

① 沟上慎一.能动学习与教学范式的转换[M].东京:东信堂,2014:107.

与原理"的特质出发,发现学习者思考知识与其他知识的关联,同经验链接起来,加以原理化或概括化,可以形成"深度学习"。就是说,"深度学习"在于学习者自身能够展开知识的"结构化"与"链接"。[3] 比格斯(J. Biggs)与唐(C. Tang,2011)则用"动词"归纳了两种学习的特征。"深度学习"的特征是多采用"反思""运用于不同类型的问题""树立假设""提炼核心概念"之类的高阶认知技能,以求得真实性问题的解决。相反,"浅层学习"的特征是多采用"记忆""指认与命名""理解文本""变换说法""描述"之类的非反思性的机械记忆方式,以求得形式上的问题解决。

表2-2 从学习活动的动词看"深度学习"与"浅层学习"的特征[①]

学习活动	深度	浅层
反思	☐	
迁移	☐	
树立假设	☐	
理解原理	☐	
做出解释	☐	
展开论证	☐	
进行链接	☐	
提炼核心观念	☐	
描述	☐	☐
变换说法	☐	☐
理解文本	☐	☐
指认·命名	☐	☐
记忆	☐	☐

(二)"深度学习"的判定标准

如何判定"学习"的深浅,是一个关系到如何进行学习评价的问题。海(D. B.

---

① 沟上慎一. 能动学习与教学范式的转换[M]. 东京:东信堂,2014:108.

深度学习　Deeper Learning

Hay)倡导运用"概念地图"。诺瓦克(J. D. Novak,1991年)以奥苏伯尔(D. P. Ausubel,1968年)的"先行指导者"(advance organizers)与"有意义学习"(meaningful learning)的理论为基础,自1972年以来一直持续地展开"概念地图"的研究,并借助"概念地图"把儿童"学习"的知识世界的变化与概念理解加以可视化。对于诺瓦克而言,"有意义学习"是同"暗记学习"(rote learning)形成对比的。从该研究以奥苏伯尔的"先行指导者"(在展开新的学习之际,引进学习者个人所拥有的知识结构容易接纳的知识与思维)为基础,即可明白。这种研究是以重视"既有知识"以及把"既有知识"与其他"相关知识"加以链接与结构化为特征的,进而指向这种学习的"动机"与"参与",也成为研究的课题。这种"有意义学习"研究同"学习的深浅"的研究有异曲同工之妙。

海主张,不仅吸纳"深度学习"与"浅层学习"的研究,而且吸纳贾维斯(P. Jarvis,1993年)的"非学习"(non-learning)概念,来进行"学习"的分类,在这一点上有别于诺瓦克的"有意义学习"与"暗记学习"的研究。海制订了"深度学习""浅层学习""非学习"的判定标准。[4]

表2-3　学习类型的判定标准①

深度学习
1. 在学习之后的概念地图中,显示出新学习的概念。这是学习之前在概念地图上并没有画出来的、有别于既有知识的内涵。
2. 在学习之后的概念地图中,显示出"既有知识"产生了有意义方式的链接,形成了新的知识。就是说,链接的接续词是贴切的、有解释力的,体现了有意义的证据。
3. 学习之后的概念地图的整体知识结构,比之学习之前,产生了重要的变化。就是说,表现出更优异的结构、更深刻的内涵(链接)、更丰富的意义。

浅层学习
1. 在学习之后的概念地图中,显示出新学习的概念,这是学习之前在概念地图上并没有画出来的。不过,"既有知识"没有形成链接或者没有整合。概念结构在学习之后,或者维持先前的不变,或者瓦解。
2. 在学习之后的概念地图中,包含了新的概念,但并没有增加作为一个整体的概念的链环。
3. 在学习之后的概念地图中,并没有显示出有别于学习之前的概念地图的重要变化。具体地说,并未表现出有结构性的丰富内涵(链接),说服力(有意义)极其薄弱。

---

① 沟上慎一.能动学习与教学范式的转型[M].东京:东信堂,2014:113.

续表

非学习
1. 在学习之前与之后的概念地图中,"既有知识"原封不动,并没有瓦解。
2. 在学习之前与之后的概念地图中,缺乏重要的概念结构的重建。
3. 在学习之后的概念地图中,缺乏新引进的概念。
4. 在学习之后的概念地图中,缺乏新发展的链接。
5. 从学习前后的概念地图看,缺乏新发展的有意义的链接结构。

首先,"深度学习"判定标准的重点在于,正如新学习的概念所显示的,在"既有知识"之间形成了有说服力的链接,体现了整体知识结构的重要变化,可判定为"深度学习"。其次,正如新学习的概念所显示的,"既有知识"之间并没有形成链接,未能显示出概念统整性的重建,就是说,并没有显示有意义的重要的结构性变化,可判定为"浅层学习"。最后,新概念缺乏链接,仍然顽固地维持学习之前的"既有知识",学习并没有进展,可评定为"非学习"("无学习"或"无感学习")。

(三)"深度学习"的三个视点

世界各国重视"深度学习"的背景是,基于学习科学的研究成果,刷新了学校教育的目标。索耶(R. K. Sawyer, 2014)把当今众多国家作为学校改革目标寻求的"深度学习"同基于行为主义的课堂教学进行了对比,揭示了"深度学习"的基本特质,亦即"深度学习"所必须的过程。这就是:新的信息同既有知识的链接;因果关系与证据的探究;基于对话的知识建构;学习者对自身学习过程的反思(表2-4)。[5]

面对社会急剧的变化,单纯地灌输知识的教育已经落后于时代。习得知识固然重要,但更需要的是,能否直面周遭环境产生的种种问题,与不同背景的他者一起协作,合力探求最优的解决方案。换言之,"能做什么"——能够运用复杂的知识与信息、形成自己的思考、创造新的观念——变得格外重要。因此,"核心素养"的思潮强调了三根支柱:1. 理解了什么,能够做什么(习得鲜活的知识与技能)。2. 怎样运用理解所掌握了的知识(培育能够直面未知情境的思考力、判断力与表达力)。3. 怎样处世,创造精彩的人生(向学秉性与人格的涵养)。这样,重要的是在学习的过程中,作为主体的

深度学习　Deeper Learning

表2-4　深度学习与传统课堂实践之比较①

知识的深度学习（从认知科学的角度看）	传统的课堂实践（教授主义）
• 深度学习所必须的，是把新的观念与概念同既有知识与先行经验链接起来。	• 学习者是把教材当作同自己的既有知识无关的存在来处理的。
• 深度学习所必须的是，学习者能够把自己的知识相互关联起来，形成系统。	• 学习者是把教科书知识当作彼此无关的碎片化知识来处理的。
• 深度学习所必须的，是能够探讨构成学习之基础的原则。	• 学习者仅仅是记忆知识，按照既定步骤实施而已，不能理解其原由。
• 深度学习所必须的是，学习者能够评价新的观念，并将这些想法同结论联系起来。	• 学习者对不同于教科书知识的新观念感到难以理解。
• 深度学习所必须的是，学习者通过对话理解知识的建构过程，能够批判性地检查论据的逻辑性。	• 学习者把来自全知全能的权威传递的事实性知识与步骤性知识当作静态性知识来处理的。
• 深度学习所必须的是，学习者能够反思自身的理解与学习过程。	• 学习者只能单纯地死记硬背、不会反思目的与自身的学习方法。

学习者不停留于单纯地记忆知识，而是同现实社会与实际生活联系起来，借助于同他者的对话，求得有深度、有广度的学习。

"深度学习"就是这样一种囊括了一切调动儿童作为"学习主体"的主观能动性的学习方式。"能动学习"（active learning）、"有意义学习"（meaningful learning）、"有效学习"（effective teaching）、"协同学习"（cooperative learning）等学习方式，是同传统的"被动学习""接受学习""系统学习""应试学习"概念大相径庭的。日本学者梳理了这些学习方式的定义、条件与实践，界定了如下共同的特征："学习者围绕自己设定的课题，通过同异质的他者的对话与讨论，重视内部言语的外言化，借助尝试错误、评价、批判、验证、发现、创造等探究活动，掌握新型学力的一种教学方式"。"深度学习"强调三个视点。[6]

---

① R. K. Sawyer，主编. 学习科学指南：促进有效学习的实践/协同学习（第二版，第2卷）[M]. 大岛纯，等，主译. 京都：北大路书房，2016：4.

实现"主体性学习"。所谓"主体性学习"是指作为学习者的儿童能够控制自身的学习,凭借自己的能力解决课题,并且经过反复磨砺,能够认清学习的过程与成果,最终凭借自身的能力调控学习。"主体性学习"尤其意识到教学初始阶段的"课题设定"与"预设",教学终结阶段的"反思"。设定怎样的课题、面对怎样的课题,决定了儿童的学习是否能够实现真实性境脉的学习,即是否能够产生本真的、有意义的学习。"预设"大体分两种:一是明确问题解决的过程,二是鲜明地描绘学习活动的目标。"反思"是指觉悟到自己学习的意义与价值,同他者分享。"反思"的情境大体有三层含意:一是确认学习内容的反思;二是把当下的学习内容同过去的学习内容链接起来,或者加以概括化的反思;三是把学习内容同自身挂钩、体察到自身变革的反思。

实现"对话性学习"。在教学实践中学习的意义不是基于知识的传递与讲解的理解,而是基于儿童的知识的功能性运用与探究的活动。因此,佐藤学把"学习"界定为"从既知世界到未知世界之旅"——"同客观世界的相遇与对话,同他者的相遇与对话,同自己的相遇与对话"的三位一体的对话性实践,亦即"学习"是同新的客观世界的相遇与对话(同建构世界·文化实践);同新的他者的相遇与对话(形成伙伴·社会实践);同新的自己的相遇与对话(自我建构·存在性实践)。[7]在对话性学习过程中拥有明确的课题意识、形成知识技能的链接是必要的,分享每一个学习者的反思体验也是重要的。

实现"协同性学习"。在课堂学习中是以师生之间、同学之间的沟通为媒介而展开的。这种沟通的重要性不是"彼此独白"的关系,而是作为"相互倾听"的关系来组织的。在独白的交换中是不可能形成"学习"的。[8]通常的彼此独白式的表达,停留于既知事物的交流,不能面向未知事物的探究,而以"相互倾听"关系为基础的"对话性沟通"就可以实现——可以求得同他者同心协力基于问题解决与协同的新的观念的创造,其理论基础就是维果茨基的"最近发展区"。

学会倾听。在多样的伙伴的学习场中,第一步是学会听取对方的话语,这种态度谓之"倾听"。"倾听"有三个要点:一是原原本本地咀嚼对方的话语(咀嚼),向对方传递"我理解了你的话"之类的信息。二是就对方所说的话语做出提要(提炼)。这也是传递"我理解了你的话"之类的信息,进而借助提炼,使对方能够确认你的认识。倘若有所差异的话,就能找到修正的机会。这样,彼此之间就可以获得进一步的理解。三是顺应对方的状态(融通)。比如,倘若听到对方讲述悲伤的故事,你却以欢快的声音回应,就会给对方传递一种"根本未听进去"的弦外之音。因此,"倾听"并不那么简单,以为"倾听"比"叙述"更容易,那就大错特错了。[9]

正如 PISA 的"协同问题解决能力"的调查所示,在问题解决的情境中不是单枪匹马,而是通过同众多的人协同地直面问题的解决,才是重要的。在这种同多样的他者的对话中存在如下三种价值:一是作为基于对他者说明的信息的知识与技能的结构化。儿童使用所掌握的知识与技能向对方作出解说,可以使得自己的知识变得有某种关联的结构化的知识与信息。二是收集来自他者的多样化信息。通过对他者所提供的信息进行分析理解,有助于进一步提升结构化的质量。三是同他者一起产生创造新知的场域的同时,可以期待指向问题解决的行动化。这样,为了促进"协同学习",儿童之间的交互作用可以考虑如下三点:一是儿童拥有怎样的知识,二是儿童处理怎样的知识与信息,三是儿童期待怎样的成果。儿童把自身拥有的知识与信息、他者拥有的知识与信息、以及基于外部资源的知识与信息,进行比较、链接,加以处理与建构,这样就可以形成新的思维。这样的交互作用,可以设定三种情境——接收信息的内化情境;处理信息内容的情境;发出信息的外化情境,从而丰富并建构"广泛"的对话情境,这一点非常重要。在实际的教学中除了考虑信息的质与量,建构的方法之外,还必须准备好具体的学习活动与信息形态、学习环境。比如,可以期待思维的工具,有助于引导学习者基于口头语言的对话学习提升质量,因为信息一旦被"可视化"、被"操作化",就可以具体展现同自己一起学习的主体性对话的儿童的面貌。通过改进教学的功夫,可以展现儿童思维的拓展与深化的面貌。日本学者根据协同学习研究的国际文献,归纳了协同学习的行为准则(表 2-5)。[10]

表 2-5 协同学习的规则①

1. 齐心协力,朝向目标
全员拥有责任感。不搭便车。小组负有达成目标的责任;个人则负有为活动作出贡献的责任。

---

① 铃木克明,美马百合,编著.学习设计手册[M].京都:北大路书房,2018:88.

续表

2. 尊重他人的见解
   倾听他人的话语。接纳多种价值观。虚怀若谷。把人格与见解区别开来。彼此平等。
3. 欢迎分歧
   朝着目标努力,就会出现分歧。不是情绪性的,而是建设性的进展。感激反对的意见。把握新的深度与发现的契机。
4. 反思活动,求得精进
   在反思活动中求得精进。拥有进取心。在活动中及时做出调整。

"深度学习"不是指特定的教学方法,也不否定学校教育中教师的作用,而是要求教师把握学习的本质,不断地思考旨在培育儿童素质与能力所必须的学习的理想模式。在这里有三个要点是必须明确的。其一,所谓"深度学习"无非是指培育儿童的素质与能力所必须的学习方式。深度学习不是把"主体""对话""协同"三者当作独立的要素加以解释,分别形式化地设定应对各自要素的不同情境与活动。其二,深度学习不是聚焦教师的教学行为,而是聚焦儿童所产生的学习的质。不是单凭教师发号施令——教师说,开始对话吧,于是儿童就被动地展开对话。其三,优质的深度学习,既是主体性的,又是对话性的,也是协同性的学习。把这些要素肢解开来分别加以实施,并非良策。深度学习带来的应当是知识结构的重建。就是说,所谓"学科教学"不仅是单纯的知识量的增加,而且是拥有独特价值的知识结构的变化与凝练。这也意味着"因应不同学科特征的思维方式与见解得以形成的状态",亦即"学科素养"的养成。

二、"深度学习"的课题选择与中心目标

(一)"深度学习"的课题选择

"深度学习"的课题选择至关重要。加拿大教育学者艾根(K. Egan)主张,值得探讨的课题应当是能够体现从5岁到18岁的年龄阶段的学生兴趣的变化,有充分的复

深度学习　Deeper Learning

杂性、多样性与多元性的问题,能够满足这种深度标准的课题需要有三个条件,即"广度"(breadth)、"深度"(depth)与"参与"(participation)。

具体地说,所谓"广度"是,要求课题涵盖多学科的教材。比如"苹果"这一概念的认知,涵盖了生物学的、历史的、文化的、营养学的、经济学的、艺术等信息,就能够满足这个标准;所谓"深度"要求有可能渐次增加探究的细微度的课题。随着链接的深化,能够更复杂、更敏锐地感悟到有关知识的本质性课题;所谓"参与"要求经得起多角度地探讨的课题,亦即不仅能够产生超越单纯知识积累的广度与深度,而且必须提供每一个人的文化活动的课题。[11]

除了上述的三个主要标准之外,艾根还追加了有助于作出课题抉择的如下标准:1. 有充分的广泛性。2. 有充分的深度。3. 同每一个学习者相匹配的,拥有文化的链接、触发想象力,带来情感交融的课题。4. 不会过分受到技术性制约的课题。5. 有容易到手的资料。6. 既不过分宽泛、也不过分狭窄的课题(比如,"动物"过于宽泛,"老虎"大体适当,"猫"最为适合)。7. 不应当聚焦人类存在的阴暗面与一般的恐怖症。8. 必须有助于为每一个学生提供同等丰富的经验。9. 学生的家长与保护者有可能接纳的课题(比如,课题的布置或者选择,必须考虑到文化上微妙的问题与伦理事件)。[12]

所谓"深度学习"是指,基于学科本质的真正革新的主体式、对话式的"深度学习",而且是每一个学习者能够体悟到自身的学习深度的"深度学习"。反过来说,不基于学科本质的活动就不会有学习,就不能说是真正的革新的学习,即便有展开"深度学习"的学习者,也不过是局限于少数学习者的处于传统型的延伸线上的所谓的"深度学习",不能说是真正意义上的"深度学习"。以往有无数的并非基于学科的本质、仅仅局限于一部分学习者的传统型教学的实践,难以保存于长期记忆之中,不可能灵活运用于未知情境的活的知识,况且也无助于成绩的提升。

(二)"深度学习"的中心目标

培育每一个儿童应对未知情境的基础学力——"思考力・判断力・表达力",是"深度学习"的中心目标,但这是一个知易行难的课题。

布鲁纳(J. S. Bruer)梳理了以往的迁移理论,倡导"新整合理论"。该理论强调的是,儿童的元认知与学科领域的知识内容的学习,同一般的思维方式的学习链接起来的重要性。在他看来,"以往指向一般性思维能力的培育之所以失败的原由就在于,学校课程的编制者与教师过分地看重了培育儿童'一般能力'(旨在将某种学习情境适用于别的情境)的重要性,导致一般性技能教学的失败。儿童并不理解这些情境是'怎样的','为什么'会这样类似。在一般方略与学习技能的教学中应当传递的,不是如何让学生自发地觉察这些学习情境之间的类似性,而是明确地向他们指出,该种情境是'怎样的''为什么'会有这些类似性"。[13]另一方面,他又指出,在学校教育中应以聚焦"思维方式"的培育为前提,培育儿童在别的情境中也能运用的"关键能力"(通用能力)。这种能力不仅需要通过某种特定的领域与学科进行指导,而且需要通过在别的学科与生活场面的种种学习情境中运用经验,让学生理解这种通用能力能够在怎样的情境中运用、在这种运用中又具有怎样的意义。重要的是,教师不是听之任之,任由儿童自己去觉察,而是必须明确地指出能够运用怎样的知识与技能。

基于这一立场,布鲁纳认为,通过学科教学指导培育思维方式的同时,也通过在跨学科中的教学运用,是有可能培育儿童的通用能力的。

作为一个案例,试举"跨学科学习中批判性思维技能的模型",或许可以从中窥视出培育"思维方式"的课题及其特质。"跨学科学习中批判性思维技能的模型"把"批判性思维技能"分解为:发现问题的技能;问题结构化与分析的技能;判断与决策的技能。所谓"发现问题"意味着学习者自身发现问题、对信息与主张持有疑问,亦即学习者敏感地意识到状况的变化,在所给出的问题的解与学习者自己对问题探讨之间产生了落差。作为技能,涵盖了知性的诚实性、敏感性、知性好奇心,公平与谦虚、怀疑与视点的转换、独立思考的态度、毅力与坚持不懈。所谓"问题的结构化与分析"意味着梳理所产生的疑问与问题,探讨其解决方法或设定假设与推理。作为技能,涵盖了状况的认知、问题的梳理、分类、比较与对照、揭示矛盾与歧义、推理、提示假设与假设的替代方案。所谓"判断与决策"意味着对问题引出结论、反驳与提出替代方案,做出如何展开行动的决策。作为技能,涵盖了可靠性的评价、把握全局与监控、综合化、运用于类似情境。[14]

深度学习　Deeper Learning

三、"深度学习"的特质与效果

（一）"深度学习"的特质

所谓"深度学习"是提升"向学力"、涵养"人格"的状态。要衡量"深度学习"的质量，如下三个层次是不可或缺的：课题的质；对话的质（"协同学习"的质）；儿童关系的质（"课堂文化"的质）。换言之，"深度学习"拥有如下三种特质：1. 基于学科本质的真正革新的学习；2. 主体性对话性的学习，即通过同伙伴的协作能够达到认知极限的课题学习；3. 学习者自身能够体悟到学习深度的"深度学习"。

可以说，在学校现场能够满足这三种特质的课堂教学简直是凤毛麟角。这是因为，在日常的教学中要使得班级全员实现"深度学习"，就得在教材研究、提问研究的基础之上，展开同班级全员的深度学习息息相关的优质"对话指导"，以及能够把自身的学习过程加以语言表达、赋予意义与价值的"反思指导"，这是不可或缺的。在传统型的教学研究中并无真正的"对话指导"与"反思指导"，这是需要模型化与长期训练的积累，仅凭一节课或几节课的教学是难以毕其功于一役的。

在一些优秀的公开教学中教师做出的教材解读、提问研究与教学方法的反思，确实为实现"深度学习"积累了一些必要的见识与技能。这种教学研究不能说毫无价值，不过，其公开课的大体流程是事先设定好的——"教师出色的讲解和板书，按照教师的指令展开学习活动/归纳小组的思考，由代表发言/一部分举手的学生做出归纳，进行反思、写出感想/然后下课"。比如，在小学的课堂里，教师一声号令——"好！翻开书本第几页"，接着全班同学精神振作地进入学习的课题。在教学结束阶段，教师发问："有谁懂了，说说看？"催促学生举手发言。一部分学生回应"怎样怎样……是这样吗？"于是全班学生齐声附和——"懂了"。教师说，"好的，大家都懂了呢。"接着教师写板书、做归纳。在教师"好"的号令之下，班级全员齐声念诵板书中的归纳。即便是关注反思的教师，在教案中也写明"进行本节课的归纳"，大体也会由于课时被安排得满满当当，没有多余的反思时间——"反思的时间没有了，课后补写，再集中交上来"，宣布下课。如此这般以教师的讲解为中心的教学，是难以保障班级全员的学习的。这是因为,每一个人的学习都是有差异的。关注每一个学习者的差异的教师,不放心这种简单的表态,于是发问:"某某同学,懂了吗?说说看!"或者"某某同学,你是同样理解的吗?把某某同学的话再复述一遍"之类,借以督促每一个儿童的学习。此时,当然也会出现真心说"不懂"的儿童。这种教学设计与教学研究意外地多。另外,也有达到"被动的深度学习"的学习者,即他们听取了教师精彩的讲解或者记录了归纳要点的板书,然后反复练习,或可达成某种程度的"深度理解",但难以保障如前所述的有三种特质的"深度学习"。

(二)"深度学习"的效果

"深度学习"意味着从"教"到"学"的教学范式的转型。就是说,它不是"被动学习"——听取教师单向知识传递的讲授型的被动学习,而是一种能动的学习——这里的"学习"超越了单纯的知识习得,意味着"以高度的参与和高度的能量为特征的'有意义学习经验'的创造"[15],牵涉到"通用能力与态度的开发,以及作为学习者的人格的成长"[16]。

第一,扎实。"深度学习"有助于学习者扎实地把握知识。所谓"学习"并不是单纯的记忆或者死记硬背,而是强调"能动性",通常包括"知道""发现""理解"。今日倡导的"学习共同体"中的"学习"被界定为"意义与关系的编织",或者"同客观世界的对话、同他者的对话、同自己的对话"[17],通过借助教师适当的介入,而使得这三种对话的质得以提高的学习过程。学习者自身对客体的意义,与学习者自身拥有的既有知识与经验同课题的关系性的编织、再编织,从不断反复的"主体性对话深度学习"重建知识,完成自我建构,对知识形成长期记忆——这就是社会建构主义的学习论。一线教师知道,通过反复练习也能把知识留存在长期记忆之中。数学课中的"九九表",语文课中的生词、成语等知识,可以通过反复练习得以记忆。并不是说记忆不重要,在某种程度上是必要的,但另一方面,死记硬背的知识,在考试结束之后会从记忆之中完全地剥落,这也是众所周知的。人有诸多不同的记忆——作业记忆、学习记忆、体验记忆、运动记忆,等等。人的"体验记忆"往往会把对自己无意义的,感到无用的知识,逐步地加以剥落。反过来,同自己的生存与后代生命攸关的有意义与有用的知识,却会保持在

深度学习　Deeper Learning

长期记忆之中。仅仅靠阅读或者练习不可能保持在长期记忆之中,同既有知识与记忆链接起来,越是在多元情境中加以运用,越是感受到有用性,就越是能够保持在长期记忆之中,这就是人的"体验记忆"所具有的强大的"趋利避害"的倾向[18]。当学习者体验到知识的有用性的时候,就会谋求同日常生活的关联,显示出关注知识的有用性的取向。然而,教学中处理的内容大半是难以直接同日常生活关联起来的,单靠体验实用性是有局限性的。因此,倘若每一个学习者的见解与思维方式的架构通过与他者的架构相互切磋、产生纠葛,引起对自身见解与思维方式的质疑,进而激发认知矛盾的质疑,就会产生寻根究底的"主体性"——怎样思考才是正确的,怎样从模棱两可的困惑中摆脱出来。这种"主体性"容易通向"客体所具有的意义与关系性的编织"这一意义上的"深度学习"。学习者超越了这种认知矛盾,能够体验到其有用性的知识,就会留存在长期记忆之中。

第二,活用。"深度学习"有助于学习者在未知情境中灵活地运用知识。所谓"深度学习"不是旨在记住基础问题的解法,借以解答应用性问题与难题的。应用性问题与难题的解答确实有"熟能生巧"的一面,但是,单靠机械训练、死记硬背,即便能够解答应用性问题与难题,也未必能理解学科内容本质与基于体验的理解,达到意义建构的理解。意即,即便不理解意义,也能在教师与伙伴的帮助之下正确地解决基础问题,但这仅仅是能够正确解决类似的应用性问题罢了,对于深度理解而言是远远不够的。比如,在数学应用题中,即便意义是相同的,一旦变更了数字的顺序与话语,正确率就会大幅度降低,这就表明靠机械性训练所得到的知识是有局限性的。参照教科书的叙述,能够做出同教科书相同结论的解释,或在考试中碰到自己不知道的术语之后加以死记硬背等,从而"知道了"或"记住了"原本不知道的东西,完成这一意义上的"学习",尽管说是"学习了",但终究不过是表层的、肤浅的学习罢了。反之,要在未知的情境中灵活地运用知识,就得有基于学科本质的"深度学习"。即便是小学的学科教学也得基于学科的系统性以及基于专业见解与思维方式的深度学习的过程。"达到专业见解与思维方式的高水准目标,不是作为'到达目标',而是作为'方向目标'来设定的。"[19]教师通过反思,了解每一个学习者的学习是否接近于熟练者的思维方式,有多大程度的接近。对于保守型教师而言,这种"方向目标"的设定是困难的。AI(人工智能)的"深度学习"是从失败中得以学习的。人的学习也是同样,与其说是借助成功,不如说是借助失败而获得的学习方法,更容易走向"深度学习"。浅显易懂的教学不可能引领学习者走向"深度学习",当教师拿出勇气,挑战"不懂""不会"的教学之际,才可能引领学习者走向"深度学习"。把"不懂"视为与"懂"同等重要的"思考的课堂文化"的建构,是实现真正的"深度学习"的关键所在。

第三,愉悦。"深度学习"有助于师生双方体悟到"学习"的愉悦。在深度学习中学习者借助相互交流、做出叙事性的反思(叙述各自的愉悦与惊讶的情绪性反思),并把这种教学方略贯穿教学的全过程:自己原本对客体抱有怎样的见解与思维方式;在学习活动中通过同客体的对话、同他者对话、同自我的对话,是怎样发生变化的;或者理解到什么程度,哪些方面还不理解——当学习者借助这样一些"元认知"的学习过程,编织客体所具有的意义、客体与既有知识、经验之间的关系而获得综合性的通用性高的知识与认识的时候,换言之,当学习者通过孜孜以求的探究活动赋予了学习过程以意义与价值的时候,自然而然地就会流露出"啊,原来是这么回事!""唔,确实如此!"之类的感慨。充溢着这种感悟的教学,无论是教师还是学习者,都会享受到学习过程的愉悦,即学习的愉悦。这样,借助可视化的学习者的"深度学习"的过程,以及发现炯炯有神的学习者的求知脸庞,教师也会体悟到教学创造的愉悦,感受到学习者的成长所带来的幸福。这是致力于实现真正的"深度学习"的每一个教师的教学热忱苏生的瞬间,不过,这种瞬间,只有具备了勇气与谦逊、挑战真实的"深度学习"的教师才能做到。

学习即"对话的实践"。为了保障拥有多样背景——知识、技能、经验与学习动机的班级全员的"深度学习",就得使每一个成员反复展开三种对话,把每一个学习者编织怎样的意义与关系这一深度参与、深度理解的过程可视化。"深度学习"归根结底是在一种拥有不同文化背景的异质者之间借助交流而形成自我、构筑知识世界的场域中产生的。

参考文献

[1] 佐藤学,等,主编.教育的再定义:教育变革展望丛书(第1卷)[M].东京:岩波书店,2016:216.

[2][4][15][16] 沟上慎一. 能动学习与教学范式的转换[M]. 东京：东信堂，2014：107，113，17，19.

[3] 稻垣忠，编著. 教育的方法与技术[M]. 京都：北大路书房，2019：111.

[5] R. K. Sawyer，主编. 学习科学指南：促进有效学习的实践/协同学习(第二版，第2卷)[M]. 大岛纯，等，主译. 京都：北大路书房，2016：4.

[6] 阿部昇，著. 实现深度学习之探究教学的创造[M]. 东京：明治图书，2016：11.

[7][8] 佐藤学. 培育作为专家的教师：教师教育改革的宏观设计[M]. 东京：岩波书店，2015：104，104.

[9][10] 铃木克明，美马百合，编著. 学习设计手册[M]. 京都：北大路书房，2018：60，88.

[11][12] K. Egan. 深度学习的创造[M]. 高屋景一，佐柳光代，译. 京都：北大路书房，2016：92—93，117.

[13] 布鲁纳. 教学变革：认知心理学与教育实践的链接[M]. 田文子，森昭敏，译. 京都：北大路书房，1997：67.

[14] 樋口直宏，著. 批判性思维教学的理论与实践[M]. 东京：学文社，2013：326—329.

[17] 佐藤学. 学习的快乐：走向对话[M]. 钟启泉，译. 上海：华东师范大学出版社，2004：39—40.

[18] 林成之. 别让脑滋生七种恶习[M]. 东京：幻冬社，2017：76—77.

[19] 小林和雄. 深度学习的诱惑[M]. 京都：晃洋书店，2019：18.

第三章 认知发展与深度学习

何谓"学习"?"学习"是在怎样的状态下发生的?"深度学习"又是怎样一种学习?这些问题的探讨是走向"深度学习"的前提条件。"深度学习"同两种重要的人类学习与发展之本质的研究与理论相关,这就是"认知观点"(cognitive perspective)与"社会—文化观点"或"情境观点"(socio-cultural perspective/situated perspective)。"深度学习"不是单纯教学内容的更新或教学方法的介入,而是指整个教学观念的全新改造,这种改造需要吸纳学习科学、特别是认知心理学研究的成果。本章从认知心理学的角度,揭示"学习"的机制与儿童认知发展的特征,辨析两种发展论的异同及其学习机制。

一、知识与学习

我们生活的这个社会,当然需要"知识"。比如,什么是关于"文字"的知识呢?人们自然会联想起"读法""写法"的知识,但并不限于此。比如,通过文字的组合产生语言,在认识新的文字之际,总是从文字的读法、写法之类的知识的零状态开始的。然而,一般而言,即便是陌生的繁难的语言也总是在激活了已学的知识(既有知识)之后,才认识新的语词的。此外,倘若考虑到文字本身的功能,诸如"何时使用文字""如何区分文字及文字之外的传递方法"——所有这些,也是知识。这样,一个人随着成长,在其获取新知之际并不是完全空白的状态,而是借助新的内容同已知的内容与经验的组合,在头脑中重建新的知识。那么,人们是在怎样的状况下、借助怎样的认知机制,重建怎样的知识的呢?

(一) 知识受个人拥有的认知框架所左右：图式

人们在接受别人的解释时，也能理解并未详细得到解释的内容。比如，当你听说"我昨天去餐馆了"，自然会想到——坐在椅子上，看菜谱、挑选想吃的食物。然后点菜、送来碗筷，如此等等。这样，我们凭借种种经验获得细微的知识，能够以模块化的语词与思考方式归纳起来加以理解，相互传递，这就叫"图式"，尤其是关于日常行为的一般化知识所构成的内容称之为"脚本"，这些是受个人经验与认知框架影响的。[1] 当我们认识新事物之际，就得考虑到学习者个人以往经验的影响。正因为此，在学校教育的场合，教师所传授的知识对于儿童而言，或许会出现难以理解的困惑。

(二) 容易习得知识是由于在头脑中有规则的缘故：制约论

上面主要以文字与语言学习为例，就知识的习得与建构做了说明。进一步归纳这些解说的学说，就是马克曼（E. Markman）的"制约论"。[2] 当幼儿习得新的语词之际，是凭借一定的规则展开思考的，马克曼谓之"制约"。在理解语言与客体的联结的学习构成中存在着如下三种制约：一是"事物整体制约"——当人们看见新的事物、了解它的名称的时候，在头脑中不是去了解细微的局部，而是先把握其大致的轮廓。二是"事物分类制约"——指的是在认识新的词汇的时候，是作为一种范畴来把握的。比如说，无论是墨西哥产的世界上最小的"迷你狗"，还是喇叭狗，都可以用"狗"的词汇来理解。三是"相互排他性"——一种事物只能属于同样范畴的一个名称。因此，"迷你狗"是"狗"的一种，不是"猫"。这样，马克曼为我们揭示了儿童是基于头脑中的梳理方式与关系性来展开学习的。确实，在我们的头脑中可以想象出某种语词的网络，诸如"动物→哺乳类→狗→迷你狗→我家的贝贝"之类的系统。何时在头脑中用怎样的规则来理解语言的习得，奇妙无穷。这些都是围绕人们的头脑中习得某种知识的结构而展开的研究。不过，晚近成为主流研究倾向的是，"来自周边环境的信息、亲子关系之类的人际关系，在种种条件的功能组合之下习得语言"的思考方式。

(三) 形象性表象与语言性表象：表象的双重结构化

在心理学中，来自外界的刺激与信息进入到头脑的状态谓之"表象"。教学媒体也可以从表象论的角度展开讨论，大体可分两种，即"意义与境脉"之类的语言性表象与"印象与形象"之类的形象性表象。上学之后的学习大量地依存于语言性表象。这种质地的语言性表象，在上学之前的幼儿期就已经形成。所以，拥有这种质地的儿童容易理解，缺乏这种质地的儿童难以理解。这种质地是借助怎样的幼儿体验形成的呢？一种见解主张是，幼儿期是以游戏为中心，有丰富的体验即可形成，另一种主张是应当习得读写算的能力。在幼儿醉心于游戏的场合，不是单纯的活动，而是通过和不同的事物打交道，开动自己的脑筋，形成某种表象。尽管是诸多漠然的表象，但往往也会以成人的语言为线索，使自己拥有语言性表象的质地。这种基于口头语言的表象，但在进入小学之后，会成为具有书面语言的表现。试举两例。[3] 例一，以小学 6 年级生为对象进行的实验——10 个单词（诸如画册、花瓶之类）分散地出现在短文中，短文用女声朗读的录音，10 个单词用男声朗读的录音，听完之后，回答记住的单词。作为语言性表象活性化的方法是，让被试听取 10 个短句，不以故事那样的方法，而是借助境脉链接的方法；而作为形象性表象活性化的方法是，包括描绘了情境的彩色画卡片，加以形象化。测验结果表明，语言性表象的活性化对于记忆能力强的儿童有效，形象性表象的活性化对记忆能力弱的儿童有效。例二，小学 6 年级综合学习课。儿童在暑假中去近郊的山间寄宿，他们仰望满天星斗，心潮澎湃。教师试图在此激动人心的时刻，展开发挥想象力的教学，于是策划了这次活动。研究者此前提议"创作星星的故事"，教师也接纳了，分小组展开了活动，但思路不活跃，每个小组都一筹莫展。然而，在旅游这种场合，教师问儿童："如何办才能浮想联翩呢？"他们回应道："创作歌曲。"于是各个小组分别编织故事、配曲演奏：有拿起棒槌击打锅盆的；有和着韵律脚踏地板的。尽管乐器是手工制作，但每一个人都发挥了各自的角色，合奏歌曲，迷醉于故事的创作。这是因为，伴随着仰望夜空繁星时的感动而产生的形象性表象，变得鲜活起来，从而实现了这种"盛况空前"的教学。另外，根据社会语言学家分析说话的机制表明，中产阶级家庭多用精致化的词汇，贫困家庭多用限制性的词汇，精致化词汇是精密地传递知识、信息等内容的逻辑性话语的机制,而限制性词汇是依存于情境的非逻辑性的话语机制。

(四) 精致化

"精致化"引发深度学习。1973 年罗威尔(W. D. Rohwer)率先开始"精致化"研究的实验。其具体内容是,向被试儿童呈现成对的单词,加以记忆的课题分三组。一组是让他们用这两个单词进行写作,另一组是让他们自己进行造句,第三组仅仅呈现两个单词。结果表明,进行写作的组比单纯呈现的组优秀。就是说,境脉与形象促进知识的链接,这种机制谓之"精致化"。尔后有一系列的研究,布置某种作业不给予"要记住"的指令,探讨实施过程中的偶发记忆。比如,布置一种导向性课题——要求判断语词的意义的课题的实验。以小学生为对象,渐次提示成对的词组,问"哪一个跟夏天有关系"——在"烟花"与"向日葵"中进行选择(困难条件);问"哪一个会发出声音"——在"烟花"与"向日葵"中进行选择(容易条件),比较偶发记忆的成绩。要求判断的时间同样,显示出困难条件的组优于容易条件的组。结论是,难以判断,易于产生精致化。再比如,以大学生为对象,进行同样作为导向性课题的实验——从一个汉字联想自己过去的事件有多大的鲜明度的实验,鲜明度分三个级别,分析各组的偶发记忆的成绩。结果表明,鲜明度最高的组比别的两个组成绩优异。结论是,通过鲜明地回忆自己过去的经验,更有助于促进精致化。[4]"精致化"的术语对于一线教师或许并不陌生。日本学者北尾伦彦分析了教学中儿童的发言与笔记,可以推定精致化的机制。试举一例,日本一所初中的一堂国语课——指导故事教材的阅读,颇具特色。课的前半部分是布置学生自由阅读描写盲人女性生活经历的故事,要求学生做批注的作业,把发现的问题写在教科书的空白处。碰到读不懂的汉字与不明白的词汇可以提问。不过,只有两三个提问,教师用板书做了回答。整个课堂鸦雀无声。大约过了 20 分钟之后,作业停止,学生们有的向窗外望去,有的窃窃私语。教师此时慢慢地走向教室的中央,大声问道:"为什么这个女性的凸字击打练习戛然而止? 不可思议",只有两三名同学回答。教师自言自语道:"难以理解呢!"整个课堂再度一片寂静。在此期间,学生们面面相觑,有的重读课文,有的修正自己的眉批,有的两手叉着脑袋,郁闷异常,表明这种自问自答的学习开始产生了学习的精致化的心理机制。只是由于没有确凿的证据,一个个抱着一丝不安的心情下课了。教师也似乎想如何去总结一下这节课,却完全没有这样做。尔后询问这位教师,教师的回答是,给学生布置了作业——"在笔记本上用自己的话语写下前节课的感想,下一节课伊始交流各自的心得。"读了学生们的笔记,一个个都能深度地想象主人公的心情——"这是因为碰见打凸字高手,感到羞愧""自己有残疾,也在练习打凸字,但松松垮垮。同高人相比,简直是天差地别。"这个事实表明,"精致化"确实实地产生了[5]。

(五) 元认知

"元认知"引领深度学习。"元认知"的术语是从 20 世纪 80 年代,从记忆与阅读的研究中开始使用的,指的是自主发现的心理机制,调查初学阅读者,表明由于缺乏有意识地把握要点的知识。不可能有自主发现的能力。这就形成了"元认知"概念的两个要素——知识侧面与有意识地控制自己的学习的控制侧面——的界定。有效的学习一定是这两个要素一体化地起作用的结果。举一个实验例子[6]:让学生求解小学五年级数学应用题。用录像摄下儿童课题解决的状况,然后再现出来,同时进行采访。探讨儿童自身是怎样控制自己的解题过程的,分成绩高的与低的小组进行分析,发现两组之间有质的差异。优异组"再次阅读问题,加以确认""聚焦重点,仔细思考"之类,有意识地控制自己的解决过程。而成绩低的组"什么也不做",并没有意识到自己的解决过程。由此可见,由于有意识地控制解决过程的认知机制不起作用,多数儿童处于学习困难的状态。如何进行有效的指导呢?这个实验提供了两个策略。其一,对因不能理解而难以解答应用题的儿童,需要有计划地展开指导。应用题的类型不同,各有其独特的问题图式(知识结构),因此,需要开发把握问题图式的独特程序。不过,现状是没有这种程序,因此就得考虑变换应用题的具体的表达形式。可以考虑把应用题的内容用绘画的形式来表达。从元认知的角度来修正教学的实践,这是重要的。其二,通过变换说法或者加以强调课题所要求的究竟是什么,来帮助儿童进行问题理解。这就是,制定问题解决计划,引导儿童掌握并监控自身问题解决过程的能力。

（六）动机作用

学习动机与主体性态度支撑深度学习。其一是课题参与型动机。"有兴趣""很快乐"之类的学习兴趣与情绪，"可以解决""理解了而产生的达成感"之类的效能感，"想知道得更多""越是思考越有趣"之类的好奇心，"解决疑问很有趣""想进一步钻研"之类的探究心，等等，即是适例。拥有这种动机的儿童即便成人不督促，也会自主地学习，这称之为内发性动机。不过，从深度学习的视点来分析，问题不在于儿童是否拥有这种动机，而在于如何帮助儿童培育这种动机。这是应当加以培育的一种学习动机。其二是自我实现型动机。即发挥自己的长处、拥有未来目标而展开学习的动机。"学习是为了未来""为了自己而学习"之类的价值作用，"希望自己愈来愈有本事""发挥自己的强项"之类的自我效能感，"将来为社会作出贡献""帮助弱势群体"之类的社会需求，即是适例。

（七）对话与讨论

对话与讨论支撑深度学习。对话型学习是协同学习的一种形态，对话学习的意涵可以归结为三点。第一，学习者从教科书与辅助性资料中收集信息，聚焦某种问题展开思考用自己的语言做笔记记录。没有这种预先准备，就难以进入对话的状态，只能成为一个旁观者。扎实地把握信息是对话的基础。这可以谓之"同教科书的对话"。第二，学习者拥有自己的思考进入对话场的主体性态势。即便没有完善的思考，也能够按照自己的思路陈述自己朴素的主张。重要的是参照笔记、发表自己的见解。这可以谓之"同自己的对话"。第三，最重要的是，在对话过程中虔诚地倾听他者的思考与主张的同时，锤炼自己的思考与主张。在倾听他者的思考与主张之际宜记下其要点与批注。这可以谓之"同他者的对话"。试举日本熊本大学教育学部附属小学《逻辑科》的对话学习实践为例，其教学目标是：1. 解读信息（图表、文章等）的内容。2. 判断内容的真伪与思考方式的妥当性。3. 确定真实性与基本思路，加以表达与论述。其教学方法是：在教学中引进对话与讨论，包括结对对话、4—6 人的小组讨论、全班的讨论。

对话与讨论的重心包括五个内容：1.基于比较进行推理。2.在任务单中记下差异点。3.任务单中记录自己的思考，进行反思。4.琢磨哪一种见解更好，展开对话与讨论。5.借助自我对话与同他者的对话，进行思考与判断。这种对话与讨论的方式，从儿童内心世界的角度看，可以说是把自己的思考同他者的思考加以比较，作出类推——差异在哪里，如何修正与归纳自己的思考[7]。

（八）观察学习

"观察学习"（模仿学习）亦可形成学习。倘若我们不直接地进行作业或者体验，学习就难以形成，能够获得的知识是极其有限的。不过所谓"有样学样"，通过观察别人的行为也能学会某种行为，班杜拉（A. Bandura）谓之"观察学习"。另外，从榜样学到的某种行为谓之"模仿学习"或"替代学习"。班杜拉做了如下的实验：将儿童分为实验组与控制组。先把实验组的儿童带进一个房间里，让他们观看成人对充气塑料娃娃进行攻击行为（包括拳打脚踢）的情景；再把控制组的儿童带进一个房间里，让他们观看成人平静地玩充气塑料娃娃的情景，毫无攻击行为。随后把他们一个个带进相似的房间里，里面有一个类似的充气塑料娃娃，观察他们会采取怎样的行动。结果表明，实验组的儿童比控制组的儿童更具攻击性。由此发现，通过观察也能形成学习。

（九）知识习得的成长过程：熟练化

美国认知心理学家诺曼（D. A. Norman）把"学习"分为三类，即"知识的拓展""知识的结构化"与"知识的调整"，借以揭示人的知识习得成长的过程（熟练化）。具体含义为：其一，基于知识拓展的学习——学习者在拥有既有知识的基础上，增添新的知识，学习得以进展。其二，基于知识结构化的学习——形成有别于既有图式的新图式，学习得以进展。其三，基于知识调整的学习——通过知识的调整，某种特定的学习得以活用，学习得以进展。这样，知识的网络得以拓展，形成新的链接，更成熟的知性活动便有了可能。[8]

根据认知心理学的研究，人类知识习得的过程可以概括为如下的特征：第一，知识基本上是每一个人自主建构的。知识基于观察而获得，几乎都是问题解决与理解活动的产物。第二，这种基于理解活动与问题解决的知识习得过程是受个人的先行知识所制约。第三，基于教学所获得的知识乍看起来是一种尝试错误，无论是问题的解法与方略的选择，还是基于理解的解释的凝练，是受先天条件的制约的。从这个意义上说，人类的知识习得并不是纯粹基于经验的过程。这就意味着，每一个人的知识习得范围是有限的。第四，人类的问题解决与理解往往是在人际的境脉中产生的，基于此的知识习得过程受他者的存在及其行为的影响，也受到可供利用的工具的制约。就是说，知识习得的过程受外在社会文化的制约。第五，从所获知识如何受既有知识系统影响的角度来看，知识习得的类型可以分为两种，即"积累"与"重建"，后者在发展的领域中往往被称为"概念"的变化，主要指由于知识的更替或者质的变化而产生要素的分化与统整，体现了典型案例与解释模型的变化过程。[9]人类的知识拥有把新的信息同既有知识的框架相融合这一意义上的保守性格，因此只能产生有限的重建。换言之，个体产生知识的条件是不同的。

归根结底，知识的习得与改造是基于人类的能动作用而建构的。这种建构活动必须满足两个条件：先天的习得装置及此前获得的知识这一"内在制约条件"，社会（具体地说，是周边的人际关系）及文化（共同分享的人造物或者工具）这一"外在制约条件"。

二、从认知发展看"深度学习"

（一）概念是一种范畴

何谓"概念"？不同的学术立场有不同的说法。心理学家所谓的"概念"是把多样的事例在其意义异同上做出的一种分类与集合，是以"范畴"来加以说明的。比如"鸟"这一概念，是把诸多的事例根据其性质，明确地判断能否将其归入"鸟"的集合来构成的。即便是幼小的孩子也已经有了"鸟是这样的"概念。比如问一个五岁的幼儿园孩子，大多会回答说："鸟是在空中飞的东西。""是么？那么，飞机也是？"孩子们一定会笑着回应道:"飞机不是呢!"。他们知道,"飞机"(这个事例)不是"鸟"(不属于鸟的集合)。这样,倘能知道如何表述(即便不是下定义)在空中飞的"飞机"不包括在"鸟"这个范畴里,能否结合已有知识综合地囊括性地表述,一定是经过了深度的反省性思考的。不久之后,某个孩子或许会说,"叔叔,鸟是在空中飞的生物"。这种解释表明,这个孩子已经形成了"生物"的概念,尽管这个概念是不完善的。这个孩子并没有接受过解释"鸟"与"生物"的抽象定义的教学,然而,原本概念的形成这一知性运算在低龄儿童身上也能做到,他们能够凭借自身的力量主动地形成诸多的概念。就是说,儿童能够激活既有的知识。倘能组织有意义境脉的教学,无论哪一个儿童都能实现深度学习。

儿童"概念"的获得需要三种事例。在儿童最初形成概念之际,提供参照的事例大多是鸽子、燕子、金丝雀之类属于"鸟"的事例,亦即"典型事例"。根据"典型事例"显示的特征,儿童就能形成"鸟是在空中飞的东西",表征众多"鸟"的重要特征的事例。但这是一个不准确的概念。因此,想要提升概念的准确性,接下来就得让他们接触"非典型事例",亦即既是"鸟",但不具有"典型事例"所具备的特征,诸如山鸡、企鹅之类的鸟,并不在空中飞的事例。进而提供种种"似是而非的事例",诸如蝙蝠和飞机在空中飞,却不是"鸟"。通过这些"非典型事例"与"似是而非的事例","鸟"这一范畴的意义集合的边界才能浮现出来,而探讨表述这种清晰的边界特征的语词作业,就是"概念"的修正与更新。[10]

教师在教学中应当如何促进儿童的概念形成呢?其一,重要的是把握儿童同怎样的事例相遇,从中抽象出怎样的共同特征,来形成概念。其二,教师应当思考,怎样以儿童的形成概念之根据的特征作为"脚手架",按照怎样的顺序与方法,借以提示怎样的"非典型事例"与"似是而非的事例",更好地修正与更新"概念"。

(二) 朴素概念与科学概念

"郁金香让人感伤""我们居住的这个地球是扁平的"之类,是幼儿对于直面的事物所拥有的某种知识与思考,我们谓之"朴素概念"。这是在日常生活中获得的"日常知识"。克莱门特(J. Clement)对自己的理科大学生做了一个抛硬币的实验:一枚硬币抛向空中并自然落下。[11]当硬币在上升与下落时,各自会有怎样的力对硬币发生作用,请被试"用箭头在图中标明影响硬币的力的方向与大小"。实验结果表明,只有10%的大学生答对,其余90%的被试的回答都是错的。在这些答错的被试看来,"硬币受两种力的支配。一个是重力,一个是抛力。当抛力大于重力时,硬币上升;当重力大于抛力时,硬币下降"——这是受"朴素概念"的影响所致。实际上,惯性是一切物体固有的特性。按照惯性法则,惯性不是一种力。大凡运动着的物体(只要没有来自外界的力的影响)都会持续地运动,并不是在抛硬币时增添了什么力。克莱门特的这个实验说明,人所拥有的"朴素概念"是何等根深蒂固。这种人在学校里接受科学概念的教学时,大多会出现障碍。因此,如何克服"朴素概念",顺利地习得"科学概念",是一线教师回避不了的问题。

(三) 促进概念变化的策略

利用儿童"朴素概念"中的矛盾的事实与思考方式的认知冲突,让他们体验不能解释的惊异与纠葛,从而促进概念的变化。亦即,立足于认知心理学的思维方式,把"学习"视为"朴素概念"被"科学概念"置换,重建新的知识结构。在这里,考察一下众所周知的促进概念变化的两种方法——认知冲突与类比。

"认知冲突"的方略。这就是引进同儿童的"朴素概念"相冲突的事实和观念,让他们体验"不一致""无法解释"的惊异与失调。最常用的方法是呈示一些事实与证据,比如,"物体燃烧之后变轻了"——拥有这一"朴素概念"的儿童面对"当镁燃烧之后会变得怎样"的问题,他们可能会做出"同燃烧之前相比,重量变得轻了"的假设。然而实际上,燃烧后的镁,变成了氧化镁,秤下来,重量比燃烧前重了,同设想的结果相反。儿童在非常吃惊的同时,又抱怨自己不能很好地解释"燃烧之后为什么变得轻了""通过燃烧在物体中究竟出现了什么变化",从而激发"想理解"的智力好奇心。这种抱怨其实就是从认知冲突、郁闷的心情出发,要求消解这种困惑,能够求得某种解释的想法。于是在这种场合,开始丢弃原先的想法(朴素概念),接受"加热之后氧气与镁化合作用,其重量就增加了"这一科学概念。在这种方法中,认知冲突的状态起到一种起爆剂的作用。不过需要指出的一点是,认知冲突状态本身并不能够促进学习。根据研究,即便面对反证数据,他也会无视它,排斥它,或者把原先的假设稍作修正加以保留,并没有改变原先的思维方式。这种案例是不少的。由此看来,人所抱有的原本的思维方式(朴素概念)是难以变化的,仅仅造成有别于假设的认知冲突,是不可能立竿见影地习得"科学概念"的。基于认知冲突的教学策略,重心在于教师做出适当的干预,为儿童建构"科学概念"提供必要的"支架"。一般而言,基于认知冲突的教学策略包括三个步骤:一是初始阶段,使儿童明确认识自己的"前概念";二是认知冲突阶段,通过演示、实验或对话,引发儿童的认知冲突;三是认知冲突解决阶段,进行认知调整,建构科学概念。

"类比与架桥类比"的方略。其一是运用"类比"来进行解释。当比喻"电流就像水流"时,即便不知道电流的特性,肉眼看不见,不是很熟悉,却知道水流的特性,亦可作出"电流也许类同于水流"的推断。我们在实践中常常可以采用身边的事物(比如水流)来促进儿童的理解。"类比"分四个阶段:第一阶段——从旧有经验回忆类似的实例(基础选择)。在前述的水流的案例中,就是回忆水流的特性。第二阶段——把回忆的实例(基础)同所要解决的课题(目标)勾连起来。比如,把水流的知识同电流的知识链接起来。第三阶段——评价此前的链接是否有助于课题的解决(评估与修正)。在这里不仅要评价基础与目标之间表面的类似性,而且要评价更抽象的结构与类似性,还要评估为此而做出的类比这一目标是否恰当。前述的水与电尽管表面上看具有不同特性(水看得见,电看不见),但它们具有共同性,即"压力越高,流量越大",这是适于儿童理解水流与电流的链接的。第四阶段——抽取回想的事例(基础)与课题(目标)之间的共同点,作为抽象的知识纳入自己的知识(学习)。采用这种类比所有学到的知识并不就此止步,而是被整合到自己的知识结构之中。

其二是运用"架桥类比"。"类比"有时也可能会适得其反,引出错误的结论,导致同原本的意图迥然不同的学习。在"朴素概念"(原有想法)强烈的场合,也许难以顺利地转变为"科学概念",此时就可运用"架桥类比"。比如,正向力(垂直抗力)是物理学中的问题。把书放在桌子上,书由于重力向下的力(书压桌子)在起作用,与此同时,向上的力(桌子压书)也在起作用,这种向上的力谓之"抗力"。由于书的重力与抗力同样大小而获得平衡,因此书是静止不动的。不过,一般说来,"抗力"是难以想象的。对"请回答,书所起作用的力的方向与大小"的问题时,很多人会做出错误的回答。这是因为,他们持有一种幼稚的"朴素概念"的缘故——以为"桌子只是防止书本因重力而掉下的设备,并无将书向上推的力量(抗力)"。为了形成适当的科学概念,可举"用手按下弹簧"的事例来进行对比,做出解释。不难设想,在这种情形下,不仅有用手往下按压的力,而且有弹簧般发出的向上的力,也会作用于手上。不过,以"用手按下弹簧"作为锚例,针对"书放在桌子上"的事例进行对比,可能效果不那么理想。这是因为,弹簧具有柔韧性(弹性),即便由于向下的力量会压缩,也有反弹的力量(向上的力)在起作用。但"桌子是硬的(不会动)"的知识,会产生干扰,从而妨碍了基于"类比"的概念变化。其实,桌子是弹性体,具有与弹簧一样的柔韧性。然而在日常生活中获得的"桌子"的形象,不可能做出如此的联想。

作为习得"科学概念"之立足点的一种方法,布朗(D. E. Brown)和克莱门特(J. Clement)举出了在锚例与目标之间架桥的事例,倡导"架桥类比",并断言"架桥类比"的有效性。[12]比如,他演示了把书放在由海绵之类的材料制成的桌子上的情形。像海绵这样的材料具有"硬"(不动)的桌子和"软"(动)的弹簧之间的中性特征,并能起到从锚例到目标的信息过渡的作用。从锚例到目标的概念转变不可能一蹴而就,以架桥事例作为习得"科学概念"的一个立足点,可以引导概念逐步地发生转变。从这个意义上说,利用"架桥类比"的解释方法,同日本教育学者细谷顺倡导的"渐进式"教学方法,具有异曲同工之妙。

(四) 知识的活性化

在"核心素养"的概念框架之中,存在"知识与技能""思考力·判断力·表达力""向学力·人性"等不同的提法。从某种意义上说,均属学力要素的范畴。那么,"知识与技能"同"思考力·判断力·表达力"究竟是怎样一种关系呢?心理学家对此问题的回答是——"思考力的真相是知识的状态"。就是说,"思考力"之类不同于具体学科领域的具体知识,并不是实体的存在。宁可说,所谓"思考力"指的是,庞大的学科领域固有的知识,同种种的状况与境脉的一种意义性的、功能性的链接,能够运用自如的、具有高度的组织化、结构化的状态,可以说是一种通用的认知能力。它是不依存于具体的情境与状况的,任何时候都是以有效的思维与判断的方式而存在的,是有助于解决种种问题的有效的思考方式为基础的。这是知识活性化的问题。在心理学中,把储存于记忆之中的"不起作用的知识"谓之"惰性知识"(inert knowledge)。[13]知识的活性化程度依存于怎样进行学习。认知心理学家区分了两种学习,即"事实取向的学习"(fact-oriented)与"问题取向的学习"(problem-oriented)。[14]

三、从发展论理解"深度学习"

(一) 基于发展论的教学:学习与发展的关系

任何学习,即便是"课堂教学",都是基于某种发展论。学习观与教学观的差异归根结底反映了所依据的发展观的差异。不考虑所依据的发展观议论"同步教学"与"能动学习"之类的差异,不过是"见树不见林"罢了。而在实施教学之际,通过理解所依据的发展观,方能展开有意义的教学实践。何谓"发展"是首当其冲的问题,而这里的"发展"终究被视为一种"变化"。然而这种"变化"并不局限于个人,也意味着个人所属的集体的"变化",以及同样是个人所属的文化的变化。进而所谓"变化"未必单纯是沿着社会文化的历史正确方向的"变化"。个人、社会、文化的某种"变化"一旦产生,相应的"发展"也就会产生。

"深度学习"指向"主体性""对话性""协同性"相统一的学习,意味着每一个学习者拥有学习的兴趣与爱好,同自己的未来相连接,具有远见地展开学习;意味着借助同学之间的协作与社区成人的对话,通过同教科书中先哲的对话,在"习得・运用・探究"的过程中相互理解知识、发现问题、致力于解决问题的学习;意味着在这种学习观、教学观的变化背后的发展观的变化。对于这种"发展观"产生巨大影响的是维果茨基(L. S. Vygotsky,1896—1943)。维果茨基与皮亚杰(J. Piaget,1896—1980)是同一年出生,却对"发展"的思维方式及其评价持完全不同的立场。皮亚杰被誉为20世纪功绩最为卓著的心理学家,在诸多方面产生了巨大影响;而维果茨基是在东西方冷战背景下的苏联学者,且英年早逝,其成果被湮灭,因而未能受到应有的评价。不过,被誉为"心理学的文艺复兴运动"始于20世纪90年代,维果茨基的"发展论"得到欧美学术界的重新评价。"深度学习"依据的发展观,就是在这种心理学的文艺复兴运动之后展现的潮流。我们可以通过揭示两者之间不同的发展观,来考察"心理学的文艺复兴运动"是如何体现了它的革新精神的。

(二)何谓"主体性学习":决定发展的要因

"发展"究竟是因怎样的契机产生的呢?换言之,决定"发展"的要因是什么呢?众多学说是用"阶段论"来解释的。皮亚杰的"思维发展阶段说"就是结合年龄阶段来把握"发展"的一个典型。

皮亚杰的思维发展阶段说由四个时期构成:感觉运动期、前运算期、具体运算期、形式运算期。0—2岁谓之"感觉运动期"的阶段,这个阶段儿童把玩物体、运用感觉理解周遭世界,出现思维的萌芽,基本上是处于条件反射水准的认知活动阶段。2岁到7岁是谓之"前运算期"的阶段,能够运用语言进行思维,但难以从他人的视点进行思维,这个阶段的特征是"自我中心性"与未能形成"守恒概念"。从自我中心的视点出发,而且不能进行空间认知的儿童思维特征,就是"自我中心性"。皮业杰用"三山实验"和"守恒实验"揭示了儿童的这种思维模式:在一个实体沙丘模型上,错落摆放了三座山丘,让儿童从前后、左右不同方位观察这座模型,即让他们看四张从前后左右不同方位所摄的沙丘模型照片,要求指出和自己站在不同方位的另一个人(实验者或者娃娃)所看到的沙丘情景跟哪一张照片一样,儿童说不出来。皮亚杰以此证明,儿童采取一种自我中心的倾向思维,处于"前运算阶段"。"守恒"也是皮亚杰倡导的概念——指对物体的形式(主要是外部特征)起了变化,但个体认识到物体的量(或内部性质)并未改变,包括质量守恒、重量守恒、面积守恒、体积守恒、高度守恒等。皮亚杰揭示,处于"前运算阶段"的儿童只能集中于问题的一个维度,注意的是事物的表面的、明显的特征,具有中心化的特点。比如,在液体守恒实验中,不同杯子灌入等量的水,但3—5岁儿童判断"高瘦"的杯子水量比较多、"矮胖"的杯子水量比较少。从7岁—11岁左右的阶段一旦进入"具体运算期",前述的"自我中心性"消失,确立了"守恒概念",进行分类之类的范畴性思维也从这个阶段开始形成。进而在11岁之后进入"形式运算期",所谓"形式"指的是"抽象性",亦即能够进行文字符号之类的抽象符号的运算与思维,做出同成人一样的思考。[15]

维果茨基的"文化历史发展观",不同于皮亚杰的"思维发展阶段说"。维果茨基同鲁利亚(A. R. Luria,1902—1977)在1930年初,对中亚人做了问卷调查,提出的课题是:"试问,从这套组件(锯子、铁锤、原木、砍刀)中可以去掉哪一件?请选择",这是范畴性思维的课题。[16]在皮亚杰的思维发展阶段说中,对"具体运算期"(2岁—11岁)的儿童来说,这是可能完成的课题,但在维果茨基与鲁利亚的调查中,这个问题即便是30岁的男性也感到棘手。一位30岁的男性被试回答说:"这些都是相关的东西,全都需要。要切木头,就得有锯子;要伐树木,就得有砍刀。全都需要。"他拒绝了分类。这个被试就发展阶段而言,并不处于劣势,乃是"文化·历史"的境脉影响了他的思维过程。倘若立足于考试与检查所沿袭的现代文化的境脉,那么,就得探讨他是从中去除了哪一个。而且,从我们习惯的境脉看来,拒绝分类的思维是奇怪的思维。不过,考试与检查所不习惯的现代文化的境脉究竟是怎样的呢?就是说,范畴课题中的所有思维过程是以现代欧洲的文化为前提的思维过程,用这种思维过程是不可能测评别样的文化的。

那么,是否存在符合年龄的发展阶段呢?维果茨基与鲁利亚揭示了思维过程的差异是由于文化历史境脉的差异而造成的。不过,强调文化历史境脉的差异,并不是否定年龄与某种阶段的思维过程的差异。即便人类存在着共同的发展阶段,也存在着有差异的文化历史的发展进程。就年龄与思维过程的差异而言,维果茨基并没有做过充分的研究。不过,从20世纪90年代前后开始,皮亚杰的"思维发展阶段说"受到了批判性的验证。有研究表明,皮亚杰所描述的基于年龄阶段的思维过程的差异未必会产生。比如,在关于"守恒概念"的验证中发现了提问的方式存在问题,用的是日常会话中不用的提问方式,让儿童发懵了。事实上,用通常会话用的提问方式来提示"守恒概念"的课题,即便是"前运算期"的儿童也能做出正确的回答。由此看来,皮亚杰倡导的同年龄相应地发展的思维发展阶段说,未必是一种完全合理的解释。

倘若不把发展阶段同年龄结合起来,会给"深度学习"带来怎样的启示呢?把发展阶段同年龄结合起来的思考隐含着一种危险性,即把"发展"视为是自然发生的,而往往忽略了"发展"中家长与教师的影响作用,以及课程教学的安排,混淆了主体性,使之放任自流。相反,倘若把"发展"视为文化历史境脉中的产物,那么,我们就得关注儿童的兴趣与爱好是在怎样的文化历史境脉中产生,并且怎样学习有意义的东西。

(三)何谓"对话性学习":发展的起源

"对话性学习"是指同学之间的协作,以及同教师与社区人士的对话。那么,为什么"对话性学习"是必要的呢?维果茨基在《文化历史心智发展论》这本书中论述了高级心智机能发展的起源。所谓"高级心智机能",有别于动物的条件反射之类的心理机能,是以随意记忆、抽象性思维等人类的特征为基础的心智机能。换言之,即探讨人之所以为人是如何发展的,亦即展开这种高级心智机能之起源的探讨。

维果茨基指出:"儿童的文化发展中的一切机能,出现两次,形成两种格局。起先是社会的格局,而后是心智的格局。亦即,起先是在心智间的范畴——在人与人之间出现,而后在心智内范畴——在儿童内部出现"[17]这样,维果茨基发现高级心智机能的起源有两个。[18]一是人类的发展起源于铁锤、拐杖之类的工具(物理性工具)、语言和图表之类的工具(心理学工具)的"活动"。"使用工具"是人类发展的特征这一点,对人类文化历史境脉的发展产生影响。二是作为人类发展之起源的社会境脉。这里所谓的"社会境脉"用维果茨基的话来说,就是"心智间机能",指的是通过人际沟通、对话与协作而进行的心智机能。维果茨基从"心智间机能"寻求发展的起源,"心智间机能"导致个人内机能——"心智内机能"的变化过程,谓之"内化"。就是说,个体借助沟通开展协作,在此过程中形塑自我的心智,使其很快在个人内独立地完成建构。这种现象无论在随意注意、逻辑记忆、概念形成、意志发展诸方面,都是普遍存在的。由外向内的过渡,是改变过程本身,也是改变其构造与机能。因此,这个法则也完全适用于学校的教学活动。

维果茨基(L. S. Vygotsky)的儿童发展研究揭示,人类的心智首先是从社会活动开始的,而后才是个体。人类是受周遭的情境、社会与文化中存在的文化介质(语言、艺术文化与技术等)支撑的。所以,支撑人类心智活动的要素起源于个体之外、自己也参与的社会活动之中。以语言为例,"语言先是以口头语言的形式,作为人际沟通的工具而产生的,然后才开始转换为内言(内部语言),进而成为儿童自身思维的基本方式,成为儿童内在的心智功能的"。[19]

围绕发展起源的研究,维果茨基同皮亚杰最显著的差异,集中表现在如何看待人类的语言发展上。无论是维果茨基还是皮亚杰都把语言分为三种形态:旨在沟通而使用的出声的语言,叫作"外言",相反,旨在思考而使用的不出声的语言叫做"内言",而既非同时进行沟通,亦非在头脑中进行思考,却自言自语地出声的语言,叫作"自我中心语言"。那么,"外言·内言·自我中心语言"是按照怎样的顺序展开的呢?

皮亚杰通过观察实验验证了"自我中心语言"。从诞生到7、8岁的儿童出声地进行思维,到学龄期的7、8岁前后,这种"自我中心语言"消失。维果茨基则主张,内言与外言是统一的。在7、8岁前后两者的分离不是内言的消失,而是原本意义上的人的思维手段。就是说,儿童的"自我中心语言"实际上是起着解决实际问题之作用的一种思维手段,相当于成人的内言。内言不是基于"自我中心语言"的自我中心思维的表现,而是合理的、合乎目的的行为与思维的逻辑,拥有真实的思维的功能。从诞生到学前阶段的儿童共同表现出来的作为"内言"的前阶段的"自我中心语言",是同实践活动紧紧相连的,维果茨基高度评价内言的现实意义。

这样,皮亚杰主张儿童是以"内言→自我中心言语→外言"的顺序展开的,维果茨基则认为是以"外言→自我中心言语→内言"的顺序展开的。就是说,皮亚杰认为是按照"从内到外"的进程发展的,维果茨基则认为是按照"从外围到中心"的进程发展的。换言之,皮亚杰认为是从自己到他人的进程发展,维果茨基认为是从他者到自己的进程发展。围绕儿童的这种语言的发展,维果茨基的说法被公认为是正确的。晚近托马瑟洛(M. Tomasello)的研究揭示,随着"共同注意"(同对方分享意图)的发展,儿童不仅在同他者的沟通与协作中习得语汇,而且也习得支撑语汇的语法。[20]这样看来,语言等高级心智机能是起源于人际之间的沟通与协作。

(四)如何形成"对话性学习":维果茨基的发展论与教学实践

试对照皮亚杰的发展论来考察一下维果茨基的发展论,同时也考察一下维果茨基的发展论同深度学习的关联。维果茨基的发展论对"深度学习"的实践产生最大影响的是"对话性学习"。不过,这不是单纯地组织儿童进行"小组学习""结对学习",让他们在教学中进行沟通那么简单。在这里必须把握"沟通"与"协作"的神髓。

当我们思考"小组学习""结对学习"中儿童的"沟通"与"协作"的性质之际,从发展的视点看,最富有启示的莫过于维果茨基的"最近发展区"。"最近发展区"是维果茨基的发展理论中最知名的,同时又最难以解读,而且可以做出多样解读的一种理论。所谓"最近发展区"是发展得以发生的领域。维果茨基把"最近发展区"界定为两种水准——儿童能够独立解决问题的领域,即"现有发展水准",同儿童借助成人与他者之间的协作得以解决问题的领域,即"潜在发展水准"——之间的差异。当下儿童能够独立地完成的领域,不是发展。"潜在发展水准"也可以说是"明日的发展水准",是在成人与有能的他者的协作之下能够独立完成的水准。"自己能够独立完成"同"通过同成人及有能者的协作而得以完成",这两者之间的差异即是"发展的领域"。

换言之,"现有发展水准"也可以说是"心智内机能";"潜在发展水准"也可以说是"心智间机能"。"心智间机能"与"心智内机能"之差,称之为"最近发展区"。稍微换一个角度,即从"怎样的心智机能得以内化"这个视点来考察一下"最近发展区",那么,单纯地停留于人际维系的心智机能,是不会被内化的。就是说,处于能独立地解决问题的"现有发展水准"上同他者求得的沟通,这不是内化。所谓"潜在发展水准"是指一个人不明白、不能完成的课题,通过"沟通""协作",在协作中所实现的心智机能得以内化。"最近发展区"对于儿童而言,意味着展开靠一个人实现不了的学习。

这样看来,"最近发展区"是一种差异的概念。所谓"现有的发展水准"与"潜在的发展水准"的差异是指协作成员之间的差异,以及成员拥有的能力与直面的课题所要求的能力之间的差异。就是说,小组成员之间的差异是必要的,不应当是按照水准同样的能力,形成同质性的小组。以小组成员之间的能力作为"脚手架",促进"发展"这一跳跃。

受维果茨基的发展论及其思维方式影响的发展论,被称为"社会文化历史研究",在"心智间机能"中发现了"发展"的起源。在运用工具与文化历史的影响之中发现了人类发展的特征,就这一点而言,深度学习是可以追溯到社会文化历史的起源的。在儿童的发展中,重视同他者的协作和重视运用工具,也是同今日核心素养的依据相通的。"深度学习"同社会文化历史的依据相通的思维方式是理所当然的。

四、支撑"深度学习"的学习理论

(一) 人的知识建构过程

关于"深度学习"的科学见解,以认知科学与认知心理学、发展心理学的研究成果为基础,在学习科学的研究领域中得到了验证。学习科学的研究领域立足于"知识是社会建构的"这一种社会建构主义的观点,确认人的知识建构过程可以归纳为如下五种特质:1. 知识是每一个人能动地建构的。2. 知识是在各自的先行知识的基础上建构的。3. 知识的建构过程依存于学科领域、受先天的内在条件所制约。4. 人的理解活动依存于社会人际境脉的方式进行。5. 人一旦建构了的知识,难以自然地发生再建构(进一步地深化与修正)的活动。[21]

所谓"拥有知识",可以说就是提升了预测新近的乃至遥远的未来的精准度,使自己得以更好地行动所必须的。因此,所谓"知识"基本上唯有凭借学习者自身才能建构,而且这种知识唯有学习者同既有知识相链接才能构成。这就表明,即便是在同样一个班级、学习同样的内容,每一个儿童的知识建构方式也是不同的。

人是天生的学习者。人在降生的瞬间,就能凭借人类长期进化过程中积淀下来的本能,能动地进行诸如数概念与区分物体之类的学习,这就是学习者从事"学习"的"力"。通过渐次地发挥思考力、判断力、表达力,建构有助于未来可能起作用的知识。在这里,不是单纯的经验的积蓄与信息的复制,而是以经过梳理的概念化的方式习得未来可供利用的知识与技能。同时,通过习得特定领域的概念,使得特定领域的学习变得容易。这是因为,在展开学习之际,学习者自身熟悉了的知识更容易形成链接。

从根本上说,人类是以集体行为作为基本生活方式的一个物种。因此,个体素质与能力的发挥依存于人际社会境脉的方式而展开。就是说,以依存于社会文化——在怎样的社会文化中期许什么,期待拥有怎样的学习过程与成果之类——的方式,接受社会动机的影响,规约着学习内容与学习的方法。

前述的第五个特质——"人一旦建构了的知识,难以自然地发生再建构的活动",是支援学习者深度学习的一个重点所在。人一旦以为"明白了",要展开深化或修正其知识的再建构活动就难以自然地发生。因此,建构的知识即便是浅层的或错误的,学习者自身往往是发现不了的。这里重要的是,发现矫正既有知识的契机,察觉他者的存在。学习者在对他者用"话语"传递自己明白了的知识之际,大多不可能有效地阐述,这就往往会导致学习者自身去琢磨自己的理解。亦即产生同深度理解相联系的"疑问"与"提问",要求建构更深度的解释。这个事实意味着,所有的人都拥有的学习机制——"建设性交互作用"——在起作用。

(二) 建设性交互作用

学习者通过同他者的沟通,从"理解"出发进一步加深理解的过程,就是"建设性交互作用"。

日本学者三宅芳雄(2014)分析了研究生围绕"缝纫机是怎样缝制的"这一求解"问题"的对话过程,结果表明,理解存在不同的水准。[22] 达成深度水准的契机是,从"明白"的状态变为"不明白"的状态。而引起这种状态变化的是,从他者不同的视点出发而产生的新的提问(问题)。两名研究生对话当初的理解水准是不同的。不过,尽管有这种水准的差异,水准浅的 B 生对水准深的 A 生提出了质问,水准深的 A 生发现了"不明白"的状态,从而展开了进一步的探讨,深化了理解,A 生的解释也深化 B 生的理解。即不是懂得的人单向地向不懂得的人教授而得以深化理解,而是通过他者的提问,对自己的理解状态产生了新的"问题",从而深化了各自的理解。

人一旦自以为"明白了",就往往难以深化,但通过同他者的交互作用,产生尔后的新的"问题"与"疑问"的"不明白"的状态,知识建构的活动就能得以持续地展开。可以说,所谓"建设性交互作用"就是参与该场域的每一个人面对共同的"问题",其参与前后的思维方式发生了"建设性变化"的过程。

(三) 定型性熟练者与适应性熟练者

通过建设性交互作用,知识得以反复重建、理解得以深化,完成优质知识的建构,亦即通过"深度学习",以依存于该知识领域的方式而推进"熟练化"。

波多野谊余夫(2006)区分了两种类型的熟练者。一是能够尽快地解决一定类型的熟悉问题的"定型熟练者",二是在碰到新奇的情境时,能够灵活地组织知识与技能,指向新的境界的"适应性熟练者"。乍看起来,定型性熟练者是高效率的,但只能在既定的状态与情境中发挥作用。而适应性熟练者能够在任何情境中灵活地运用自己所拥有的知识、技能。所谓培育以活性化知识、技能为主的核心素养,并不是原原本本地运用学到的知识技能的定型性熟练者,而是适应性熟练者。这样看来,要评价是否形成了真正的学习,重要的不是衡量是否能够直接地运用学到的知识,而是考察是否能够灵活地运用学到的知识。

那么,需要有怎样的学习环境,才能培育适应性熟练者。适应性熟练者的环境条件应当是:1. 不断遭遇到新奇的情境。2. 对话性交互作用。3. 从刻板的外在限制中解放出来。4. 从属于重视理解的集体。第一个条件是,频繁地遭遇到同基于既有知识而形成的学习者的预测绝然不同的新颖的现象,从而形成新的学习动机——矫正业已掌握的知识的运用可能性,求得新的知识的建构。第二个条件是对话性交互作用,意味着在向他者传递自己见解的过程和在吸纳对方见解的过程中,"认识到自己理解的不充分""详细地分析自己的理解度""梳理自己的思考""从多样的视点出发进行矫正"等动机在发挥作用。第三个条件是,不操之过急,从容应对。这样就能够展开扎实的深度理解的活动。倘若急于求成,反而只能局限于步骤性知识的掌握。第四个条件是,深度学习的重要性得以认识,通过自己在所属集体发挥作为一个成员的角色,体现自己的价值。这种集体一旦鼓励了深度理解,就能够展开元认知,有助于认识该知识领域的理解的重要性与未来的有用性。这就是说,在碰到新颖情境的时候,能够进一步引发深化理解的活动。

参考文献

[1] 钟启泉.教学心理十讲[M].上海:华东师范大学出版社,2020:90—93.

[2][8][11][12][15] 田爪宏二,编著.教育心理学[M].京都:智慧女神书房,2018:69,70,100,103,22.

[3][4][5][6][7] 北尾伦彦.深度学习的科学[M].东京:图书文化,2020:

30—31,12—15,16—17,37—39,74—75.

[9] 波多野谊余夫.认知心理学:学习与发展[M].东京:东京大学出版会,1996:4—6.

[10][13][14] 奈须正裕.创造新型学习的智慧与诀窍[M].东京:行政出版公司,2020:144—145,161,162—163.

[16][18][20] 小室弘毅,斋藤智哉,主编.教育的方法与技术[M].东京:中西屋出版.2019:35—36,38,39.

[17] 维果茨基.心智发展理论[M].柴田义松,译.东京:明治图书,1970:212.

[19] 维果茨基.最近发展区理论:教学过程中的儿童智慧发展[M].土井捷三,神谷容司,译.大津:三学出版有限公司,2003:207.

[21][22] 篠原正典,荒木寿友.教育的方法与技术[M].京都:智慧女神书房,2018:26,27.

第四章 深度学习的教学设计

传统的"同步教学"着力于"知识意义的理解","深度学习"则不停留于"知识意义的理解",而指向"知识运用的探究"。这就意味着"学习"的概念拓展了——从"知识意义的学习"走向基于知识运用的"知识功能的学习"。在深度学习的教学设计中,"主体性""对话性""协同性"是三个相辅相成的视点。这是保障学习过程之质、改进教学之关键所在。本章基于教学设计基本模型,阐述深度学习的原理与法则,单元设计的要件与要诀。

一、深度学习的基本原理

"学习科学"(learning sciences)倡导的"有效学习"(effective learning)亦即"深度学习",并不是指传统意义上的"学习"——学习者被动地接受来自教师、电脑与书本的信息之际所只能产生的"表层学习",而是指"学习者基于实践经验与交互作用、能动地建构意义之际产生的深度理解,即共同体的成员浸润于某种情境的活动之中建构共同理解之际所产生的学习"。[1]"学习科学"通过对深度学习的认知的、情感的、生物学的及其他分析视点的研究,揭示了深度学习设计的若干基本原理。

原理一,以学习者为中心。学习者是"深度学习"环境的核心参与者,各种活动以学习者的认知与成长作为重点目标。因此,学习活动需要通过学生积极地参与和能动地探究,建构自身的学习。这种环境以"自主学习者"的培育为宗旨,使学习者的元认知技能得以提升。元认知技能包括:能够观察、评价与优化自身知识的获取;能够在学习过程中调整自身的情感与动机作用;善于管理学习时间;能够设定并观察自身的特定目标。

原理二,重视学习的社会性。教育神经科学揭示,人是通过社会交互作用而展开

深度学习　Deeper Learning

学习的,学习的组织应当保持高度的社会性;适当地组织协同学习不仅有助于提高成绩,同时在行为方面与情绪方面亦可获取巨大的效果。当然,个人进行的自主学习也是重要的,应根据学生的成熟程度增加自律性学习的机会。

原理三,情感对学习而言十分重要。学习是基于情感、动机、认知的动力性交互作用的影响而产生的;学习者的自我肯定感对一般学科与特定学科的"深度理解"与"学科素养"的形成而言是重要的因素;深度学习环境内的学习专家应当高度地协调学习者的学习动机与达成感的作用机制。

原理四,关注个别差异。学生的学习基础,包括既有知识、思维方式、学习风格与方略、兴趣、动机、自尊心、情感,及其语言背景、社会背景之类的社会环境因素,是多种多样的。深度学习环境对学习者之间的个别差异(包括既有知识的差异)格外关注。

原理五,求得所有学生的发展。通过正确地把握学生的个别差异与个人需求,能够提供得以充分达成的挑战性课题,从而超越既有的达成水准与能力;有效的学习环境要求精心组织多样化的教学程序。为了保障有意义的课业,应当避免过分简单化的课题,也应当避免过高的要求与过重的负担。

原理六,灵活运用学习的评价。深度学习环境伴有明确的期待,能够展开同这种期待相应的形成性评价战略。在这里,特别强调支撑学习的有意义反馈。

原理七,理解关系性与"水平性链接"的能力。学习的重要特征之一在于,通过层级化的知识内多个基本要素的结构化,形成复杂的知识结构。倘能出色地建构这种知识结构,那么就能提供有助于知识迁移的理解能力,这就是21世纪的重要素养;对于学习者而言,理解"关联性"与"跨界知识"的能力,亦即理解超越了学校的更广阔的环境与社会之关联的能力,格外重要。"真实性学习"正是产生这种能力、培育"深度理解"所需要的。深度学习的环境应当超越知识与学科的边界,强有力地促进跨界的"水平性链接"。[2]

"深度学习"设计强调的,不是制定教师"讲授"的内容,而是琢磨儿童"学习"的设计,本质上是一种建构主义的学习设计。它由六个要素——情境、协同、支架、任务、展示、反思——构成,这六个要素作为有影响力的手段是重要的。当然,其顺序是动态的。[3]这种设计特别关注如下的法则:

法则一，问题选择——1.问题应当以学校课程中必修的知识、技能为基础。2.问题应当是学习者能够应对的该学科或跨学科、跨知识领域的重点内容。3.问题应当是真实的、现实的、有价值的。4.问题应当适于学习者能够运用的类似于现实情境中所要求的知识、技能与态度。5.问题应当具有挑战性，有相当难度并需要全员作出贡献。6.问题的构成应当是欠缺信息或者矛盾的软结构。7.应当给予学习者同预设的技能发展相关的教材，同时提供有关问题解决的前提性内容的教材。在学习者掌握这些基础之后，在感到必要时，能够同这种基础链接起来。[4]

法则二，教师角色——教师的角色是旨在发展学习者的元认知技能，为问题解决者提供专业性的支援。因此，讲授的作用在于：1.教师应当反复追问，直至学习者的知识臻于深化。2.教师应当聚精会神地关注小组活动的过程——旨在让小组所有的成员参与，能够明确地说明问题解决的过程，以及提出解决方略。3.教师应当促进学习者的元认知水准的思维，帮助他们展开自主学习。4.教师应当尽可能避免成为信息的提供者。为此，帮助学习者接近信息源，或者鼓励拥有必要知识与技能的队友提供帮助。5.教师应当调节问题的难易度，使问题对学习者而言不是无聊的或感到受挫。

法则三，学习目标——要确认学习目标的达成，就得实施"真实性评价"。在实施真实性评价中应当留意的是：1.教师应当明确地理解在提示的问题中所指向的或者能预测到的学习成果是什么，评价的方略必须是这些预先指向的成果。2.终结性评价是在问题解决的终结环节，在学习小组对问题的解决方略得以表现的情境中实施。通过同专家提示的或推荐的解决方略相比较，对问题解决小组的作业结果做出考核。3.形成性评价可以在深度学习的各个环节实施。借此促进所有学习者的参与，有助于他们积极地处理信息。

法则四，学习评价——要验证与评价从经验中得到了学习，就得持续地召开货真价实的报告会。留意点：1.报告过程的目的在于统整学习者学到的知识，加以梳理、消化，做出语言化的表述，同既有知识结合起来，形成新的信息与知识。2.教师的作用在于平等地集聚参与者的一切心声。为此，就得倾听所有成员的心声、见解和集中点评。3.根据确定的报告顺序进行，准备好旨在推进报告的一般性与专业性的提问。4.提出有助于把新的知识纳入既有图式的提问。5.促进学习者利用"概念图"加以图示,或者制成一览图,为此需要提供必要的素材。

二、深度学习与教学架构

(一) 教学架构

在教师通过教材作用于儿童的过程中,可以发现教学运行中展开判断的若干问题领域,诸如,教学目标、教材内容、教学行为、学习者的实态、指导形态、教学方略、学习环境、教育评价,等等。在这些教学判断中教师作出的回答的妥当性,左右着教学的成败。因此,掌握各自判断的重点中的一般性原则,成为重要的课题,日本学者石井真英提出了"教学架构"的概念,从某种意义上说也是"教学运行的穴位"。[5]这种教学架构意识到教学实践中判断的节目,提示了展开节目的妥当性判断中的基本思维方式,相当于链接"学"与"术"之间的一个纽带。优化教学架构是实现"深度学习"的前提条件。

教学架构是以如下五个范畴来把握教学运行中展开判断穴位的。这就是:(1)目的与目标;(2)教材与学习课题;(3)学习的流程与场的构造;(4)教师的教学技艺;(5)评价。这五个穴位形成一个整体的网络结构,支撑理想的教学愿景的实现。

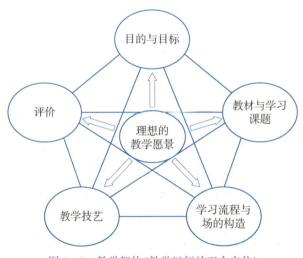

图 4-1 教学架构(教学运行的五个穴位)

(二)"目的与目标"的明确化(穴位一)

1. 目的与目标

"目的与目标"是回答"教什么、形成怎样的学力,培育怎样的儿童"的。探讨教育的"目的·目标",即琢磨教育的价值与教学的基本方向,以具体地聚焦教学的本质性目标,谋求戏剧性的创造性的教学为基础。"目标的明确化"意味着精心选择教育目的与目标并加以明确化与结构化。

2. 目标明确化

所谓"目标明确化"不是指碎片化地梳理目标,而是指勾画实际的"出口"——儿童的面貌(目标具体化),凝练为课时(该节课或该单元)的一个目标。大凡知识的结构,存在"内容知识"与"方法知识"两个层面。因此,在凝练每节课的重点上,在内容知识层面,重视"概念性知识"(作为事实性知识之要素而囊括的结构化的知识)胜于"事实性知识";在方法知识层面,聚焦战略性组合的复合性方略(伴有思维的实践)胜于个别性技能(机械性作业),是有效的。这样,关注更普适的知识,在教学中的活动与讨论中就必然会去深度思考要素之间的关联。

"目标明确化"不等于教学的僵硬化。所谓"目标明确化"是指关注知识的质的层次与知识的类型,意识到更高阶、更长远的目标。教育目标是单元与课时教学设计的一种假设。当儿童投入教学、深度而丰富的学习得以形成之际,就可以通过教学实践来修正教学的轨道,矫正原本的目标设定。因此,即便是周密的教案,面对儿童的实际,也得有所调整乃至舍得抛弃,这就需要教师临机应变地展开教学实践。在落实每节课的小目标的同时,要意识到更大、更高阶的目标与目的。每节课的教学不能停留于该节的目标,需要考虑基于长期目的之目标。超越单元,甚至超越学科,意识到反复展开知识探究中的本质性的价值与方法论(学习方式)。

"目标明确化"往往表现在"目标类型化"与"目标细分化"。"目标明确化"的首要含义是"目标具体化"——围绕应当牢牢掌握的囊括性的最终目标,为在教学之后能够产生具体的"出口"——儿童的姿态(作为认知与能力的姿态之表征的学习者活动的面貌、发言与作品),来表述目标。在"目标具体化"中就像目标设定阶段的评价者那样来思考,意识到"目标与评价的一体化",将是有效的。

(三)"教材·学习课题"的设计(穴位二)

1. 教师的教材研究

所谓"教材研究",就是思考教师想教授的知识内容,让其成为儿童学习的素材与活动。"教材研究是从教材的发掘与选择开始,探寻教材的本质,进而根据儿童的实际,凝练教学的构想,编制成教案的一连串研究活动"。[6]教师在从事教材研究之际,重要的是区分"学科内容""教材""教具"三种不同的概念。所谓"学科内容"是最终让儿童掌握的知识技能本身。所谓"教材"是儿童直接学习的对象——具体的特殊的事实、事物、事件、现象。所谓"教具"是该教材的物化手段或者物化部分。在此认识前提下,作为教师的"教材研究"可分两种情形:一是"教材阐释"——理解教科书之类的作为基础开发出来的内容与旨趣,从其同学科本质的关系上聚焦其价值,来加以把握。二是"教材开发"——根据学科内容的重点,对教科书安排的教材做出微调或者更替,从而产生新的教材。这样,教师自身认识到教学内容的本质与价值,明确教学内容,同时具体地把它转化为儿童学习的课题,就是教材研究。

2. 教材与课题

日本学者藤冈信胜(1991年)把"教材"大体分为四种存在方式。[7]A. 儿童的问题或者提问的形式。比如,"倘若把人类的历史比作有20光年长,那么,狩猎与采伐时代该有多长?"B. 采用印象深刻的"文本"的形式。比如,关于历史事件的形象化的故事、优秀的文学经典。C. 视听教具与实物的形式。比如,捕捉珍贵的自然现象的影像、绘画。D. 组织儿童自身展开某种学习活动、作为目标来进行学习的内容。这种"学习活动"的教材形式,与其说是旨在教学的素材,不如说是"学习课题"——触发学习活动的课题。不管哪一种形式,优秀的教材必须兼具引发儿童兴趣的"具体性"与有助于作为知识内容的"典型性"。比如,日本的假设实验授业研究会的板仓圣宣设计了这样一道学习课题:"在天平的两侧放置一团细钢丝绒,使其平衡。接下来,将一侧的钢丝绒像棉花团一样解开并在其顶部点火燃烧。等它完全燃烧之后,再把它放在天平上面。您认为天平会是怎样一种状态?"(预期)A. 它会变得更轻,往上翘。B. 它会变得更重,往下沉。C. 它将保持水平。[8]在日常生活的经验中,木头与纸燃烧后会变轻——众多的儿童基于这种"朴素概念",会选择 A。在小组里讨论猜想的原因(假设)之后,令人惊讶的结果是,燃烧物变得更重且下沉。儿童通过这种伴有体验的方式,理解了物质与氧气结合而产生的化学变化——"氧化"的概念。木头与纸的燃烧情景是儿童司空见惯的,他们或许对镁在浓烈地燃烧时的状态兴趣浓厚。然而,单纯地追求这样的"具体性",难以形成对"氧化"的概念的理解,反而有强化朴素概念的危险。倘若一味强调"典型性",仅仅演示钢丝绒燃烧之后变重的情景,儿童也不会展开思考。唯有在演示"燃烧物体之后变重"这一意外性之中,同镁燃烧之后变重的情景相遇,才能使儿童达到真切地理解教学内容的境界。

3. 不是"教教科书",而是"用教科书教"

教科书研究明显地表现为三种立场。一是"教教科书"的立场,网络式地把握教科书中的内容,无批判地接受、根据教科书展开讲解的方式。二是反之,也"用教科书教"的立场,不过,把教科书作为某种程度的参照而已。事实上是一种无视教科书来展开教学的方式。三是"用教科书教"的立场。以学科内容与教材的区别作为前提,对教科书的内容与教材做出批判性分析,运用补充教材以弥补其不足之处,旨在最大限度地发挥教科书功能的一种方式。倡导不同版本的教科书比较研究,规约教科书的课程标准的妥当性,开辟优化教科书的路径。

(四) 组织学习的流程与场的结构(穴位三)

1. 创造教学的高潮

所谓"教学"不是单纯的"流程",而是"展开"——在重点的部分,设计共同展开深度探究的活动,创造教学高潮"场"。教学的活动是以教材为媒介,师生交互作用的过程,但不是自始至终平铺直叙地推移。因此,在教学过程中渐次展开的师生的活动内容,随着时间的推移,可以区隔成一定的教学阶段。这种教学阶段一般分为"导入—展开—终结"三个阶段。

导入阶段。这不能仅仅视为教学的起始阶段,需要思考如何伴随着名副其实的内容。这样,一方面探讨使教学起始阶段的内容独特性的方式,另一方面意识到教学的流程、节律性与情节,把教学视为戏剧来把握。在出色的戏剧与演奏中,情感的起与伏、展开的缓与急、张与弛等变化,吸引观众的注意,震撼人们的心灵,把经验的内容与过程深深地印刻在观众的脑海里。出色的教学也拥有同样的性质。通过教学阶段把教学过程加以区隔,思考其流程,琢磨作为戏剧的教学的构想力及其展开的感受,将其作为一个出发点。在导入阶段,具体的作用大体可以归纳为如下三点:1.引起儿童对学习活动的兴趣,组织思考的必然性,引导儿童自然地进入学习。2.围绕该节课预定的学习活动所必须的知识,诊断儿童业已掌握了哪些,以提供适当的脚手架。3.明确地提示新的学习内容与课题,形成旨在学习的知性氛围与学习的态势。教学铺垫的设计关系到教学的全局,非常重要。

展开阶段。重心应当置于如何形成教学高潮的场。教学是在攻占若干"山头"(未知的问题与课题)之中,逼近教材本质的过程。面对一个个山头,师生各自动员自己拥有的知识与能力,展开讨论,交流见解。能否进行带有一定紧张感的深度的探究,是决定教学优劣的一个指标。教学的高潮场,既有外在地活跃展开的"外在的集中"——诸如教师发出"注意了!"的指令,精神振作起来;也有内在地静悄悄地深度展开的"内在的集中"——孜孜以求的忘我状态、沉浸在体验之中的状态。尽管两种场合有所差异,但"聚精会神"却是两者的共同之点。教学不是照本宣科地按照教科书的顺序毫无脉络地完成课题的流程,而应当是像戏剧那样,有节律、有缓急、有高潮、有情节地"展开"局面的过程。"展开"阶段必须作为名副其实的"展开"来加以设计。

终结阶段。作为教学的最后场景的终结,是回顾教学中的学习过程、确认到达点、唤起儿童的意识同尔后学习的链接的阶段。比如,既有让儿童边看板书内容、教师梳理、确认学习内容的;也有布置练习题与应用问题,借以巩固知识的;还有师生一起反思学习的状况,提示下节课的课题与新的问题的。

2. 课时教学与单元的组织类型

从内容掌握的要素、促进主体性的要素来看课时教学的组织,可以有两种教学展开的方式,即"发现型"教学与"发展型"教学。前者是以"课题提示→个人解决→小组解决→全班交流与讨论→总结"的形式组织的,注重的是在挖掘多样思考方式中,发现与建构知识及其过程的意义;后者是以"预习·教师的提问→理解、确认课题→理解深化课题→自我评价活动"的形式组织的。注重的是深化对学习内容的理解。无论哪一种方式,重要的在于是否设定了触发思考的课题;是否能够为儿童留下不易消逝的经验与感悟。我国一线教师缺乏单元教学设计的观念与经验,这个问题留待下一节阐述。

学习形态与学习环境的设计,以及教学的时间与空间的安排,也是值得关注的课题。比如,学校教育(特别是教学)是同"时间"密切相关的活动,即教学的活动是在限定的时间中展开的,同时又是在更长跨度的计划化的时间中形成的。以前者的形式意识到的时间,通常称之为"单位时间",一般用"课时表"来体现,以后者的形式意识到的时间,是花费一个单元以上的时间,谓之"单元时间"。要保障教学的戏剧性与儿童的注意力集中,就得注重这两种时间的设定。

3. 课堂氛围的形成与民主关系的创造

课堂的学习集体的模式决定了教学的质。当你站在儿童的面前,就得要有集体的意识,即在教学的创造中讲究课堂的人际关系的结构与课堂中成员共同拥有的规范、文化的内涵的视点,是十分重要的。教学是在教师建设性的介入之下,同教材对话,形成知性的共同探究、创造的过程。儿童是知识的探究者、创造者,从某种意义上说是研究者。而教师作为前辈的研究者,从儿童与教材对话的角度,发挥作为一种支援的"促进者"的作用。这就要矫正以教师与教科书为中心的课堂权力关系,重建课堂的规范与文化。促进儿童的主体性深度思维,形成拷问学习深度的"思维的文化"。

(五) 发挥教师的教学技艺(穴位四)

从现象上看,教学的过程是教师与儿童、儿童与儿童之间展开沟通的过程。在这个过程中,教师的言说起着重要的引领与组织作用。教师在教学过程中运用的语言,可以根据其目的进行分类,这就是讲解、提问、指令、提示等。

讲解——指的是围绕儿童未知的内容,以儿童既知的知识为线索,做出通俗易懂的阐述。在以传承文化遗产为主要任务的学校教育中,讲解构成了教师指导性言说的核心。在教学过程中讲解发挥两种作用:一是在概念的意涵具象化,结构性地梳理复杂的现象与步骤的相互关系的场合,讲解本身就是一个目的,据此使得儿童掌握新的知识与技能;二是在形成问题情境的表象,或者拓展学习活动的场合,旨在重视讲解这一行为，未必等同于片面的灌输。倒是可以说，在展开学习者主体的教学中，无论是在形成思维或沟通的脚手架方面，还是在为活动赢得必要的时间方面，在适当的场合进行通俗易懂的讲解，是教师不可或缺的能力。大体可以采取如下的方法展开讲解：1.变换说辞的讲解；2.基于形象的讲解；3.举例讲解；4.使用比喻的讲解；5.借助图表的讲解；6.借助实物、照片与绘画的讲解。方法5、6是使用语言之外的媒体，在这种场合，弥补语言不足的讲解也是不可或缺的。

提问——从广义上说，指的是源自教师对儿童的发问，以及该问题的言说。提问大体有两种功能：其一，就像医生"问诊"那样，旨在了解儿童的状态而发问的场合，诊断儿童拥有何种程度的预备性知识，是否了解"什么""何时""哪里""谁"之类，以一问一答的问题为中心。其二，促进儿童对教学内容的思考，旨在让儿童发现教师所教的内容并进行提问的场合，"提问"这一言说，从狭义上说，是针对发挥这种功能的问题而采用的。就像"为什么""怎么样"之类，由于是提问儿童的解释与见解，所以问题拥有各式各样的回答，这是从思考的对立与分化走向对话与集体思维的一个步骤。

指令——要求儿童从事行动、回答、作业的指示，谓之"指令"。可分两种：一是在日常生活中让人从事某种动作或集体活动；二是这个指令本身就含有教育性指导内容。在指令中重要的是其意涵与要求的内容及其程度，能够准确地让儿童接纳并传递。因此，指令必须是简洁而明确的。

提示——所谓"提示"指的是有助于谋求儿童的种种活动的深化与发展的言说。这是预先准备好的，更是针对儿童的学习活动临机应变做出的反馈。指导言说可分为源自教师的"攻略性指导言说"与应对儿童反应的"接纳性指导言说"。见解、提问、指令主要是组成攻略性指导言说的范畴，反之，琢磨建议的技能，也可以说是琢磨接纳性指导言说。重要的是教师能够心怀指导言说的类型，同时认识到自己指导言说的倾向，理解两种指导言说的特性，加以准确地组合。

课堂中的非语言性沟通——教师的躯体表现力，诸如通过教师的表情与身段，在形成课堂的沟通上可以发挥跟语言同等程度、甚至超越语言的效果。借助语言（口头语言、书面文字语言）所传递的内容，不过是全部传递内容的35％，剩下的65％是借助说话的姿势、动作、手势、仪态等语言之外的手段（躯体）来传递的。[9]它是牵涉到人格形成的教育沟通的基底。人与人之间的应答关系是受到含有气息与节律之类躯体维度的事件所制约的。从教学的内容给予对方的印象、旨在植根认识、方法与信念的观点出发来看，教育活动中的非语言性沟通也起着重要的作用。

　　板书与课堂笔记指导的意义——所谓"板书"是用粉笔在黑板上书写文字、画图，借以促进儿童的学习。板书是教学沟通中产生的口头语言加以文字化，发挥如下的功能：1. 提示与说明教学的内容与学习课题。2. 归纳梳理教学内容，明晰教学过程。3. 激活、组织儿童的思维活动。板书存在种种类型：其一是"系统性板书"——有序地说明教学内容，做出完整系统的归纳。其二，"表现性板书"——原原本本地归纳儿童对课题的发言与表达而书写的板书。其三，"结构性板书"——基于教学的进展，渐次地明晰教学的整体形象、在教学的结束阶段，揭示各个要素在整体中的意义的板书。这种板书在教师明确地把握主题的内容、组织儿童集体思维的教学形态中常常使用。笔记指导的功能则在于：1. 练习簿的功能（比如，进行计算练习）。2. 备忘录的功能（比如记录教师板书或者讲解的信息）。3. 整理保存的功能（比如，归纳科学中假设的设定与验证过程的报告）。

　　随着信息技术的进步与媒体的革命，就像"翻转课堂""网上课堂"那样，带来了变革学校功能与学习方式本身的可能性。

　　所有上述这些教学技艺，归根结底是触发儿童的思维、引导深度思维的手段。佐藤学着力于阐述的"三位一体"的对话教学，即"学习活动的三重对话结构"——"学习，可以比喻为从已知世界到未知世界之旅。在这个旅途中，我们同新的世界相遇，同新的他人相遇，同新的自我相遇；在这个旅途中，我们同新的世界对话，同新的他人对话，同新的自我对话"。[10]

（六）评价（穴位五）

　　所谓"教育评价"，亦即"教育活动的评价"。评价活动的一个出发点是让儿童的学习与学力可视化，因此，晚近聚焦"思考力、判断力、表达力"的评价受到关注。真实性评价应运而生。而且，评价活动不仅是儿童学习成绩的评价，甚至制约着教师的教学，牵涉到学校课程、学校经营、教育政策等教育环境与教育条件的模式。"评价"的问题需辟专章阐述（见第 8 章）。

深度学习　　Deeper Learning

三、深度学习的单元设计与授课类型

（一）深度学习的单元设计

"深度学习"的前提条件是改造"单元设计"，它是撬动"课堂转型"的杠杆。那么，何谓"单元"？"单元"无非是教学中"设计·实施·评价"的一个单位。在世界课程发展史上存在着各式各样的单元设计，但归根结底不外乎在"学科单元"（知识单元）与"经验单元"（生活单元）之间摆动。比如，日本在20世纪20年代就曾批判"知识单元"，倡导旨在培育"自律的学习者"的"生活单元"（大单元）的设计，鼓励"合科学习"——亦即小学低年级实施"大合科"、中年级实施"中合科"、高年级实施"小合科"的设计，等等。传统的学校教育把课堂教学视为一种信息传递，让儿童巩固所传递的知识，死记硬背就行了。在这里无异于把"教"等同于"学"，"教即是学"。所谓"教案"就是教师基于单元目标、教材观和评价标准，为体现该课时的目标而展开的教学计划。然而，当今时代的教学不能归结为教师单纯地传递信息，它要求教师为每一个儿童提供积极参与、并能诱发学习兴趣与体验的"学习场"。教师对于儿童而言，承担着一种"协助者"的作用。因此，在思考教学单元的设计中，关键的问题不在于"大单元"与"小单元"之别，而在于超越"学科"（知识）与"经验"（生活）的二元对立，求得单元组织的进化。那么，旧有的单元设计同新课程改革所期许的单元设计究竟有哪些差别呢？

其一，登山型设计——设计重心的差异。前者是为教师的"教"的设计，后者是为学生的"学"的设计。按照佐藤学的说法，前者是按照"目标—达成—评价"的"阶梯型"方式来设计的，后者是按照"主题—探究—表达"的"登山型"方式来设计的。也就是说，"教案设计"就是教师基于单元目标、教材观和评价标准，为体现该课时的目标而展开的教学计划，"学案设计"意味着"儿童学习活动"的设计。按照建构主义的设计原理，"学习者不是单纯记忆教师给予的信息，学习是个人与社会双重意义上的意义建构过程。教师的作用不是帮助学生填满知识的储罐，而是点燃智慧的灯火"。因此，这种学习活动的设计强调的不是教师制定"讲授"内容，而是思考"学习"的计划。它需要满足六个条件,即"情境、协同、支架、任务、展示(外化)、反思",这些条件有助于促进学习者更好地实现真正的学习。[11]

其二,三维度构成——构成要素的差异。作为教学目标的知识构成,前者仅仅是关注知识点的掌握——"事实性知识""概念性知识""步骤性知识"而已;后者以学科的"大观念"(big ideas)为统摄,采取"知识与认知过程的二元结构",并注入"元认知知识"这一学力要素。换言之,这是一种三维度的学习活动设计。这种教学设计的根本特质就在于,不仅是积累学科的或跨学科的知识,而且要求因应境脉,重建知识。换言之,抛弃"知识习得"等同于"记忆操作"的思路,着力于人格品质的陶冶及其知识习得的能动性与丰富性得以保障,创设高阶认知目标(分析、评价、创造)所需的多样而复杂的基础知识与关键能力得以形成的学习环境。[12]

其三,兼容性文本——文本性能的差异。学科不同,学力目标不同,自然构成形态各异。或大或小,或长或短,多彩多姿,兼容并包。前者预设标准答案,后者不设标准答案;前者指向"浅层学习",后者指向"深度学习";前者强制性强,后者刚柔兼济——前者局限于教师展开的"一种故事"的文本,后者则是有利于学习者展开的"多种故事交响"的文本。既然是"教案",不过是教师预先设想的一个故事而已,在实际的教学中会产生每一个学习者的学习故事。因此,即便是同样的教案,班级不同,也会因教师临机应变而产生不一样的实施。正是因为教学中会产生差异,才会催生儿童思考的交响,促成丰盈而有深度的学习。

一言以蔽之,这是一种有别于旧有的"知识单元",聚焦儿童学习活动的"学习(活动)单元"的设计,它需要具体地谋划一系列的课题——包括组织怎样的学习环境,选择怎样的学习素材,准备哪些必要的脚手架,以及如何引导学习者同学习情境中的素材展开交互作用的方略,等等。亦即如何给学习者提供在一定的学习情境中发现目标与意义的机会。"学习"本质上是一种"文化参与"。"参与学习论"所强调的,不是停留于特定学科的科学概念的传递,而是旨在培育生活情境中的实践能力,挑战现实世界的真实性课题,这不仅有助于拓展儿童探究方式的空间,而且越是逼近课题的本质,就越是要求学习者参与统整性更高的高阶认知过程。马扎诺(R. J. Marzano)聚焦"高阶思维能力"的单元设计就是一个适例。美国早在20世纪80年代,就把培育儿童的"高阶思维能力"列为重要的教育课题,展开了活跃的"思维教学"的研究。1988年马扎诺发表了他的"思维教学"(teaching thinking)研究的成果——"思维维度"(dimensions of thinking),1992年又在他的指导下对"思维维度"作为重建单元设计的实践框架进行了验证,揭示了思维教学中知识与情境的重要性。他强调,一线教师在培育学生的"高阶思维能力"之际,必须考虑如下三个问题——应当怎样思考知识教学的理想模式?知识教学与一般思维技能的教学应当怎样结合起来?应当怎样面对学习境脉的依存性的问题。[13]

这就是说,"深度学习"应当既重视学科内容(知识维度)的习得,又重视"思维能力"(认知过程维度)的训练。1997年马扎诺进一步推出基于"学习维度"(dimensions of learning)的旨在"深度学习"的单元设计模型,借以推动学校课堂中的"高阶思维能力"的教学与评价。而作为引领单元设计的隐喻的"学习维度"包括五个层次——维度一,学习的态度与感知;维度二,知识的习得与综合;维度三,知识的拓展与凝练;维度四,知识的有意义运用;维度五,心智习惯。[14]

这个框架是从教学实践中提炼出来的,它清晰地界定了"学习"的几个范畴或层次,表明了"学习"一定是以某种形式的知识为基础而展开的,而且是不断地建构的。它有助于学校现场的"高阶思维能力"的培育及其评价。事实上,马扎诺实施了表达这种单元设计流程的三种模型——1.聚焦知识的模型;2.聚焦论点的模型;3.聚焦学生探究的模型。[15]这三种模型主要是从强调维度的差异来区分的,不存在哪一种理想,也不以特定的顺序展开。其共同点是,从重视知识到重视思考力,并不是把两者二元对立起来、指向后者,而是明确知识习得与思考力培育之间不可分割的关系,寻求培育思考力的教育实践得以多样化。

(二) 深度学习与授课类型

授课者依其理想的教学形象会做出相应的教学判断,这种教学判断直接决定了授课的水准——学力与学习的质的水准。按照教学框架(理想教学的五个穴位)的指标,可以把授课类型分为如下三种,即知识灌输型,知识理解型与学科素养型。[16]在我国学校的课堂里,第一种课型是极其普遍的,却是应当摒弃的。从第二种课型出发,逼近第三种课型,正是"深度学习"的诉求。

第一种,知识灌输型。这是一种单纯训练"应试学力"的教学。但"应试学力"不是

"真实性学力",是容易剥落的虚假的"学力"。其特征是,借助如下步骤来展开的教学:教师以黑板为背景,单向地、表层地讲解教科书的知识内容(唯一的正答);网罗碎片化的知识、技能;通过客观测验进行评价,教学的目标仅仅是达成"知道、会做"。然而,倘若不伴随"理解",即便有这个目标,实际上也是达不到的。从学习者的角度看,是一种枯燥乏味的教学。目标不明确,尽管表面上生动活泼,再配上五花八门的技术来装饰,终究是徒有其表的儿童难以理解的教学,不能被视为"好的教学"。

第二种,知识理解型。这是一种求得学科内容之理解的教学。包括"知道、会做"在内,保障学科内容的丰富,确保习得的"理解"的教学得以形成,就得认识到理想的教学架构的五个穴位,这就是:1. 从聚焦碎片化的知识、技能,转向聚焦凝练了这些知识、技能的本质性概念与方略的目标。2. 认识到学科内容与教材的区别,从"教教科书"的教学转向"用教科书教"的教学。3. 摆脱平铺直叙的"死板的教学",转向叙事性的"发展的教学"。4. 从以黑板为中心的同步教学,转向未必以黑板为中心的、采用多样学习形态的教学。重要的是,教师必须锤炼提问、讲解、指示等指导言说的能力,同学习者展开应对性沟通。5. 在评价活动中,注重意义理解的可视化的功夫,不断改进教师的教学。

第三种,学科素养型。这是逼近学科的本质性过程的教学,这种学习者主导的参与型教学,既不陷入唯技能主义,也不陷入唯态度主义,打破学科的界限,借助问与答之间的长跨度的尝试错误,综合地实现知识、技能、情意培育的学习,这就是深入地"理解"学科内容的"深度学习"。亦即,1. 每节课的具体的教学目标,同学科的思维方式之类的元认知目标链接。每节课不是各自孤立地设计,而是通盘地加以长跨度地设计的指导计划。2. 超越"用教科书教"的教学,以该学科的乃至几门学科的教科书作为问题解决与探究活动的资料,"利用教科书的学习"展开的教学。3. 每节课主要活动的主导权转让给学习者,未必是教师冲在前面,也未必是整个班级,而是各个学习小组静悄悄地组合成戏剧性教学。一节课的结束也未必是结束,而是指向产生新的问题与混沌的"困惑而快乐的教学"。4. 通过提问,不仅磨砺思维方式,而且时而寻求教师也未曾想到的真实性的问题,同学习者一道展开探究。5. 评价者不仅是教师,也包括学习者自身的自我评价能力的培育,超越"为了学习的评价",强调"作为学习的评价"。

四、以对话为中心的设计

（一）从儿童提问开始的教学

基于核心素养的"深度学习"把培育儿童的问题发现力与问题解决力置于重要的地位。"提问"是实现"深度学习"不可或缺的，这是因为儿童是学习的主体，每一个儿童都必须具备发现不同"问题"的能力。儿童自身产生的疑问、问题意识与探究欲，是推动儿童学习的原动力。儿童所需要的是他们得以主体性地发现问题，并同他者协作、一起解决问题的能力。这是时代的要求。

人是从质疑开始思考的。"质疑"的课题与提问的研究（质疑从哪里切入，何时质疑，怎样质疑）也是实现"深度学习"不可或缺的。从这个意义上说"深度学习"强调从问题开始的教学。倘若没有围绕"学习课题"展开来自学生的提问，就没有真正的"深度学习"。应试教育课堂的一个重要表征就是"问与答之间"的丧失。[17]仅仅是"想知道答案"这一需求得以横行的情境，只能导致"知识欲"（即"想知道"）与"学习欲"（即"想学习"）的幻灭，仅仅是想得到未经思考的现成答案而已，从而缩短了"问与答之间"的状态，谓之"问与答之间"的丧失。这就扭曲了"问与答之间"的过程，意味着丧失了学习的本质。

当然，在多数的课堂教学中教师一般会采用提示"目标"的做法。所谓"目标"是从儿童想思考、想探究的视点出发，指出问题并寻求旨在解决问题的路径，类似于"提问"的原动力。不过，这与其说是"问题"，不如说是预先提示"目标"而已。比如，"思考一下分数乘分数的计算方法"，抢在提问之前做出提示。其实，这种提示已经不是原本意义上的"目标"，那么，为什么必须强调在课堂教学中，由儿童来提问呢？在教学中，儿童提出问题，可以明显地改变学习的状态。教师往往以为所谓教学就是知识的传递，学生能够解答试题就可以了。但是，一旦儿童的提问介入了教学，教师自身或许会觉得惊讶——"唉？这一点没有考虑到，怎么回事？"在儿童提问与探究的过程中，教师可以获得更多的信息。发现学生之间醉心于讨论、孜孜以求的学习状态，显然，在这里"学习"的质完全改变了。

从提问开始的教学，或许儿童一开始未必能够适应。他们会感觉"哎——，好像很难呀""提不出来"。在幼儿园时期，成天问"为什么、怎么样"的儿童，到了小学阶段便提不出什么问题了。那么，在教学中儿童的"提问"到底难在哪里呢？原因有四个。[18]其一，儿童缺乏形成"问题"的视点。教师未能给予儿童形成问题的视点与线索，在茫茫然的状态之下进入教学的活动，儿童不知所措，感觉困惑。因此，教师必须给予儿童形成问题的视点与线索。其二，不领会提问的"有效性"。在提问的教学中需要设置儿童解决问题的时间，在单元设计中给予提问的地位。否则，儿童体会不到提问的有效性。其三，缺乏提出问题、解决问题的环境。要儿童形成问题、解决问题，就得创设儿童即便是教师不做出指示，也能形成问题、解决问题的环境，在排斥儿童提问、唯教师是从的环境中，儿童是不会体会到介入提问的教学有效性的。其四，缺乏能够自由自在地形成问题、解决问题的"安心感"。教师倘若一味地采取排斥的态度，做出"现在忙""别打岔"的反应，那么，儿童就不可能自然而然地提问，换言之，必须形成儿童能够活跃地提问并致力于协同解决问题的安心感。没有儿童的提问，就没有真正的"深度学习"，这是"深度学习"设计的大前提。在这里，教师可以为学生提供诸如"提问架构"[19]的支架，如表4-1所列的6项提问，环绕着事件主题而展开，实际上是在协助学习者精准地思考主题的范围、要素以及相关动机和演变形态做出问题思辨。

表4-1　5W1H问句、核心思考与问题类型①

5W1H问句	核心思考	深度讨论的问题类型
具体来说是什么事情呢？（What）	厘清目标	理解型问题
那是什么时候的事情呢？（When）	理解背景	理解型问题
是在哪里发生的事情呢？（Where）	分析环境	理解型问题
那是谁做的呢？（Who）	思考对象	关联性延伸型问题
为何会这样想？（Why）	设身处地	关联性延伸型问题
是怎样办到的呢（How）	研究方法	高难度思辨型问题

---

① 胡衍南，王世豪，主编.深度讨论教学法理论与实践[M].台北：高等教育出版社，2020：148.

深度学习　Deeper Learning

斯藤伯格(R. Sternberg)说:"儿童天生就是提问者。"美国波士顿某定时制高中实施了让学生"学会提问"的实验,一改以往"教师提问、学生回答"的教学陈规。学科:理科、数学、社会科3名教师的合科教学。班级人数:20名。提问的焦点:抽烟。组织提问的目的:制定探究计划。令三位教师吃惊的是,从来没有见过学生如此踊跃地提问:1.为什么抽烟是有害的? 2.香烟里含有什么? 3.如果说抽烟是危险的话,为什么允许贩卖? 4.香烟里含有大量的化学物质,为什么? 5.发明香烟的是谁? 6.警示为什么要附在香烟盒上? 7.怎样才能戒烟? 8.要商店不卖烟,该怎么做? 9.有没有类似于戒毒所那样的抽烟者能够参加的戒烟所? 10.何时才能迎来无烟的世界? 11.香烟为什么是合法的? 12.为了禁烟,能够做些什么? 然后决定了问题的优先顺序。最后选择了"警示为什么要附在香烟盒上?"作为探究计划的题目。这种提问调动了学生高昂的学习积极性。他们首先围绕抽烟影响健康的焦点展开调查,为什么香烟里添加了这些化学品,尼古丁中毒的机制及其消除方法。同时调查吸烟者是怎么开始吸烟的,怎样才能戒烟,参与"世界禁烟日"的活动,等等。通过这种探究,他们懂得了香烟含有三大有害物质——焦油、尼古丁和一氧化碳,加上大约70种致癌物质与大约200种有害物质,它们会直接导致各种癌、尼古丁依赖(血管收缩)和动脉硬化。他们还明白了禁烟是一个交织着多重复杂因素的问题。懂得香烟的化学成分与中毒的科学原理、改变抽烟行为的难度,同时,他们还调查了同抽烟相关的疾病对于个人与社会的影响的数据,也了解了有关禁烟的法律与公共政策。通过这样的教学,学生对吸烟的影响有了深度的理解,而且运用自己得到的知识,采用若干方法,表达了自己禁烟的立场。最后,他们还分析了香烟盒上的警示,从中得到了诸多启发,并且思考了用于香烟盒设计的夺人眼球的警句,诸如:1.夺命的香烟! 2.戒烟——医生的命令! 3.吸烟?癌症! 4.吸烟即死亡! 5.吸烟等于慢性自杀! 6.命悬一线!

这个案例体现的一个特色是,学生的提问不再是支离破碎的问题,而是"一连串相关问题"的迸发。就像农夫耕种处女地,需要翻地、耘土、播种、施肥、灌水,然后守护种子发芽那样,是一种需要细心呵护与精巧技艺的系统作业。光是翻地不会发芽,光是灌水也不会发芽。这个事实表明,学生一旦学会了提问,将会产生丰富的智慧能量,而支撑提问活动的教师又需拥有多高的教学组织技巧。"学会提问"是学生进行思考,展开深度学习的基本功,是导向新发现的转折点,是提高学生"自己即学习的主人"的意识。"学会提问"的教学意味着"教师中心教学"的终结与"学习者中心教学"的胎动。学校应当教会学生提问的方法。因为,倘若教师只管提问、学生只管回答,那么,学生就不会懂得真正有价值的问题,而仅仅是学会了回答有现成答案的问题而已。迈耶(D. Meier)指出:"优异的教学方法是从学生懂得提问的方法、能够回答自己真正想知道的问题开始的。"当学生自己学会提出问题之际,事实上就在动员自己的智慧、展开多样思维能力的练习,同时也在不知不觉之间涵养了自身的人格品性。[20]

(二) 对话中心设计的六个要件

第一,让儿童掌握有助于形成新型学力的学科知识内容。所谓"新型学力"是指"核心素养"("关键能力"或"21世纪型能力")。在新型学力中处于最高位的是"A. 社会参与力、主权行使力",其次是"B. 价值创造力、假设设定力、批判性思维力、主体性判断力",再次是"C. 元认知能力、问题解决力、结构性把握力、多视点认知力、逻辑思维力、异化认知力",这可以说是一种"相对复合性能力",最后是支撑这些学力的"D. 知识、技能",这是"相对要素性的学力"。在这里,A 是体现学科素养所必须的学力。B 的"批判性思维力与主体判断力"对于实现实现 A 的"社会参与力"具有重要意义,"价值创造力与假设设定力"也是必要的。构成"社会参与力"与"主权行使力"前提的是"主体判断力"。因此,基于"批判性思维力"的"主体判断力"是必要的。这种"批判"不同于"非难"与"中伤",是主体地判别与评价客体的活动,而支撑这种能力的则是"C. 元认知能力、问题解决力、结构性把握力、多视点认知力、逻辑思维力、异化认知力",然后是这些能力的基础——"D. 知识、技能"。

第二,让儿童探究并解决自己设定的学习课题。通过明确学习课题,推进面向课题解决的儿童的共同探究活动。不设定学习课题也可以展开教学,不过,在这种场合,以教师的讲解与提问为中心的教学的可能性极高。有了学习课题,就容易形成儿童作为主体展开探究的教学。最理想的是,学习课题本身也由儿童主体地设定,或者在教师的启发之下以教师的提示为线索,让儿童去提出学习课题。不过,这里需要教师做出仔细的指导,使得儿童自身能够逐步地设定学习课题。

第三,让儿童借助对话与讨论,在同"异质的他者"的交流中展开探究。这是"深度学习"的重要教学策略。无视这一点,"深度学习"的倡导本身就没有意义了。"深度学习"重视"协同",亦即重视"交互作用""对话""同他者的关系"。强调"异质"不是不容许"同质",而是说,有"异质"才能催生新的发现与创造性学习。深度学习的课堂是借助参与者发言的连锁反应而形成的。"借助发言与发言的交互作用,课堂对话得以活跃地展开,谓之'积极性连锁反应';反之,课堂对话趋于停滞,则会产生'消极性连锁反应'"。[21]教师如何因势利导,如何把控"停顿",从一时的"沉默"中引出新的创意,是保障深度学习的重要课题。

第四,让儿童在整个学习过程中体验"尝试错误""判断与批判""推理与验证""发现与创造"等探究过程。"尝试错误"是对话的基本。迷惘、动摇等反复产生,由此产生多角度的思考与见解,产生发现。"评价与批判"是基于主体性评价的自我决策,在这种过程中产生批判性思维。当然,这些评价也包含了在探究过程中的修正与变更。"推理与验证"是基于对客体的判断与批判,进而设定别的可能性,或创造自身的新的假设,再进行验证的过程,在这些过程中会催生"发现与创造"。涵盖这些要素的"探究过程"是深度学习所必须的,对于儿童而言,这些过程能够体悟到深度学习的喜悦。

第五,让儿童丰盈地展开"内言的外言化",这也是深度学习必须的一个要件。思维是借助学习者自身把"内言"加以"外言化",从而得以戏剧性地展开的。通常我们说的语词或者言语,是讲出来、写出来的语言——"外言"。以为"内言"是外言的无音化阶段,是错误的。"内言"比"外言"的速度更快捷,是人们通常用的"外言"的速度无法比拟的。这是因为,用于思考的"内言"是省略式、压缩式地在头脑中使用的,承担概念的用语极其简略。维果茨基把这种"内言"称之为"用于自己的言语",而把"外言"称之为"用于他者的言语"。因此,人们在必须诉说、必须解释、必须写作的场合,亦即必须有"外言"的场合,"内言"就得重新建构——亦即把往往难以言表的用于自己的言语,重新转换为他人可能理解的符号,作为"外言"传递给他者。"内言的外言化"与基于此的对话,有助于强化判断与批判、推理与验证的过程,从而产生多样的发现与创造。即便在通常的教学中也会产生"内言的外言化"。不过在深度学习中儿童的外言化会飞跃地增加,质量也有所提升。因此,众多儿童能够更加主动地参与教学。

第六,让探究过程成为儿童进行元认知"反思"的过程。在教学终结之际进行该节课的回顾。据此,从元认知的角度矫正教学的尝试错误、判断与批判、推理与验证、发现与创造的探究过程,首先是让儿童对学习课题进行解决产生结论,边看教师的结构性板书,边进行回顾。解答不限于一种。把解决与结论作为学科内容加以概括,在此基础上,让儿童写下自己的反思,进行交流。

"深度学习"是以学习者的对话为中心的教学。不具备上述这些要件,就不能称为"深度学习"。

在教师的讲解之后,要求学习者做出解说,不失为确认学习者理解状态的一种手段。研究表明,它有助于培育学习者确认自身理解程度的元认知,有助于发展出一个更明确、更有组织、更深度的理解:第一,学习者借助解说,不仅陈述了学到的教学内容,而且要评价自身的理解状态,诸如在哪些方面理解了,哪些方面还不足。第二,学习者借助解说,能够发现自己的不足之处,深化理解。第三,学习者借助解说,促进学习者自身理解状态不足之处的确认与修正。解说学习过程本身,可以提升自身的觉醒,当碰到类似的情境之际,也可以避免犯同样的错误。关于解说对学习者自身带来的效果,可以从元认知的视点做出解释。所谓"元认知"是指关于理解、思维之类的认知能力的知识(元认知知识),和把握、调节自己的认知状态的作用(元认知活动)。教学的内容作为自身认知能力的知识(元认知知识)加以积累,基于解说的自我理解状态的确认与理解的深化,就是认知活动。因此,学习者解说自己的学习内容,确认自己的理解状态,是有助于深度理解的。作为确认理解的手段,促进学习者的解说的教育是必要的。[22]

显然,要一举实现所有这些要件是不可能的。深度学习需要教师从一点一滴做起,才更具实效性。深度学习并非全盘否定问答型、讲授型、演习型的教学,而是强调教师必须致力于深度学习得以活跃展开的教学创造。

五、深度学习设计的要诀

"深度学习"的教学设计归根结底是旨在创造"知识建构环境""需要赋予学习者更大的主体性与集体的责任,特别是借助信息技术,支持他们参与知性活动的公共分享的空间"。[23]在这里,作为教育技术学的基本模型的"ADDIE模型"是可供利用的。这个模型包括了"分析(Analysis)/设计(Design)/开发(Development)/实施(Implement)/评价(Evaluation)"的循环往复的过程。具体地说,"分析"——分析学习者的特性与前提,明确目标。"设计"——教学教材研究,琢磨教学的内容。"开发"——梳理单元计划与教学流程,准备教材与学习环境。"实施"——基于教案利用教材展开教学。"评价"——借助教学研讨会,反思教学。[24]"深度学习"的设计尤为重视如下几点。

第一,学习课题具有挑战性。"学习课题"是教学中儿童展开探究的起点,在深度学习中占据重要地位。学习课题倘若没有挑战性,就不会形成尝试错误,产生发现,也不会产生学习的喜悦。设定学习课题的要点是:1.让儿童迷惑的课题,即能够让儿童产生丰富的尝试错误、推理与验证过程的课题。2.从这个意义上说,是儿童难以借助既有知识与技能、认知方法与方略,得以简单地解决的课题。3.经历尝试错误、推理与验证的过程,让儿童能够产生"飞跃",从而解决"谜团"、产生发现的课题。4.通过尝试错误、推理、验证、飞跃、发现,让儿童能够掌握新的知识、技能、认知方法与方略的课题。5.能够让儿童形成孜孜以求、寻觅"谜底"的兴趣与爱好的课题。

日本木岛平初中盐崎充昭老师上的一堂公开课:《光的反射》(初 理科·物理),就是"挑战性学习"设计的一例。上课伊始的15分钟,盐崎老师给每一个小组分发激光器、镜子和白板,以便让学生体验光的反射。在做了"入射角等于反射角"这一"光的定律"的实验之后,进入挑战性课题的学习。在挑战性课题中盐崎老师准备的是"反射板"——自行车背后的圆形反射板、夜班工人劳动服上贴的反射板、道路标识用的反射板。把它们贴在黑板上,从斜面照射光线。根据反射定律,它们应该像镜子一样反射。但实际上,即便学生站在反射的位置,也看不见什么反射光。不管光线从哪个角度射入,反射板反射的光,均朝着光源返回反射。学生们发出一片惊叹声,反射板究竟埋藏了怎样的机制呢?

盐崎老师给每一个学生分发了一块小小的乙烯基薄板(透明的黄色反射板),让每一个学生在小组里探究"反射板的奥秘"。这块乙烯基薄板的表面很粗糙,但背面却很光滑。不久,学生们借助显微镜观察乙烯基薄板,发现上面有无数的三角形,但用显微镜只能看出模糊的图像。于是各个小组以这种模糊的图像为线索,在白板上绘制一组组三角形或六角形的图案来进行解密,也有许多学生试图组合几面镜子来解密的。解开谜团的学生小组也出现了。他们通过显微镜的观察与模型的制作,发现在反射板

（乙烯基薄板）上被嵌入了无数的棱镜。其实，还有另一种反射板，它的球体呈颗粒状配置。这里用的是光的折射定律（盐崎老师下一节课的主题）。盐崎老师这一节课的精妙之处就在于，借助"模型的探究"这一揭示科学探究本质的过程，实现深度学习。[25]

第二，保障"每一个儿童的思考"。可以说，活跃深度学习中的小组讨论是引发儿童的主体性、飞跃地增加外言化的机会。通过形成异质性与多样性，形成优质的尝试错误、产生新的发现的优异的教学方法。不过，倘若在小组学习中指导失误，可能会导致学习质量的低劣，其中一个原因是由于存在"集体损害个体"的危险性。儿童的学科思维是有差异的，有擅长或不擅长于该学科的儿童，需要保障每一个儿童的思维与学习的时间。有的儿童不能充分消化课题的意涵，就不能发现课题解决的突破口，思维会戛然而止，这就得有教师的个别辅导。学习科学的研究表明，"学习者以自身的能力建构的知识得以'外化与明示化'之际，可以更有效地学习。亦即，更好的学习是，学习者借助明示自身尚未充分把握、仍在理解之中的内容，让其在整个学习过程中持续地'外化与明示化'。"[26] "明示"与"学习"是在彼此强化的反馈中结合起来的。在许多场合，学习者在明示化之前并没有真正地学到什么。换言之，人把自己的思考表达出声，比不出声地静静地学习时，能够更快更加好地学习。

第三，活跃"集体思维"。所谓"集体思维"不是单纯地采用小组学习的方式，而是不同思维之间的冲突、较量，是借助教师的指导使这种论争得以扬弃与统一的过程。在横向沟通中的每一个儿童都会发展纵向深化的思维，横向沟通中的外部语言转向纵向沟通的内部语言。不断深化问答的不竭思维能力，只有在集体思维中才能完成。也只有在彼此冲突的集体思维中，才能形成每一个人富有个性的见解。而只有在每一个人的独特的见解之上，才能形成真正的集体思维。因此，在集体思维中不是对某同学的见解立即做出"是的，赞成"的意见，而是刨根究底、反复推敲。深度学习倡导的集体思维是同不求甚解的划一主义绝然不同的。特别是在集体思维中来自儿童"底层"的"停顿"是必须加以重视的。不过，"优生"教"差生"并不是集体思维。"集体思维"是指每一个儿童超越各自固有的"既有经验"和"生活舞台"，凸显个性化思考。在这个过程中借助"差生"的思考，"优生"的"亮点"和"原则"得以修正或是否定。有时也会出现对于教材内容或是教师讲述加以"质疑"并表现出"超越"的儿童。在这里存在着我们倡导的"集体思维"的本质。所以,在"深度学习"中所谓"底层"和"顶点"是不断交替的。"顶点"和"底层"的固化,是同"深度学习"格格不入的。

"深度学习"大体可以分为"问题把握→自力解决→集体探究→归纳总结"四个阶段。在"集体探究"阶段中可采取三境界的思维深化过程:集体探究Ⅰ:解说思维方式的阶段——解说者→思维的精致化;责问者→基于解说者的脚手架,促进理解。集体探究Ⅱ:大量发现种种思维方式之共同点的阶段——共同点的抽取。集体探究Ⅲ:从种种思维方式的共同点进一步链接的阶段——抽象化、概念化。[27]

第四,教师的"点拨"左右探究的质量。学习课题是以谜团与不明确之处为对象,儿童基于种种的探究,求得解决,这里面一定有飞跃——儿童发动既有的知识,运用或者组合多种的学习,而产生的飞跃。不过,高难度的课题对于每一个儿童而言未必会形成飞跃。在这种场合,引导儿童之间相互交换见解、展开讨论具有重大意义。借助对话与讨论,认识异质的见解,开始超越既有的框架,发展思考;他者的异质思考同自身既有见解的组合,也会产生飞跃。这就是相互启发、相互链接,是一种辩证思维。尽管如此,仅仅凭借儿童的协同学习也会有难以飞跃的局面,也会出现由于小组探究的质的差异,产生学习停滞不前的场合,在这种场合教师必须做出适当的点拨。这种点拨大体可以分为两种:其一是启发儿童进行思维的方法——方法性点拨(给予思维的"脚手架",提供步骤);其二是激励、提示儿童进行思考的方向——促进性点拨。点拨具有支撑儿童探究"学习课题"的功能。作为形态,可以分为四种,即提问、提示、解释、评价。适当时机需要有适当"设疑"。"设疑"催生尝试错误,开始推理、验证,从而产生发现与创造。在这个过程中儿童之间基于相互的外言,展开异质的多样的链接。"设疑"在学习课题的设定中非常有效,"设疑"是让儿童获得深度理解的一种有效的点拨。学习科学的研究表明,立足于建构主义,儿童在通过主体地参与自身的知识建构而展开深度学习、获得更抽象化的知识的同时,也提升了学习的动机。在这里,旨在促进深度学习的支援,学习科学家谓之"脚手架"。所谓"脚手架"(scaffolding)指的是"学习者直面目标的达成所需要的适当的支援";"所谓有效的脚手架,意味着提供便于学习者理解的暗示与线索"。[28]有效的学习环境就像建筑工人搭脚手架一样,支援学生的能动的知识建构——建筑现场在需要升高的时候追加脚手架,建筑完毕时拆除脚手架。同样,在有效的学习环境中缓慢地追加、修正学习者需要的脚手架,或者分阶段地拆除,直至最终完全地拆除。

第五,借助"反思"确保学习的质量。学习科学反复地证明了"反思"对于深度学习的重要性。基于学习科学的众多教育是促进反思的设计,这种教学借助种种工具让学生便于明示自己的思考过程,来促进反思。这样,学生一旦明示了自己的理解过程,学习环境就可以围绕明示了哪些问题,支援其反思。[29]这就是说,探寻"学习课题",在此过程中产生思维与见解。异质的见解一经组合,产生新的见解。主干的发现与枝叶的发现往往是混在一起的。教师在教学的过程中需要停顿下来,梳理其意义。在反思中再度确认学习课题的基础上,矫正探究的过程与种种的结论。同时,把先前学习的内容与未来学习的内容链接起来,亦即所谓的"元认知化"与"境脉化"。

参考文献

[1][26][28][29] R. K. Sawyer. 学习科学指南:促进有效学习的实践/协同学习(第二版第2卷)[M]. 大岛纯,等,主译. 京都:北大路书房,2016:22,8,7,8.

[2] OECD教育与革新中心. 学习的本质:从研究的运用到实践[M]. 立田庆裕,平泽安政,主译. 东京:明石书店,2013:396—399.

[3][11] 钟启泉,著. 课堂研究[M]. 上海:华东师范大学出版社,2016:116—117,112—123.

[4] C. M. Reigeluth, A. A. Carr-Chellman. 教学设计的理论与模型:面向共同知识基础的建构[M]. 铃木克明,林雄介,主译. 京都:北大路书房,2016:167.

[5][6][7][9][16] 石井英真. 授业创造的探究[M]. 京都:智慧女神书房,2020:16,98,100,193,272—276.

[8] 板仓圣宣,编. 种种的气体·燃烧[M]. 东京:国土社,1989:116.

[10] 佐藤学,著. 学习的快乐:走向对话[M]. 钟启泉,译. 北京:教育科学出版社,2008:1.

[12][13][14][15] 石井英真. 现代美国学力形成论的展开:基于标准的课程设计[M]. 东京:东信堂,2011:98—103,146,147,149.

[17] 樋口直宏,编著. 教育的方法与技术[M]. 京都:智慧女神书房,2019:33.

[18] 樋口万太郎.从儿童提问开始的教学[M].东京:学阳书房,2020:16—17.

[19] 胡衍南,王世豪.主编.深度讨论教学法理论与实践[M].台北:高等教育出版社,2020:148.

[20] 钟启泉.著.解码教育[M].上海:华东师范大学出版社,2020:136.

[21] 竹内伸一.案例教学入门[M].东京:庆应义塾大学出版公司,2010:206.

[22][27] 山本博树.编著.教师讲解实践的心理学[M].京都:中西屋出版,2019:51—52,134.

[23] P. Griffin, B. Mcgaw, E. Care. 21世纪型能力:学习与评价的新范式[M].京都:北大路书房,2014:136.

[24] 稻垣忠,铃木克明,编著.教学设计指南[M].京都:北大路书房,2015:3—4.

[25] 佐藤学.学习共同体的挑战:改革的现在[M].东京:小学馆,2018:120—121.

第五章 深度学习：超越传统教学的局限性

传统的教学观把"学习"视为现成知识复制与延续的过程,学习的重点是如何获取知识与技能。建构主义教学观不仅重视学生的知识、技能的发展,同时也重视高阶智能与创造力的发展。"知识不是单纯的信息,而是伴随判断,做出选择与加工,形成自己的认知系统"。[1]这就是说,原封不动地接受借助网络检索出来的信息,不能说是"知识"。唯有琢磨获取的信息、借助基于自身的价值判断、展开有目的的探究,才能形成"知识"的体系,而重建的"知识"才能成为变革自身、变革社会的力量。

一、深度学习的优势

日本学者从深度学习设计的要件与要诀,推察到"深度学习"具有如下的优越性[2]:

第一,快速增加"内言的外言化"机会,体现"言语"的价值。充实言语活动的本质在于"内言的外言化",旨在培育"思考力、判断力、表达力"。"表现力"是基于言语的,而"思考力""判断力"同言语的关系是难以看见的。深度学习可快速增加"内言的外言化"的机会。在学习过程中儿童做笔记,内言的外言化就更加容易。因此,在深度学习中每一个人的思考是从做笔记开始的。在深度学习中沿着"每一个人的思考—小组同学的思考—整个班级的对话"的顺序展开,由此也可以觉察到内言的"外言化"的过程。换言之,"内言的外言化"的机会相应地增加。语言是作为人际交往,亦即沟通的工具而存在的,同时也是作为思想的工具在起作用的。维果茨基(L. S. Vygotsky)把对外的、作为传递的工具而起作用的语言称为"外部语言"(外言),把自己内心的、作为思维的工具而起作用的语言称为"内部语言"(内言)。维果茨基指出,儿童的思维是由基于外言的媒介,向基于内言的思维发展的。因此,儿童的意识发展是同内言的发展不可分割的。这就是说,儿童起初并没有区分外言与内言。儿童最初用的仅仅是外言,尔后,随着儿童成长,外言与内言分化。这个过渡时期出现在幼儿期,伴随着声音的内言即自我中心的语言,亦即自言自语。随着自我中心语的声音部分的消失,内言确立起来。心理学的研究表明,内言过程几乎是在学龄期最初阶段的儿童身上形成起来的,这也是学龄期自我中心语言系数急剧低下的原由。由此可见,培育内言对于深化儿童的思维能力是十分重要的。[3]

第二,班级全员外言化的机会增多,意味着每一个儿童完整地再建自己思考的机会增多。借助外言化,儿童之间展开对话与讨论,差异点与共同点得以可视化。在观点相左的场合,借助讨论形成新的见解或者修正意见,产生新的发现。这种儿童"全员参与"的教学是理想的。在通常的同步教学、问答式教学之中,借助教师的指导力也能够在某种程度上达成集体思维的目标,但在深度学习中能够实现更高程度的全员参与,就是由于这种外言化的机会飞跃地增加的缘故。即便是不擅长于该学科的儿童也能获得外言化的机会,更加主动地参与教学。另外,在该时点不完整的发言,在对话中也能够变得井然有序,或者在同他者的交流中发现新的价值。课堂对话研究的先驱巴纳(D. Barnes)和托德(F. Todd)指出,"当儿童在没有教师的控制下与伙伴讨论时,更可以开发、延伸讨论与辩证,而这样的讨论使他们成为更主动、更独立的知识拥有者"。据此,他们建议,"课堂讨论需要有明确的要求,相关知识必须被分享,观点必须被清楚地陈述、被批判地检视、被公开地责问"。[4]

第三,多样的异质见解的交流,体现"差异"的价值。"差异"产生发现与创造,儿童通过倾听他者的思考与见解,能够多样地接触异质的思维方式。自己没有发现的见解借助相互的交流与交换而得以理解,这本身就是有价值的。可以从种种不同的角度探讨客体的丰富性,也可以学到异质见解产生的背景——方法与方略。不过,异质的见解不限于接纳的场合,也表现在不能立即接纳的场合。这是有巨大意义的。它是同基于差异、对立、对话的辩证思维的创造联系在一起的,由此产生新的反思与创造。"异质性"催生新的发现。这种异质性也是以外言化为前提的,即便是碎片梳理的水准,正是因为有外言化,对话才得以产生,思考与见解才得以显性化。异质的见解、解释、根据、理由、解法、主张等等的交互作用与交织,也是一种异质性的发展。在深度学习中不仅是最终的发现有价值,而且同异质的他者的探究过程本身也有价值。因此,通过从元认知的高度进行反思,学习就能够扎扎实实地展开。

第四,催生基于差异与冲突的辩证思维,体现"发现"的价值。其一,催生相互启发、相互链接的新的思维方式,体现"链接"的价值。一种见解诱发另一种见解,形成连锁。集体的思考远比个人的思考,更能催生多重见解的结构性链接,形成新的见解,涵盖了"模仿""类推""链接""境脉化""综合化",这里存在着两种诱发的情形,一是出现的思考与见解直接诱发新的思考与见解,二是倾听出现的思考与见解,类推出该思考与见解形成的思考方法,以模仿的方式诱发新的能力。其二,催生共识的新思维,体现"共识"的价值。每一个人无意之中提出的见解经过结构性的整合,会提炼出共识,从中形成抽象概念与新的认知方式。可以说,异质与共识是同在的。其三,差异与冲突催生新的发现。在思考与见解催生差异与冲突的场合,会引发讨论,在这里产生辩证思维的过程,从中产生新的发现与新的见解。多种见解的结构性整合,产生新的见解。

二、深度学习的挑战

(一)从"教科书设定水准"上升到"课题设定水准"的挑战

实现真正的"深度学习",就得基于每一个学习者拥有的知识与经验背景的多样性,贯穿"从个人开始,以个人告终"的学习观,这是不可或缺的。[5]一方面,"深度学习"有这样一个侧面,即每一个学习者要领悟到自身学习的深度(自己拥有怎样的知识与经验;面对问题是怎样思考的;经过同他者的对话、同课题的对话之后又是怎样变化或是怎样编织的)或者反思学习的过程,或者赋予自身思考的变化以意义。另一方面,人是从质疑开始思考的。"质疑"的课题与提问的研究(质疑从哪里切入,何时质疑,怎样质疑)也是实现"深度学习"不可或缺的。但是,即便是开发了出色的课题与提问,"每一个学习者如何面对,如何认识与把握学习的深度"的研究,仍然是不充分的。"深度学习"的实现倘若仅仅局限于一部分学习者,不能说是形成了真正的"深度学习"。传统课堂教学的根本弊端就在于,缺乏确凿地洞察每一个学习者或班级全员的学习深度

深度学习　Deeper Learning

的视点。

　　实现"深度学习"是一件相当繁难的事。所谓"参与"不是指学习者端坐在椅子上而已，而是指每一个学习者聚精会神、孜孜以求地潜入学习活动的进取状态。为此，班级全员就得在教学中攻克"不懂""不会"的问题。就一些学习者而言，业已知晓的、容易解答的问题，不能引发他们绞尽脑汁，难以保障他们的深度学习。我们需要从传统的满足于"懂"与"会"的教学中摆脱出来，让班级全员挑战"不懂"与"不会"的教学，这才是真正的"深度学习"所需要的。抛弃教师讲解中心的方法，改为设定"项目学习"（PBL），展开长跨度的挑战，是"深度学习"成功与否的关键。在这里，教师需要精心设计的学习课题是，对班级全体学习者而言，是今日即便"不懂"、明日亦可"弄懂"的问题；哪怕有一个人"不懂"，经过教师与同学所搭建的脚手架，借助智慧的帮助，也能弄懂的课题（最近发展区，ZPD）。这种水准的课题，在教学伊始被质疑的瞬间，学习者全员一定是处于似懂非懂、懵懵懂懂的状态的，这一点是不必忧心的。换言之，在学科教学中，设计学生无自信或者无确信水准的设问是必要的。

　　试举日本小学三年级理科的一节课——"物品的形态与重量"为例。

　　教科书水准的问题是"黏土捏成圆形、细长形、撕碎形，重量不变"。教师把铝箔捏成圆形，折叠起来，捻成小碎片，确认物品的形状改即便变了，重量也不变。结论是"物品的形状即便改变，重量不变"。那么，超越教科书水准的设问在哪里呢？首先，当我们说，"物品的形状即便改变，重量不变"之际的所谓"物品"，根据归纳性推理，是泛指"所有的物品"，并不是单指"黏土和铝箔"。当然，作为执教者是打算这么教学的，但对三年级儿童而言，在进行黏土和铝箔的变形实验的时候，实际上观察到的量度是不变的结果，仅仅是作为事实被加以认知的。单凭黏土和铝箔的实验，并不能导致"所有的物品即便变形，重量也不会变"的认知。实际上，当教师使尽力气把黏土和铝箔搓成小粒子，有意地从手中掉落，并让儿童观察之后提问——"铝箔搓成了小粒子，重量也不会变吗？"儿童的回答是"变重了"，理由是"落地加速了"。尽管让儿童观察到用电子秤做实验，称出的重量并无变化，但也无法接受这一个事实。

　　一般说来，大凡重的物品会加速度地落地——从这一个日常的经验建构起来的信念体系（错误概念、朴素概念、先入概念），是不会轻而易举地撼动的。知识是依存于情境的，情境变了，解释也会变。其证据是，让儿童设想用碎纸机把铝箔切割成几平方毫米的一粒是否有重量之后,儿童观察到电子秤称出的重量是 0.00 g,"确实是无重量呢!"预想与实验结果是一致的,大家兴高采烈。不过,尔后用电子秤把所有碎片化的铝箔集中在一起称,让儿童观察刻度上重量是否变化的事实,纳闷起来:"为什么一粒无重量,集中起来就有重量了呢?"原来,儿童思考的所谓"重量"是日常生活作为应答反应的重量,是"轻"的反义词。在一时的沉默之后,有儿童发言了:"我想,超越了度量的限度,只能用 0 g 表示,并不是没有重量。"听了这个发言、真正地理解同学之间发言的意图与意义,自然而然会在整个班级里开始对话。做了种种有关重量的实验,多次地同"物品的重量"这一对象进行对话,反反复复地同自身对话、同他者对话,从一连串的教学结束之际的反思中,儿童做出了结论——"眼睛看不见的微小的东西即便再小,也不是无重量。把这些微小的东西集中起来,就显得有重量了。"儿童发现了这个规则,认知得以提升。[6]

学校的教师也可以让儿童同"粒子的存在""粒子的储存"的发现联系起来,展开教学。诸如把食盐溶化在水中,重量也不会变化之类的学习,在初中的原子、分子的学习以及质量守恒法则的学习是同建构活生生的知识联系在一起的。这些案例是在儿童认知极限的范围内,基于"粒子的存在""粒子的储存"这一学科的本质而展开的"不懂"的教学,借此引导儿童走向"深度学习"的具体案例。即便是通读教科书、教学参考书和课程标准,洞悉学科的本质,也不可能设定适于眼前的学习者引向"真实的深度学习"的适当水准的课题。因为在这些参考文献中描述的是该学年阶段一般能够理解的平均的水准。试想一下,如果把高深的术语置换成小学三年级学生也容易理解的语言,比如不使用"原子""分子"的术语,而是置换成"眼睛看不见的小粒子",即便不使用正确的水分子模型,也可以暂且把所有的分子用简单的圆形来表示,就可以说明现象。倘若使用的模型与推理达到了极限,在必要的时候就得加以修正。重要的是教师自身需要深思熟虑:让学习者在教学中怎样以学科的见解与思维方式去展开思考,其结果会形成怎样的素质与能力。这里隐含着提升"深度学习"的精准度的问题。对于儿童而言,作为专家的教师自身,参考课程标准之类的文献,不应当停留于教科书字面水准的解读,而是应当思考如何把学科专家的见解与思维方式深入浅出地表达出来,展开问题的探究。

在佐藤学创建"学习共同体"旗帜下的学校教育中,任何一堂课都分为两种学习课

深度学习　Deeper Learning

题——"分享性课题"与"挑战性课题"来设计的,事实上就是"基于教科书设定水准"而又"超越教科书设定水准"的挑战。[7]

爱知县小牧市应时初中山口佑树老师初中三年级的一节理科公开课,主题是"势能与动能"。前半节课是"分享性课题",进行了饶有兴趣的实验:在薄膜容器那样的塑料圆筒里,一个放入30粒小圆球;另一个也放入同样数量的小圆球,但塞进棉花让其不动。两个圆筒的重量(质量)一样。把这两个圆筒同时放在斜板上滚动,比较两者的速度。学生们分小组实验。他们预计,因为"质量"同样,"势能"同样,会以同样的速度滚动。然而,塞有棉花的圆筒却更快速地滚动。这究竟是怎么一回事呢?这就是"分享性课题"。每个小组学生的实验情景,以及协同学习的情景,都非常精彩。这种教学向观摩者表明,一旦课题的设计凝练,学习的协同及其探究也得以深化。无论在实验中还是在探究中,学生都积极地参与。仅从这一个事实,也让人感悟到协同学习的出色与深度。

那么,为什么固定小圆球的圆筒滚动得快呢?学生们利用势能、动能与能量守恒定律的概念——包括"势能"与"动能"在内的力学能量是一定的、不会变化的。既不会凭空产生,也不会凭空消失。它只能从一种形式转化为另一种形式,或从一种物体转移到另一种物体。在转化和转移过程中其总量不变——展开了探究。这样,当势能转化为动能之际,毫无疑问会产生两个圆筒之间的差异。小圆球不固定的圆筒伴随着卡兹卡兹的声响滚动而产生这种摩擦与声音,通过这种能量的消耗,使得不固定小圆球圆筒的动能比固定小圆球圆筒的动能减少。

接着过渡到"挑战性课题"——"倘若两个圆筒以同样的速度落下,可采用什么方法来考察呢?"各个小组树立假设,或加大斜板的倾斜角度,或把圆筒竖起来滑动,进行了多次实验。很快就发现了更为便捷的方法:把两个圆筒同时从同样的高度抛下,这就是"自由落体"。在自由落体中由于单纯重力在起作用,加速度是同样的。一名学生发言说,就像人坐在电缆车里从高处往下滑时会处于失重状态一样,在自由落体中也不依存于物体的质量(重量)。关于自由落体的概念并没有教过,但学生们通过这一挑战性课题,却开启了新的学习视界。[8]

(二) 从学科专业水准的"方向目标"出发,挑战教学设计

一般而言,教学目标大体可分为"达成目标"与"方向目标"。前者指的是教科书水准的目标,后者指的是超越教科书水准的目标。"达成目标"是基于教师明白易懂的教材与讲解,旨在达成预设的教科书的水准,但不能引导每一个学习者绞尽脑汁、致力于认知极限而展开"深度理解"的过程。这里所谓的"深度理解"是,"举出适于他人理解的证据与事例,利用推理,用他人听得懂的语言表达来做出解释,发现规则,进行概括,把知识与经验链接起来,在认知的情境中灵活地使用问题解决的多样的思考"。[9]"深度学习"的教学设计需要超越"达成目标",从学科专业水准的"方向目标"出发来进行设计。就是说,执教者需要把目标设定的水准提升到班级集体的认知极限,再用适于学习者发展阶段的语言,在教案中明确地表述"方向目标",由此逆向创造"深度学习"——这种教学改进的尝试,是传统教学根本欠缺的,却是真正的"深度学习"所不可或缺的。

"深度学习"是一种"使用教科书"而又"超越教科书"的教学。当教师一旦设定"方向目标",旨在提升学习者的素质与努力,使学习者获得活用的知识技能与思考力的时候,那么,接着应当做的是,预测学习者对此目标的潜在的"不备、不力、不足"。这时就得调动执教者自身的经验与先行研究、学习实践、文献资料,尽可能梳理学习者存在既有的直觉的见解与思维方式;他们是基于怎样的经验形成错误概念的。比如,前述的小学三年级"物品的形态与重量"的案例,学习者潜在的"不备、不力、不足"之处在于:1. 不认识所谓"物品"是物质与物体。2. 在说"物品即便变形,重量也不变"的时候,并不认识所谓"物品"是指"全部的物品",并无"不管怎样变形,重量也不会变化"的概括化认识。3. 对于儿童而言,重量并非理科中所谓的"质量"的意涵,而是日常生活中感应的作为"轻"的反义词的重量。4. 重量与压力的概念区别未分化。5. 在物品碎片化的场合,是指碎片化了的一粒的重量,还是指作为碎片化的集合体的整体的重量,并没有区别开来。6. 并不认识所有物品都是由肉眼看不见的微小粒子组成的,特别难以把液体与气体作为球体的粒子来认识。7. 测量重量之际,由于测量机械的精度的局限性,会产生误差。一旦超越了测量能力的极限,就会显示 0.00 g,但这并不表明没有重

量。8.即便肉眼看不见的场合,也有可能超越视觉的极限;即便感觉不到重量的场合,也有可能超越感觉的极限;也有可能在重量似乎感觉变了的场合,实际上并没有变。没有认识到人的感觉未必是准确的。能否准确地预测学习者潜在地存在的认知上的"不备、不力、不足",是同提升教材研究、提问水准的精度息息相关的。[10]

佐藤学创建"学习共同体"的学校之所以取得奇迹般成果,就在于寻求高水准的"深度学习"——精心设计"达成目标",但不满足于"达成目标",而且挑战"方向目标"。作为学习共同体创建的先锋学校——茅崎市滨之乡小学,通过"湘南研讨会"推出了诸多"深度学习"的实践报告。滨田淳志老师的小学三年级理科《花的色彩不可思议》,首先提示 12 种花的照片。孩子们在各自制作《花的图鉴》、标上花的名称与分类之后,着眼于花的颜色,用紫外线照片呈现虫子所认识的花的颜色,根据花的颜色,发现寄身的虫子的差异,组织一次兴趣盎然的学习。出色的教材研究与学习设计。堀宏辅老师的小学五年级图工"泥塑"的实践,用"泥塑"来表现柯勒惠支(K. Kollwotz)、康定斯基(В. Кандинский)、米罗(J. Miro)的艺术世界。这些"挑战性学习"设计尽管耗费精力,但教师们乐此不疲,就是由于"挑战性学习"(深度学习)蕴含着无穷的魅力与可能性。无比可贵的是孩子们热衷于"挑战性学习",而且越是学力低的孩子,对"挑战性学习"越是兴趣浓厚。这是因为,借助"挑战性"可以为学习打好基础,摆脱低学力的困惑。[11]

佐藤学分析了"挑战性学习"之所以有如此的功用,隐含着两个秘密:其一,在小组里,4 人的学习大体是均衡的。仔细观察小组里的 4 名儿童,尽管学力与知识的差异极大,但思维探究能力的差异并没有那么大。其二,低学力儿童与"挑战性学习"的学习方式相契合。能够"从基础走向发展""从理解走向运用"者,是学力高的儿童。学力低的儿童通过"挑战性学习",体悟基础性知识;通过运用,形成理解。这就是支撑"挑战性学习"中的低学力儿童热衷于学习的原因所在。因此,不管哪一个地区、哪一所学校、哪一间教室,只要实施了"挑战性课题",那么,无论对"深度学习"的实现,还是"学力目标"的达成,都能带来奇迹般的效果。[12]

福岛县涩川小学的数学公课——"分享性学习"(教科书水准)的课题是:是"从 0 到 9 的数字,均只能用一次,组成十位数,其最大的数是什么?最小的数是什么?""挑战性学习"(超越教科书水准)的课题是:"从 0 到 9 的数字,均只能用一次,组成十位数,其第三大的数是什么? 第三小的数是什么?"这种挑战性学习设计是出色的,它有助于理解题材的本质——十进法的结构。况且,这种"挑战性学习"的设计并不是那么困难的作业。这个课堂的相互倾听关系是成熟的,所以,挑战性课题难度越是升高,越是激发孩子们沉醉于实现协同探究的活动。[13]

三重县纪宝町井田小学二年级岩本拓志老师的数学课——减法运算。全班26名学生,原本需要特别辅导的儿童就占了半数,其中学困生有4名。即便这样的班级都能焕然一新,变得着迷于学习,这是由于岩本老师坚持通过"结对学习",让儿童展开"挑战性课题"学习的结果。岩本老师布置"分享性课题"——分别发给各个小组印有从1到9的数字纸牌,让儿童任意选择两个数字,构成两位数,然后按照大数减小数的原则,循环进行减法运算,直至答案为一位数为止。比如,倘若选择2与9,那么,循环进行的运算是:$92-29=63$、$63-36=27$、$72-27=45$、$54-45=9$。这个课题,选择任何两个数字都能往下运算。倘若选择3与5,那么,循环进行的运算是:$53-35=18$、$81-18=63$、$63-36=27$、$72-27=45$、$54-45=9$。这样,做完第二回运算的小组,儿童渐渐地发出声来——"哎,又是9!""下回也是9?"不管用哪两个数字进行运算,最后的答案全是9。每个小组都醉心于求解,整整持续了将近30分钟。倘若答案不是9,一定是哪里运算错了,结对小组边检查,边运算。剩下的10分钟是"挑战性学习",在此环节的运算中将会发现隐藏着的三项规则:"最后的答案一定是9"(规则一)。五分钟不到,所有小组发出一片惊叹声:"哎,答案全是9"(规则二),"无论用哪两个数字来进行循环减法运算,答案都是9"(规则三)。[14]

大阪府堺市小学大川拓也老师的四年级"求平方面积"的数学课——"分享性学习"的问题设计是:"长12米、宽9米的长方形土地,分割成4块大小相等的长方形,其间的路宽是3米时,求除道路之外的土地面积是多少?"孩子们经过10分钟左右的小组协同学习后,都得出了正确的答案。接着进入"挑战性学习",其问题设计是:"长12米的长方形土地分割成大小相等的4个长方形,道路的宽为3米。当道路之外的土地面积为180平方米时,该土地的宽度是多少?"[15]

三重县朝阳初中一年级社会科《世界各地形形色色的气候》——小宫康子老师作为该校的研修主任,为了鼓励改革课堂的教师,率先上了一堂公开课。在一年级生入学不久即开始了"学习共同体"的学习,已是进入第三周的阶段了。教学是从儿童掌握

"雨温图"开始的。在"分享性学习"中他们读懂了五张雨温图的特征,并把这五张雨温图同五张风景图相匹配;再同六个观测点(东京、伊尔库茨克、巴黎、新加坡、日本设在南极的"昭和基地"、利雅得)匹配起来,确认地球仪上的位置。作为"挑战性学习"的设计,从"雨温图"、地球仪的位置与地图册,发现了制约气候的要因——"纬度""海流""偏西风",发现了欧洲的城市尽管处在比日本的北海道更为偏北的位置,却是温暖地带的原由。[16]

三、建构"思考的课堂文化"

传统的教学设计并没有把专业水准的认知作为"方向目标"来设定,仅仅局限于预测学习者的准备,开发教材与课堂提问的技术。但是,即便开发了优异的教材与课堂提问,倘若班级不能建构"思考的课堂文化"(thinking classroom culture),那是不可能提升"深度学习"的精度与频度的。[17]教师在进行教材研究与提问研究的同时,必须致力于"思考的课堂文化"的建构。"所谓'思考的课堂文化'不是基于唯一的标准答案,而是注重相互切磋,分享各自的见解与思维方式的课堂"。这里强调的是"旨在提升对话与反思的教学精度"的人际关系与课堂环境的构筑这一意义上的思考的课堂文化。

试举佐藤学点评的日本熊本市木本初中二年级畑野祥久先生的一堂道德课为例。[18]

这堂道德课的主题是"崇尚道德·尊重人生"。从观看 AC 广告的录像视频开始,引出一个"尊重人生"的话题——"生命重要!""生命重要!"在如此这般的千呼万唤中,倘若有人说"您重要!"那么,给人的印象无非是指"人活着最重要"。从这个背景切入,学生们围绕"生命重要!"与"您重要!"的差异之处,展开了小组的协同探究活动。学生们一边交流各自的想法,一边在各自的"任务单"中把自己的想法用书面语言写出来——"您——更真切地做出了回应""措辞的分量有所不同""您——说出了自我存在的重要性""您——要严于律己宽以待人",等等。学生们直抒胸臆的话语,滔滔不绝地流淌出来。在这种交流之后转入"挑战性的课题",围绕"尊重您(每一个人)的本意,对照自身的经验,用话语表达出来"的课题,展开活动。

在这种活动中也展开了用书面语言表达各自想法的活动——"每一个人存在的价值""重要的是彼此尊重个性""重要的是从不同视点出发观察事物""同情心""重要的是互帮互助""相互承认差异的关系""共生的重要性",等等。学生们入迷地交换着意见,笑逐颜开地说,"真是绞尽脑汁了"。但也有学生交白卷的。不过,这些学生比谁都更深入地进行了切磋,只是未用书面语言表达出来罢了。琢磨"人的尊严"这一概念,用语言表达出来,对于成人而言也是一个难题。越是深度思考、越是难以言表的学生的模样本身,就已经令人感动了。

青春期的儿童从事这种富于哲学意涵的探讨,格外重要。我有幸观摩这节课,思绪万千。畑野先生敢于直击"人的尊严"这一人权思想,并以其核心概念为题展开公开教学,令人感佩并深表敬意。在这种直逼问题本质、发动每一个人自身的经验与语汇的探究活动中,学生们的表现竟是那么出色!

这种新型的道德教育模式也是出色的。以往的道德教育大体有三种模式,最成问题的是"教化主义道德教育",它不过是灌输"同情心""温情"之类的德性之"心"而已。日本大约从17年前开始就在推行所谓的"心灵教育",这种道德教育借助《心灵笔记》(道德教材)渗透于中小学的课堂,令人悲凉不已。战后日本的道德教育长期以来基于战前教化主义修身教育的反思;基于柯尔伯格(J. Kohlberg)的道德发展阶段论,在寻求旨在道德判断的发展、尊重多样价值观与思维方式的宽容的合理精神的教育方面,积累了诸多实绩。在此基础上形成了两种谱系——以康德的伦理学为基础的"规范主义道德教育"谱系,与寻求道德判断从规范出发、因应情境、求得最佳路径的"情境主义道德教育"谱系——并存不悖的局面。

畑野先生的道德课提示了另一种可能性。这就是,寻求作为公民教育的道德概念形成的道德教育。这堂课是基于旨在理解"个人尊严"这一立宪主义的根本精神(也是日本国宪法之核心)的市民道德、公共道德而实施的,可以说是解读人权的道德教育。而且,从AC广告的形象引出的学习设计也是非常高明的。真正高水准的"深度学习"是难能可贵的。在这个崭新的动向中,寄托了未来的希望。

这种"思考的课堂文化"并不是随着年龄的递升而自然地构筑的。为了提升其精度与频度,需要着力于一系列学习环境的设定。

其一,保障班级全员拥有并表达自身思考的机会。在"思考的课堂文化"中相互切磋是最重要的,但这种切磋历来只是局限于一部分学生。指向"深度学习"准备教材、寻求学习者的潜在的"不备、不力、不足"得以显性化的要害所在,学习者就会有各式各样的表现。不过,随着学年阶段的递升,对自己的思考缺乏自信的学习者往往会不举手发言。在这种场合,当教师指名举手的学习者,边板书其发言的内容,边推进教学,这时必然会出现单纯地听取的旁观者。因此,教师必须监督、确认所有学习者是否拥有了自己的思考,对儿童提供问题选择项——选择哪一个选择项,是基于什么根据来做出选择的,等等。比如,教师提示:"说明各自做出选择的理由。请尚未做出最终选择的同学举手示意赞同与否。请做好了选择的同学思考一下选择的理由。"在班级全员做出选择、应对举手与放手的瞬间,能够确凿地把握班级全员拥有的思考。在这里也容许不言明理由而作出选择的指令,这是引导班级全员走向深度学习、实现深度学习不可或缺的。因为,"不完全理解"也是把握每一个学习者思维的一种方式。这就是说,容许不理解、凭借直觉也必须作出选择,但不容许学习者做一个旁观者,完全不思考。这种"严肃性"对于培育"思考的课堂文化"是重要的。另外,在提供选择项之际,尽可能地纳入"其他"的项目,借此可以提高学习者多侧面、多角度或批判性地思考事物(批判性思维)的频度,通过这种思考与推敲,引导学习者走向"深度学习"。

其二,保障班级全员拥有自身的思考,并同他者展开对话的机会。通过某种监督机制确认班级全员拥有自身的思考,接着发出"想发表自己想法的人请举手"的指令,这种做法,即便要求发言,也只是借助理解程度高的一部分学生来推进教学、制造旁观者而已。为了不至于产生旁观者,倘若要求举手的话,还是让他们表明自己的不懂之处——"不能很好地说明选择理由的同学或是没有自信的同学请举手",优先安排他们结对学习,讨论模棱两可的困惑的问题,分享彼此的思考。这是因为,通常随着心智的发展,"自我"开始萌生。众多的他者懂得,而自己却不懂,自己的困惑不让他者知晓的心情强烈。比如,当问到"有什么不懂的地方?"即便在全班同学面前不举手、惧怕被点名、沉默不语的人,在结对和小组学习的场合也能够展开对话。在人声嘈杂的课堂情境中把自己的不懂之处与困惑之处讲给他者听,这是教师常见的课堂现象。教师强调,"课堂是出错的场所"。大家不妨大胆地举手,坦荡地披露错误的见解、错误的答案,不得掩盖错误。但尽管如此,要求那些自我意识刚刚萌芽的儿童做到这一点,是难上加难的。在我国学界历来有倡导"不耻下问"的风气,外国也有所谓"询问是一时之耻,不询问却是一生之耻"谚语。为学习者创设"不耻下问"的环境,是作为执教者的教师的重要作用之一。

其三,讲究结对学习与小组学习的座位布局,以便于同他者展开对话。在结对和小组学习中保障同他者对话的机会是实现班级全员真实的"深度学习"所不可或缺的。因此,教师必须考虑到教室中课桌椅的布局,便于展开结对学习与小组学习的座位配置。课堂教学中常常会出现"同旁边的同学讨论一下"。结对与小组中的对话,通过彼此传递理解的内容、归纳小组的思考、相互闻讯、相互倾听,借以理解相互对话的意图与意涵。听取者不是囫囵吞枣,而是把不懂之处、含糊之处、不具体之处、不能表达之处,边问边听,在课堂上展露出来。借此,提升学习的精度与频度。在这里不是相互简单地说"我懂了",而是在课堂里形成"体悟对方话语的意图与意涵,无拘无束地相互倾听的关系"。小林和雄倡导"深度学习"对话方式的五要素——"1.对方话语的/2.意图与意涵/3.体悟/4.无拘无束地/5.相互倾听,达成理解"。要通过对话加深理解,就得相互倾听。在不明白对方话语的意图与意涵的时候可以发问:"怎么回事""什么意思";在抽象性缺乏具体性的时候,说"比如";在难以表达的时候,"比如像?""简而言之";在理解对方的主张与根据的时候,"为什么说……""从哪儿去思考的",等等。进行"归纳""追问""阐发""设想",有助于提升作为学习者之间交互对话的质。这样,为了在穷根究底的追问之中倾听他者的话语,教师要提供倾听方式的模型,如表5-1所示[19],让学习者从模仿开始,一丝不苟、反复反思的对话是不可或缺的。

表5-1 旨在"深度学习"的追问方法①

"怎么回事?""有何意义?"	(追问意义)
"举例说?"	(追问陌生的事例)
"比方说——像那样?"	(追问模型、推理、表象)
"简要地说说看?"	(盘根究底地追问)
"归纳起来——说?"	(追问其归纳的要点及其解释的准确性)
"为什么这么说?""该从哪儿切入?"	(追问证据)
"能否再说一遍?"	(追问其自身的认真度)

① 小林和雄.深度学习的诱惑[M].京都:晃洋书房,2019:50.

面向主体性的态度与人性(谦逊、勇气、探究精神等)是长跨度培育起来的。为了把学习者从"知识的接受者"培育成"意义的建构者",教师就不应当让学习者去探究有现成答案的问题,而是勇于跟学生一道展开自己也未必思考过的问题,展开真实的探究——在发现其价值的过程中寻求问题的答案。倾听者一旦无拘无束地拷问,即便教科书中业已做出了解释,也会不断出现"不懂""不会"之处。当然,不可能探讨所有"不懂"之处,因为课时有限。因此,教师必须洞察在相互拷问与倾听之中即时发生的"不懂"之处,同学科的本质联系起来,发挥学科的专业性。不拘泥于教案的计划,不畏惧由于儿童的"不懂"带来的失败,秉持勇气与谦逊的学习,这是实现"深度学习"不可或缺的要素。

其四,通过结对学习与小组学习的对话,同可视化的深度学习联系起来。借助教师有意识、有计划地点名,让班级全员分享。可以发现在倡导儿童中心教学的学校里,同学之间有点名谁来发言的权利。通过相互点名进行发言的教学,指向参与愉快的教学、拥有发言权的教学,这无疑是好的。但这种教学很难说是做到了在绞尽脑汁之中挑战认知极限的、参与深度学习过程的教学。要在有限的课时里深化所有学习者的学习,教师就得从学习者的发言与叙述中,洞察同学科素养的深度学习相关的思考,有意识、有计划地指名让学习者回答。读取学习者发言的意图与意涵,亦即他们是用怎样的错误概念与推论要素,做出结论的。教师应当聚焦学习者的发言在哪里有重要的差异、矛盾与对立,并且板书出来。倘若教师不去梳理对话之间的线索,做出适当的介入,学习是难以深化的。在协同学习中学习者会提出五花八门的发言,教师往往无所适从,或者听之任之。这种现象说明,要梳理学习者之间的对话,并不是轻而易举的。每一个教师在自己的头脑中需要明确,究竟该指向怎样的教学,该如何指名发言——由谁来发言、按照怎样的顺序发言。所有这些,也是实现"深度学习"不可或缺的。

其五,教师需要重复一连串的教学流程——探寻学习者的对话线索,聚焦学习者发言中的重要分歧与对立,并把它板书出来;或者对某种问题的思考,给出选择项,让每一个学习者表明自己的思考。重要的是,通过这一连串过程的反复,让所有的学习者参与。比如,"关于……是对还是错?""现在出现了甲、乙两种答案,你们倾向于哪一种?""A. 肯定对/B. 不确定哪一个对/C. 不确定哪一个错/D. 角度是错的/E. 其他"——给出这些选择项,让学习者思考,就容易明白学习者在思考什么。即便是一连串流程的周期性反复,也应当随着不同的学科、单元、学科内容、学习者的发展阶段而有所变化。比如思想品德科的教学——对道德价值多侧面、多角度的见解与思维方式的"思辨性教学",可以循环周期流程,长跨度地进行。而数学之类的学科是一种积累型的,基础、基本的完全不懂,很多学习者难以参与。这样,教学的前半部分应以教科书水准的问题、教学的后半部分以超越教科书水准的问题,一连串的流程反复二、三个周期为宜。重要的是,不是单纯指向一节课的设计,而是指向跨学科的单元层面的设计。因此,对于一线教师而言,综合地判断旨在实现真正的深度学习的情境与条件来展开教学的设计,是十分重要的。

其六,教学终结时对学习过程进行反思,通过分享出色的反思和新出现的问题,同下节课时链接起来。反思的行为不仅在教学终结的时候,而且在教学的种种情境中实施。比如在导入阶段,"我们在前一节课中学到了什么?""记得二次方程式的公式么?不记得的同学,请看看笔记,想想看。""在以往你碰到过这种情形吗?"等等。让学习者回想起过去的学习与经验在这一个意义上的反思,是常常实施的。另外,"为什么会这么设想?""这种假设的根据何在?"等等。在预设与假设的场合,从过去的学习与经验的反思中寻求根据。"从这个实验可以发现什么?"等等,在结果与数据解释的场合,也常常运用反思。在传统型的教学中,往往并不实施这种回顾性的反思,或者仅仅停留于参与教学的态度之类的粗略的等级性评价,和谈谈感想之类的浅层次的反思;或者只是偶尔在教学终结时实施,带有总结性意义的反思。然而,学习者编织自己的话语,在教学中明白了什么、发现了什么,存在哪些疑问,作为一种"归纳"的反思,对于培育自律性学习者是有巨大意义的。

不过,在开始实施这种反思之际,学习者几乎都不可能写出执教者所期待的水准的归纳。于是一些抱有这种焦虑的教师在板书之后,发出指令——把今日的反思写在笔记本上。这种教学的反思是在教师的板书做出"归纳"之后,来写出"明白了什么",容易落入简单化持参与态度的等级性评价,以及感想之类的肤浅性反思。教师应当从这种"学生不能写出反思"的焦虑中摆脱出来。正因为不能,所以才需要教师秉持长期奋战的勇气,发起挑战——让学习者经受长跨度的反复的模拟与打磨,培育反思的能力。在这里,教师必须转换传统的教学观、学习观与儿童观。在学习者不明白学到了什么就结束教学、不会写出反思的课堂中,让学习者暂且模仿教师板书中的归纳,教师手把手地教。这样,通过让学习者把教师的板书记在笔记本上,比之一味强调机械练习的"学习观"(仅仅是让学习者反思教师的讲解型教学,教学的归纳是教师板书之后才明示的教学观,记住教师所板书的重要事项与归纳,通过反复练习推迟记忆的忘却程度)以及"儿童观"(儿童终究不能反思自身的学习过程、赋予意义与价值的儿童观),要更胜一筹。

学生最初即便不会写反思,但在早期阶段教师给出关键词和写作的格式,从中选出优秀的反思,指出优点在哪里,显示了怎样的优点,让班级全员分享——倘若不展开这样的指导,学习者没有经受这种锻炼,高阶思维能力是不会自然地掌握的。另外,执教者通过观察学习者的反思,也可以发现自身的教学在多大程度上接近了基于学科素养的深度学习。学习者全员的反思成为指向真正实现深度学习的不断改进教学的有用信息。教师借助教学研究,同同僚一起,反复从所有学习者的反思中,读取每一个学习者学习状态就可以发现,自己的教学在哪些地方,该怎样改进,进一步深度发现每一个学习者的学习,为尔后的教学改进奠定基础。

在知识传递型的教学中注重的是,知识的积累与具体知识的理解,从某种意义上说是一种作为信息的知识。但在知识社会里,知识的网络化是必要的。语词被置于一定的境脉才会产生意义,知识在相互链接之中才被赋有意义的功能。因此,把知识置于一定的境脉来表达是不可或缺的。只有当知识处于具体的境脉之中的时候,才能获得这种知识的深度理解。"深度学习"的实施不仅意味着儿童学习方式的转换,也意味着教师的学习观与教学观的转换。

参考文献

[1] 山田肖子. 知识论:云端化时代的"求知"活动[M]. 东京:东信堂,2019:20.
[2] 阿部昇,著. 实现深度学习的探究教学的创造[M]. 东京:明治图书,2016:46—89.
[3] 钟启泉,著. 读懂课堂[M]. 上海:华东师范大学出版社,2015:63.
[4] 胡衍南,王世豪,主编. 深度讨论教学法理论与实践[M]. 台北:元照出版有限公司,2020:7.

[5][6][9][10][17][19]小林和雄.深度学习的诱惑[M].京都：晃洋书房，2019：28,31—32,35,37—38,39,50.

[7][8][11][12][13][14][15][16][18]佐藤学.学习共同体的挑战：改革的现在[M].东京：小学馆,2018：191,180—183,38,136—137,192,130—131,62,92,138—141.

第六章 深度学习:「对话指导」与「反思指导」

"深度学习"强调学习的焦点在于如何使得学生学会学习、思考与创造。教师的指导作用集中体现在如何为学生提供"有意义学习经验",而这种教学方略可以置换成两个关键词,即"对话"与"反思"。换言之,"对话指导"与"反思指导"是支撑"深度学习"的两根支柱。在深度学习中,学生是主角,教师的责任在于为每一个学生"真实性学习"的演出,提供温馨的舞台。

一、瞄准哲学对话水准的"对话指导"

(一)"对话"与"对话"的五种水准

　　弗莱雷(P. Freire)在其著名的《被压迫者教育学》中倡导"对话式教学"。他认为,传统教育中的师生关系基本上是讲解的性质——讲解的主体是教师,倾听的客体是学生。教师的任务就是灌输知识,而这些知识是远离儿童实际的碎片化的经验,而且在此过程中变成无生命的和僵化的知识。教师讲解的显著特质就是响亮的言词,而非转化的力量。儿童死记硬背这些言词,却不理解其真正的涵义,结局是教育变成一种存储的行动,儿童成为"存储所",教师则变成了"存储者"——这就是"存储式教育"的概念。[1]他列举了"存储式教育"的十大特征是:1.教师教,学生被教;2.教师无所不知,学生一无所知;3.教师思考,学生则是被思考的对象;4.教师讲,学生听——温顺地听;5.教师制订纪律,学生遵守纪律;6.教师做出选择并将选择强加于学生,学生唯命是从;7.教师做出行动,学生则幻想通过教师的行动而行动;8.教师选择学习内容,学生(没有征求其意见)适应学习内容;9.教师把自己作为学生自由的对立面而建立起来的专业权威与知识权威混为一谈;10.教师是学习过程的主体,而学生则纯粹是客体。因此,弗莱雷主张,需要排除传统的"存储式教学",倡导"对话式教学"。对话是促进人类成为一个更能理性沟通的必要素质。

学习是一种"对话性实践",即"同客观世界相遇与对话"(建构世界的文化性实践),"同新的他者相遇与对话"(建构伙伴的社会性实践)。"同新的自我相遇与对话"(建构自我的存在性实践)。[2]深度学习并不是教师单向地传递知识,而是借助同不同的人、事之间的交互作用而实现的。随着学习科学的进展,从20世纪70年代初原本关注个别现象与认知(研究重点置于个人的知识与认知方略)的研究者,到20世纪80年代末几乎都转向了"学习者共同体"与"知识建构共同体"的研究,学校教育中的"深度学习"被置于重点。在"深度学习"中每一个学习者自身的想法得以交流与可视化,这就促进了对"对话"重要性的认识及其研究。所谓"三个臭皮匠,顶过诸葛亮",与其说是三个普通人的智慧合起来顶一个诸葛亮,不如说是直面三个人的差异,促使每一个人重新思考与琢磨,从而产出新的智慧。达于"深度理解"的对话场一般具备如下共同的条件:一是参与者之间拥有共同的对话目标——有待解答的共同的问题。二是容易察觉彼此之间的思考,并发现各自思考的差异。三是尊重思考的差异,反复琢磨各自不同的思考差异,保障学习者能够做出自己的见解,并形成能够接受的答案。[3]

默瑟(N. Mercer,1996)把课堂对话分为三种形态,即"1.争论性对话"——不同意他者的主张及个别决策,由"主张"与"反对主张"所主导。2."累积性对话"——发言者在他者的说法基础上确立正面且非批判性的观点。3."探索性对话"——通常为参与者对他者的见解,有批判性且建设性的观点。理想的对话状态是,每一个人都能自由地表达见解,且合理的观点可以被接受。[4]

根据"OECD教育革新中心"的研究,课堂对话可以划分为如下五种水准[5]。

第一水准——师生之间口头交互作用的传统型。基本上是教师实施的、持续的口头提问。一问一答式的讲授,构成IRE结构,即由"教师提问—学生反应—教师评价"组成。

第二水准——教师介入的对话。维持IRE的模式,但旨在形成有逻辑性的单元排列。或许有苏格拉底式的问答法与比较自由的讨论,但基本上是以教师为中心,指名学生发言。

第三水准——教师主导的课堂讨论与辩论。开始出现以课堂讨论、辩论、表演等方式展开的对话结构。

第四水准——独立的小组讨论。这是从水准二向水准三、水准四推进的模式，以阅读教科书为中心、从教师主导的对话开始的。学生采取提问、预测、归纳等具体行为，逐渐地脱离教师的指令，最终脱离活动结构本身，向着非定型的讨论转移。

第五水准——真实性问题解决的讨论。课堂讨论不再停留于某一个主题，而是将真实性问题的解决作为目标。这里所谓的"真实性"是指学生直面社会生活的实际问题，旨在公共知识的生产与改进的"知识建构"。

实施"深度学习"，意味着打破课堂教学的常规，瞄准哲学对话水准的第四、第五水准的对话教学。这种可持续的、有意义的课堂对话一旦形成，就必然会产出学习创造的共同体。

(二) 深度学习中的对话

所谓"对话教学"，即相互对话的教学。比如在小组学习中进行角色分工——司会、发言者、体悟者、记录者，展开班级中对话方式练习。在这里，强调区分"对话"一个人还是几个人的对话，是没有意义的。这是因为，人在深度思考的时候会自言自语，借助不出声的内部言语，反复同自身对话。同样，单纯强调同他者的对话也是不恰当的。这是因为，仅仅传递彼此的想法，即便思考的幅度扩大了，但未必有思考的深度。"深度学习"中的"对话"不是单指同他者的"对话"，而是指"三种对话"——同自己的对话、同他者的对话、同客体的对话，以及这三种对话的交互作用。特别是反复地进行编织自己的思考与见解的、同自己的对话与同客体的对话，才能走向"深度学习"。哈佛大学的珀金斯（D. Perkins）通过分析"协同学习"（collaborative learning）中对话的案例表明，倘若教师不适当介入的话，即便是借助他者的多样的思考、拓展多角度、多侧面的思考，往往也会流于浅层次的"合作学习"（collaborative learning），难以深化思维。通过教师适当地介入，借以提升对话的质量，是深度学习不可或缺的。

那么,怎样的对话可以提升思维呢?"深度学习"中的对话不仅是"同他者的对话",而且是"同客体的对话"——满载先哲优秀的思考的教科书、自然的事物、现象与教学的现象,或者道德价值等的"同客体的对话",以及"同自身的对话"——旨在建构自己的思考与见解的框架与心智模型的同自我的对话。在历来的汲取"协同学习"的教学中,其根本的不足之处在于,三种对话中特别是"同自己的对话",非常薄弱。要在"深度学习"中构筑"思考的课堂文化",就得让整个班级集体不断靠近认知极限水准的问题——每一个学习者拥有初步的思考;几乎所有学习者处于"不理解"的状态;学习者感到"不理解"的愉悦——那么,真正的探究学习是可能的。这种从自己相遇"不懂"到发现喜悦,是一种深度思考的哲学。当学习者在寻根究底的探究之中,编织客体的意义与关系的"哲学水准"的对话,因而"思考的课堂文化"得以构筑的时候,也就意味着真正的"深度学习"得以实现的精度与频度。

"哲学对话"有多重意义、对话方式和实践案例。日本学者指出,在"问题·思考·表达"的对话中必须遵循七项规则。日本学者小林和雄倡导把课堂对话的质量提升到"哲学对话"高度的规则,这就是:1.畅所欲言。2.不否定,不修饰。3.容许闷声不响,专心听取。4.彼此切磋。5.不是凭知识、而凭经验展开言说。6.容许言说不一贯、变更见解。7.宽容不理解。[6]这里的"畅所欲言"是"哲学对话"的准则。创造"畅所欲言"的课堂说起来简单做起来难。这是因为,历来的课堂教学目标是达到"懂"与"会",每一个学习者以为把自己的"不懂"与"不会"披露给他者是一种耻辱。这样,教师仅仅是面对学习者声称"要畅所欲言""课堂是出错的场所""不懂就说不懂"之类的话,是不起作用的。要打开这种局面,通过结对讨论和小组讨论,为那些在全班同学面前不敢表述的学习者,创造一个易于表达自己思考的环境,特别是结对讨论,对于创造对话的学习环境是有效的一种方法。因为,结对讨论没有旁观者,只有言者或听者。因此"深度学习"比较容易实现。当然,要保障真实的深度学习,仅仅是导入结对讨论与小组讨论是不够的,必须提升结对讨论、小组讨论以及在全班中展开"同他者对话"的质。深度学习中的对话方式,重要的是寻根究底、不耻下问,真正理解对方发言的意图与意涵。赫灵顿(J. Herrington,2000 年)倡导真正的"深度学习"活动设计的视点,如表 6-1 所示。[7]

表6-1 "深度学习"活动设计的视点[①]

1. 同现实社会的链接
2. 无明确的解的课题
3. 持续地探究
4. 多样的学习资源与愿景
5. 协作
6. 反思
7. 跨学科视点
8. 综合性评价
9. 凝练的产品
10. 多样的解读与成果

墨菲(K. Murphy,2018年)倡导的"问题树"概念架构,可以为教师提供有力的对话指导的支撑。所谓"概念树架构"是把儿童在对话过程中出现的种种问题,归纳成从"测试型问题"到"求知型问题"的序列,就像树的枝杈由下而上层层递升那样,在"求知型问题"中可分成六个问题类型,即"追问型问题、推测型问题、归纳型问题、分析性问题、感受型问题、链接型问题"。上层的开放性问题可以引发高阶思维,展开批判性思考。倘若教师能够依据"问题树"架构作出问题的分类,就便于引领学生认识自己提问的类型层次。这样就可以使得讨论由浅入深,最终进入"深度讨论"的境界。[8]

基于"哲学对话"建构"思考"的课堂文化,重要的课题在于,"哲学对话"中发现"不懂"是有价值的,"为什么、怎样、从哪里切入、比如"之类,不断地追问主张的根据与具体的案例,致力于彼此发现"不理解"之处。当学习者之间形成了相互讨论、相互倾听的关系之际,才称得上"哲学对话"。这样,特别是提出逼近认知极限水准的问题,坦诚地切磋,打破砂锅问到底,彼此交换见解,发现"不懂"的价值,挖掘"不懂"的程度,反反复复地拷问、思考、表达的"哲学对话"就自然会发生。在这样的课堂里,"哦,原来如此!""好例子,明白!""唉,怎么回事?""唔,是这样的。""嘿,真棒!"——从洋溢着学习者的愉悦的欢声里,可以体现出丰富而优质的"深度学习"的过程,反映出每一个学习者学习的戏剧性高潮。

[①] 久保田贤一,今野贵之,编著. 深度学习的环境与ICT[M]. 东京:东信堂,2018:100.

所谓通过"对话性学习"培育"核心素养",不仅是指培育合理的"思考力·判断力·表达力",而且也是培育尊重多样的他者,诚实地致力于同他者合作、共鸣与分享意义世界的人格品性。

二、瞄准反思水准的"反思指导"

(一)"反思指导"必须满足三个条件

弗莱雷(P. Freire)倡导"行动的反思"与"反思的行动"。"对话"并不只是单纯的人际沟通,而是一种开展批判意识的过程。同"深度学习"相关的反思水准的"反思指导",需要满足如下三个条件,这就是:基于学科素养的深度学习;主体性对话的深度学习;学习者自觉地认识到自身学习深度的深度学习,否则就不可能有真实的"深度学习"。"深度学习"的三层效果——"知识能够保存在长期记忆之中,能够灵活地在未知的情境中运用,师生双方能够体悟到学习的愉悦",也就不可能提升。

要实现满足了三个条件的真实的深度学习,旨在学习者觉悟到自身学习深度的教学终结之际的"反思"是不可或缺的。如前所述,"反思"有三种功能:1.确认学习内容的反思。2.把现在与过去的学习内容加以理解、进行概括化的反思。3.把学习内容同自身挂钩、体察自身变化的反思。晚近把一种事实的确认作为"总结"置于教学的过程,着力于知识技能的巩固,来实施的居多。这种终结的"反思"不仅作为总结性事实的确认,而且把学到的知识技能同既习得的知识链接起来,在新的情境与不同的情境链接知识,活用知识,是值得提倡的。

(二)怎样的"反思指导"才能实现深度学习

在传统型的教学研究中缺乏的是"对话指导"与教学终结时的"反思指导"。以往尽管指出了反思的重要性,但教学终结时的反思,不过是一种点缀而已。许多教师并不认识何谓"反思",几乎没有具体地解读"每一个学习者自身的学习过程赋予价值与意义的反思"。当我们致力于实现真实的深度学习的时候,能否把基于学科素养的理想的"反思"作为方向目标来设定,进行逆向教学设计,是成功与否的关键。

在学习活动的终结阶段,进行余韵留存的"反思"是重要的。具体地说,可以让学习者感受到如下的余韵:一是充实感。在学习活动结束之际,即便不言语,也会让人有心情愉悦的气氛与感受,体察到学习活动的充实感,期待接下来的学习活动。这种感受是受如下要素支撑的。一是"达成感"。学习活动结束时产生一种"确实如此"的心情。在学习活动终结时实际感受到"会做了""大概能行了"也是重要的。二是"自我有能感"。面对学习活动的终结,能够实际感受到自身的成长也是重要的。感受到自身的有能感,能够对学习活动自身的姿态有一个肯定性的把握,可以唤起尔后的学习活动的积极性。在获得自我信赖的同时,爆发出一股干劲来。三是"一体感"。通过学习活动感受到"大家一起学习的快乐",感悟到协同学习的价值是重要的。[9]学习活动中的集体活动多于个人进行的活动,在这里期待确认自己的思考、交流与发展各自的思考,实际感受到"协同学习"的优越与快乐。

当下有越来越多的普通高中指导学生学会反思性的自问自答的提问,着力于培育如下五种理性的习惯,亦即:1. 我是从怎样的视点出发,进行阅读与倾听的?2. 自己怎样才能知道自己理解了?根据何在?有多大的可靠性?3. 人、事、物之间有着怎样的关联?原因与结果是什么?如何应对?4. 如果是那样的话,会出现别的什么情况?有什么别的选项,或者已有了别的选项?5. 原来是这么回事?为什么那么重要?结局意味着什么?谁发现的?——类似这些提问,是学生在学校课堂学习中应当着重学会的。课堂学习的定义可以借助这些提问得到拓展,适于丰富的信息世界的思考与活动的类型是无穷尽的。[10]

(三) 探究的叙事

如果说"深度学习"是一种螺旋型上升的探究过程,那么,"深度学习"的反思就是"探究的叙事"。这种叙事必须有两种构成。其一是,旨在知识的运用、依据发现的逻辑而展开的认知性侧面。其二是,在怎样的场面发生了怎样的情绪,从而借助怎样的事件而发生了变化与持续的情绪性侧面。探究是"指向问题解决的探险"。在这里伴随着混沌、期待、失望、努力、克服、达成等一连串的情绪活动。[11]

基于学生全员的反思，求得"深度学习"高精准度水准的教学，对于一线教师的教学研讨而言，是一种高难度的挑战。执教者从教案中设计的理想的反思出发，把自己对教学的思考与愿望告知观摩者，观摩者则主要着眼于学习者学习的姿态——每一个学习者拥有怎样的思考，在结对与小组学习中进行了怎样的对话，从而产生了怎样的学习。这样，在这种教学研讨中无论执教者还是观摩者，从对话与反思中发现每一个学习者的学习深度与学习者点滴进步的面貌，教学研讨会就会成为同执教者一起探讨真实的深度学习的改进方略的研讨会。而贴近每一个学习者，倾听他们的对话，阅读反思的描述，对于观摩者而言，也是一种对自己的教学能力极限的高水准的挑战。每一个教师交流各自的经验与观摩的教学的反思的证据，不管经验优劣与否，可以从出色的与不出色的执教者中学到很多东西。在这种教学研究中容易形成畅所欲言的状况，超越教师对话的立场的差异，形成真正相互倾听、相互切磋的"哲学对话"。所以，不是以单纯执教者叙述反思而告终，而是作为教学研讨会的反思，叙述所有教师从教学中学到了什么，并从相互的叙事中分析研讨所获得的见解。

反思不仅是叙事，而且需要教师借助反思，分享可视化过程，包括每一个学习者学习过程的意义、价值与关系等的见解，并付诸实践——这无论对教师还是学习者都是重要的。课堂学习是作为每日每时的教学连续进行的，每一个学习者把自身的学习过程赋予意义与价值的反思表达出来，教师把优秀的反思作为一个整体串联起来进行思考与分享，通过培育学习者主动地面向尔后教学的学习态度，教学就会日积月累，一步一步地发生变化。不过，这里重要的是，这是一种"方向目标"，是旨在每一个学习者的反思中发现每一个学习者的学习深度，从而致力于教学的改进。

深度学习的课堂归根结底是一种编织诗意的多声交响的故事的场域。"在这个知性探索的戏剧舞台上，每一个特定的儿童与特定的教师作为协同学习不可或缺的演员，不断相遇与对话，形成知识探究的戏剧，就像叙事诗、抒情诗、诗剧那样，编织着多声交响的故事，引人入胜"。[12]实现"深度学习"对于每一个教师而言，都是一种对认知极限的挑战。日本学者庄井良信（2018年）研究了这个"多声交响"的舞台上"反思性话语的位相转换"，揭示了"反思性实践的话语"存在五种位相，而每一种位相又存在两种水准。[13]

表6-2 反思性实践话语的位相①

浅层反思的话语	深度反思的话语
• 儿童"不在"的话语	• 儿童"存在"(实在)的话语
• 生活概念或科学概念均是封闭的话语	• 生活概念与科学概念循环往复的、学术探究开放的话语
• 自说自话的、独善的、价值解释的话语	• 多声对话的、价值创造的话语
• 局限于认知水准描述的话语	• 囊括了认知的、情感的、具身描述的整体性话语
• 回避发言者实践中的困难与矛盾的话语	• 直面发言者实践中的困难与矛盾的话语

三、深度学习与"学习共同体"

(一) 何谓"学习共同体"

"学习共同体"(learning community)原本是巴恩斯(L. Barnes)在1994年提出的班级运营的概念。"学习共同体"就像生命体那样,是活灵活现、动态发展的。当然,它既非生物学意义上的生化物质,亦非建筑师按照设计图纸建造起来的建筑物,它是用来诠释集体社会的状态——"要做什么、在做什么,能做什么"的一个概念。因此,巴恩斯说:"在真正的'学习共同体'中拥有各式各样背景的个性集中在一起,每一个人为了自己与集体的'学习'而相互协作。学习者彼此关照,对彼此感兴趣的学习课题开展开放性对话,展开深度讨论。发言者不仅叙述自己的想法,也验证与修正自己的想法。不固执己见,取而代之的是彼此兴趣盎然地倾听。见解的分歧不是论争而是友善地提问。在无休止的活动之中学生不求廉价的满足,而是孜孜以求,发现价值。"[14]这就是说,所谓"学习共同体"是表示多个参与者建设性地探讨共同的学习课题的学习状态。一旦形成了参与者彼此拥有兴趣,相互尊重的共同体,那么,基于参与者的"协同"(collaboration)的恩惠就会极大地扩及整个课堂的知性活动,而教师的作用就在于,援

---

① 日本教育方法学会,编. 教育实践的传承与教育方法学的课题[M]. 东京: 东京图书文化,2018:131.

深度学习　Deeper Learning

助参与者借助交互作用而形成共同体。在这里,出自教师立场的"教授"的重要性及其负荷并不会缩小,反而因为学习者的集体自律性,相互探究活动的力量相应地提升,所以能够大大地提升教师的课堂教学效果。从这个意义上说,"学习共同体"是一种提升学习效率的"智力加速器装置",深度学习的课堂也可以谓之"智力加速器教学"。不过,这种"装置"不是由机械构成的,它跟功能性装置有着鲜明的差别。其构成要素的核心是"人",也可以视为一种更加有机的土壤。"学习共同体"是需要一线教师在不断地揭示目标形象的过程中,花费时间与心力去耕耘的一片沃土。

(二) 编织"我的故事"

"学习"即参与共同体。"即便授予何等杰出的真正的文化,只要以为那是遥不可及的能人之事,那么对于儿童而言,只不过是并未纳入自身实践活动之境脉的东西,纯粹与己无关。这就意味着,这个'我'理所当然地应当由'我自己'全身心地'参与'。换言之,意味着每一个学习者编织'我的故事',并且构成整个'共同体的故事'的一部分"[15]。那么,"深度学习"的课堂该如何促成每一个学生编织"我的故事"呢?

注重"三德"与温馨的氛围。深度学习的课堂倡导"三德",即"勇气""礼节"与"宽容"[16]。所谓"勇气",首先指的是"敢于发言"的勇气。深度学习的课堂是比现实社会更能安全地发言的一种场域。即便如此,面对众多的人发表自己的见解,还是需要勇气的。倘若闯过了这一关,那么接着就需要有"敢于交锋"的勇气。建设性的反驳与对立是"真实性学习"不可或缺的。绝不应当回避对立,唯有拥有勇气去直面对立的见解,才能深化讨论。所谓"礼节"是指同伙伴进行作业时的礼仪,是纯粹强有力的一种美德。借由虔诚的态度与协作的口吻,可以提升彼此交流经验与洞察的开放性氛围。大凡能够掌控好"礼节"这一阀门的人都会带来有效对话的成果。对他者不忘礼仪与敬重之心,发言量自然会增加。这样,参与者之间的理解就能深化,各式各样的问题也得以更好地解决。所谓"宽容"亦即接纳多元立场的度量。每一个学生每日每时经历纷繁复杂的探讨的磨砺,构筑有别于自身立场与思考的同伙伴之间的信赖关系,这是大大有助于提升自己的度量的。可以说,"三德"是构筑"学习共同体"的重要条件。另外,深度学习的课堂需要苏格拉底式的知性训练,也需要温馨友好的课堂氛围。唯有温馨的课堂氛围才能打消学生内心的重重困惑与疑虑。巴恩斯说,"在这里,教师需要采取两种态度:一是能够评估性地倾听学生的发言,二是能够建设性地应对学生的发言"[17]。当教师真诚地对待每一个学生的发言的时候,他们才能感受到自身存在的意义。倘若教师尊重学生的态度持之以恒,"学习共同体"不可或缺的"信赖感"就得以形成,而通过教师真挚的倾听与回应,也就能把学生原本单纯的想法提升到有价值的发言的高度。

注重学生元认知的孕育。在展开深度学习的过程中,亦即在师生不断地琢磨、探讨、矫正自己思维过程的机遇中,往往需要反思性思维(元认知)的介入。不过,在这个过程中学生的元认知程度,依存于教师对"元认知"的重视程度。就是说,取决于践行这样的教学实践,即 1. 教会怎样的元认知。2. 形成何种程度的元认知。在任何一种教学活动中重要的是,如何以学生自身的思维过程为对象,指引发现问题所在、产出新的思考的方向;如何创造对学生自身有意义与价值的某种学习环境。因为,倘若是单纯地教授元认知的知识,却离开了运用这种知识的情境,不明白这种知识为什么是有效的,是难以体悟到自己的思考究竟产生了怎样的变化、对自己的学业成绩带来了多大的改进的。学习者也就不会变更自己所习惯了的思维方式,不可能培育真正意义上的元认知。唯有当学生在自己的实际行为中取得了实际的体验,才能真正理解教师所教授的元认知方略,应当在怎样合适的时机(何时用、何处用、为什么用、怎样用)运用,才能发挥最佳的效果,也才能亲身感悟到自我效能感。[18]

实现真正的"深度学习"是每一个革新的教师直面的永无休止的挑战。教育实践是把某种文化作为历史地形成起来的活动,以社会共同体(集体)——教室、学校、社区、家庭等作为舞台而展开的。在这种舞台上作为演员登台的,是特定的学习者与教育者。从这个意义上说,课堂也是特定的学生与特定的教师,作为"深度学习"不可或缺的演员,不断相遇、不断学习的戏剧的舞台。在深度学习的课堂里,借助具身的交响、相遇与对话,建构知识探究的戏剧。

参考文献

[1] 弗莱雷(P. Freire).被压迫者教育学[M].顾建新,译.上海:华东师范大学出版

社,2000:25—26.

[2] 佐藤学.培育作为专家的教师:教师教育改革的宏观设计[M].东京:岩波书店,2015:104.

[3] 日本国立教育政策研究所,编.素质·能力(理论编)[M].东京:东洋馆出版社,2016:171—172.

[4][8] 胡衍南,王世豪,主编.深度讨论教学法理论与实践[M].台湾:高等教育出版社,2020:9—10,25.

[5] OECD教育革新中心,编.学习的革新:21世纪型学习的创发模型[M].有本昌弘,主译.东京:明石书店,2016:100—101.

[6] 小林和雄.深度学习的诱惑[M].京都:晃洋书房,2019:62—63.

[7] 久保田贤,今野贵之,编著.深度学习的环境与ICT[M].东京:东信堂,2018:100.

[9] 田村学.深度学习[M].东京:东洋馆出版社,2018:213—215.

[10] A. Collins, R. Halverson,著.数字社会的学习方式:教育与技术的再思考[M].稻垣忠,编译.京都:北大路书房,2012:186.

[11] 藤井千春,著.借助问题解决学习培育核心素养[M].东京:明治图书,2020:69.

[12][13] 日本教育方法学会,编.教育实践的传承与教育方法学的课题[M].东京:图书文化,2018:127,131.

[14][16][17] 竹内伸一,著.案例教学法入门[M].东京:应庆义塾大学出版公司,2010:36—37,39—40,41.

[15] 佐伯胖.何谓"学习"[M].东京:岩波书店,1995:204.

[18] 高垣真由美,编著.教学设计的最前沿Ⅱ:创造理论与实践的知性过程[M].京都:北大路书房,2010:61—62.

第七章 深度学习视域下的课外作业

在学校教育中,课堂学习与课外学习是相辅相成的。课外学习一般采用"课外作业"的形式,它是培育儿童"自主性""自律性"的重要领域,绝非可有可无。然而,传统的课外作业却毁灭了学生的学习积极性,成为教学制度的一个毒瘤。我们需要重新审视"课外作业"的概念,改造"课外作业"的系统,使之成为每一个学生发现学习价值、发挥自己才智的新机遇。实现"课内课外""线上线下"一体化的"无缝学习",从而获取最大的学习机会,是"深度学习"所需要的。

一、课外作业的性质与功能

探讨这个话题需要有一个根本性的前提条件,即变革学校课程本身。多年来我国应试教育的课程设计是以"重脑力、轻体力;重认知能力、轻非认知能力;重学科知识、轻跨学科素养"为其基本特征的,同新时代的"核心素养"背道而驰。[1]这种应试教育课程的目标与结构应当改弦易辙了。学校课程整合化——求得体力与脑力发展的均衡、认知能力与非认知能力的均衡、学科知识与跨学科知识的均衡,势在必行。

艺术是人类最基本的经验。学校教育中开发艺术课程具备脑神经科学的依据:"人脑是以沟通的形式,形成加工语言与音乐两个方面的精巧的神经网络"。音乐——听觉皮层中的某种结构只对音乐的音调做出反应。舞蹈——大脑的一部分与几乎整个小脑专司一切(从激烈的跑步到手腕的精细动作)运动的发动与调整。戏剧——大脑的特定领域专司口头语言的处理,谓之"边缘系领域"(情绪调节中心),提供情绪性的要素。视觉艺术——脑的视觉皮层处理系统唤起现实性,易于形成想象力。前额叶皮层是脑的执行控制的领域,这是控制所有的信息、助力各个领域做出适当决定的部位。脑的这些功能不是偶然发生的,它是人类同环境经年累月交互作用的结果。这些功能的持续存在,表明对人类的繁衍生息有着无与伦比的贡献。

法国数学家庞加莱(J. P. Poincare)指出,"发现凭借直觉,证明依靠逻辑"。艺术课程有助于促进人的认知性成长与社会性成长。因为,"艺术集中了超越人类参与的一切领域的技能与思维过程"。"发展艺术的技能意味着创造性、批判性思维、沟通技能、个人的自立性与自觉性、协同精神的涵养"。因此,全美学术会议(简称NRC)倡导"科学·技术·设计·数学"(STEM, Science, Technology, Engineering, Mathematics)的理论框架,尔后又纳入"艺术"(Arts)课程,形成STEAM,这是一个旨在改进中小学科学教育薄弱环节的课程设计方案。[2]

"课外作业"的陋习可谓积重难返。时代变了,社会的诉求与学生的需求变了,学校的课外作业(家庭作业、校外作业)却一成不变——这就是当下严峻的现实。然而,倘若课外作业一味地旨在求取"高分",把学生牢牢地捆绑在教科书中而不得动弹,是不会给学生带来内发性动机作用的(我国应试教育背景下"课外作业"的概念变得愈来愈窄,张口闭口"写作业",就是一种畸形的表现),也是对学校教育本质的扭曲。因此,问题的症结不在于课外作业的存废与否,而在于我们必须改变对"课外作业"的思维方式,重新定义"课外作业"。

教师每日布置课外作业往往成为一种必须完成的义务,学校和教师一旦迎合了这种旧习,也就无异于剥夺了学生创造最有效的学习经验的独立性。每天做课外作业不仅是非生产性的,而且给学生和教师带来疲惫感,导致学生厌恶学习。对于家长而言,徒然造成亲子之间在做不做作业问题上的紧张关系,同时对学校与教师产生不信任感。事实上,教师每日布置课外作业会衍生出诸多的问题[3]:1.轻视放学之后学生进行的体育活动及其他社团活动的价值。2.教师强加给学生的课外作业枯燥乏味,他们察觉不到其意义,因而只能勉强应付。3.课时已是满满当当,没有探求别的学习的可能性。针对这些问题,我们或许可以转换思路,寻求别的方法,诸如采取废除课外作业(家庭作业),或起码可以任凭自由选择的做法。从集聚小小的成功案例开始,一点一滴地加以改进。比如[4]:

——容许教师不布置作业,让教师从必须布置课外作业的义务中解放出来。学校的课堂对学生而言,就是"工作的场所",每周上30—35节课,已经够多了。每天晚上还要追加枯燥的作业,无异于是"加班加点"的不当行为。

——明确区分"必须做的作业"与"支撑学习的提案"。"培养好习惯"与"做好练习题"并不是一回事,两者是有区别的。我们可以从区分其间的差异开始,比如,在家庭里重视亲子阅读的价值。在这种场合并不是做什么作业,而是亲子一起分享阅读——"记录一下阅读的页码与花费的时间",或者"在阅读过程中写下要点"之类,寻求亲子阅读的乐趣。这种阅读的结果是,增加语汇,让学生学会流利地朗读。过分地让学生服从指令做教师布置的作业,无异于剥夺学生阅读的乐趣。

——用不同于以往的方式提示作业。倘若非得布置作业不可,也可以采用诸如每天晚上阅读20分钟的自选书籍、散步、同家长交流自己在上课中的心得、做棋盘游戏、从事志愿服务活动、跟住在远处的亲戚朋友打电话、报告近况等方式。

这就是说,课外作业需要转型。策略之一,明晰学习责任的承担。单纯地布置作业并不能达成这些目标,以为只要是布置了作业就能让学生带来戏剧性的责任感,是不现实的。这种取向只能模糊、混淆学习的目的。谁都知道,学生往往丢三落四,时间被浪费、优先顺序乱套,毫无计划性与责任感的表现——教师的对策应当从改变这些恶习开始,采取示范之类的有效方法,切实地告知该采取怎样的行动。具体地说,怎样记住提交作业的日程,如何有效地管理时间,如何负责任地完成自己该做的事情。同时,需要让学生掌握如下的技能:1.制订学习计划,尽可能地管理好时间。2.以有效地形成学习习惯作为目标。3.通过明确班级中的角色分工(比如,分别负责资料管理、资料分配、监督、记录、告示、代理等),各自承担起自己的责任,特别是褒奖负责任的行为。

策略之二,构筑促进深度学习的建设性关系。构筑师生之间的信赖关系为发现每一个学生提供了一个契机,也有助于他们发觉自己所擅长的学习方式,提升学习动机。这是因为:1.教师真诚地面对每一个学生的行为,比之话语更有说服力。教师在课堂中和颜悦色,不仅是发出对学生而言是最重要的存在的信息,而且从学生的脸色与神态也可以了解他们的精神状态。2.有助于发现学生的细微之处并做出反应。哪怕是一个微小的变化,一旦被谁发现了,人人兴高采烈。对于难以进入集体的学生也是同样——"这是新鞋?""头发剪了?""昨天生日的蛋糕如何?"——之类的话语,体现了教师不仅关注课业的问题,而且也关注每一个学生拥有的兴趣。3.调动"相互理解"的能动性。4.反复激励成长的动机。教师不宜一味地夸赞学生的"能力",因为这样做无异于否定"努力"。教师做出的反馈应当有助于激励学生提升自我成长的"自信"。因此,需要纠正如下的反馈方式[5]：

表7-1 矫正教师反馈的方式①

被替代的夸赞话语	尝试用激励的话语
• 你才华出众。	说明你做出了努力（举出具体的事例）。
• 你有写作的天赋。	你关注了如何表达自己的见解（主张），作文也不错。
• 你成绩骄人。	自己的努力结出了果实，为你高兴。
• 你天资聪慧，聪明过人。	此题不适合你的水平，准备好明天挑战有难度的课题。
• 再接再厉，再造辉煌。	再加一把劲，明确下一步该做些什么？

二、拓展深度学习的疆界

（一）规范数字媒体的运用

教师布置的课外作业大多是强制性地要求学生采用陈旧的纸笔"写作业"，无视学生的好奇心。这种状况只会给学生带来双重的苦楚：一是对学习内容不感兴趣，二是对完成课题的方法感到讨厌。当今时代的学校和教师应当顺应而不是抵制数字化的潮流。面对数字化的学习，必须改变如下的看法：1. 把社交媒体视为对健全学习的威胁，极力抵制，设计禁用社交媒体的校规也阻止社交媒体进入学校。2. 几乎关闭学生学习面向社会的所有窗口。其结果是，学生不能作为出色的数字公民展开行动，只会在网络上相互攻击。

在课堂学习与家庭作业中只能使用纸笔的规则，并没有反映现时代的技术进步。学生生活在数字社会里，他们运用信息技术，经历着如今的成人在年轻时代不可能经验到的事物。这不是要强制学生去再现成人的经验，而是学校应当适应时代的变化，在课堂内外的学习中采用ICT和社交媒体。学生一旦体验了数字媒体，他们就能够发展有

---

① S. Sackstein, C. Hamilton. 挑战课外作业[M]. 高濑裕人，吉田新一郎，译. 东京：新评论社，2019：59.

助于未来生活的数字技能,掌握有助于人格与学业双促进的"21世纪型能力"。

学校面临的挑战性课题是:1.规定使用数字媒体的可能范围。随着社会数字化的进展,利用数字媒体的场所会越来越广,学生必须早早地学会数字化技术的运用。在课堂中应当从小学开始就展开关于数字社会的讨论,通过学生讨论参与数字社会的方法,理解学生的现状,找到正确的指导方法。2.运用因特网。学生探究感兴趣的问题、拓展超越课堂的视野,就能够掌握更多的必要信息。3.调查学生利用数字媒体的方法,重要的是让他们处于能够自由地利用数字媒体的环境。当然,数字媒体只是支撑学习的一个工具,并非没有它就不能学习。但在学生拥有数字媒体的场合,就可以选择纸笔作业之外的方法。4.学校的同伴讨论如何使用数字媒体。重要的不是靠教师一个人去教,而是同同伴进行信息交流,一起去教。这就要求教师调整学生利用数字媒体的规则——学生仅仅明白使用规则是不够的,必须理解怎样做才算有规则,如何去遵守规则。比如,低年级学生限定于班级的公开交流,高年级学生利用因特网公开交流学习。这样,学生就能够自由地使用数字媒体。同时,学校与教育行政规定家庭中数字媒体的使用方法,通过示范使用适当的社交媒体并进行练习,直到他们能够熟练地使用为止。不管好坏与否,学生已经处在日臻成熟的媒体技术环境中,否定这一点,无异于无视现实。

(二) 因应学生需求的作业

课外作业不应划一化。实施划一的教学方式对学生而言是无益的,每一个学生的学习速度是不同的,无需给所有的学生布置同样的作业。我们可以从如下三点发起挑战:1.不问每一个学生理解程度的差异,布置同样的作业。2.布置过分简单的作业毫无意义,只能引发学生与家长的不满。3.由于学生学习进度不同,或许会有错误理解了教学内容,却要硬着头皮去做作业的情形。要剔除这种错误是极其困难的。费希尔(D. B. Fisher)和弗雷(N. E. Frey)的研究表明,教师应当根据不同的目的,因应学生需求,设计不同类型的作业[6]:

1. 提升流畅性的作业——旨在让学生进行业已掌握的技能熟练的练习。比如,每晚15—20分钟的阅读,可以说是提升阅读流畅性的一种好方法;旨在九九口诀的熟

深度学习　Deeper Learning

练,在规定时间内(比如一分钟之内)能解多少计算题的练习。

2. 螺旋型反思的作业——这是学习新的概念与技能之际所必须的,旨在激活学习者业已拥有的知识背景。比如,在热传导的化学单元中围绕已经教过的"共价结合"与"离子结合",以及两者的极性,进行出题。

3. 应用型作业——旨在为不同情境下应用新近学到的技能提供机会。比如,语文教师让学生观看戏剧、电影,参观博物馆的展览,然后给他们布置作业:同教学的内容链接起来,一学期写一篇作文。

4. 拓展型作业——旨在深化、整合2门或3门学科的知识。比如,布置写作,写一篇有说服力的演讲稿,或者写一篇有关治理大气污染的必要性的文章,等等。

费希尔和弗雷还探讨了教师在编制有效的课外作业时应当思考的问题,见表7-2。

表7-2　创造有效的课外作业[①]

作业目的	特征	应当思考的问题
提升流畅性的作业	• 提供多样练习的机会。 • 聚焦一种或两种技能。 • 同别的技能与知识的链接。	① 学生完全理解了有关的技能吗? ② 不是考虑怎样运用技能,而是求得流畅性,设计难易度适中的课题。
螺旋型反思的作业	• 学生运用业已学过的知识与技能。 • 让学生自己确认是否理解了,反思自身的学习。 • 把当下学到的知识内容上升到概念理解的高度。	① 业已学过的知识与技能在今后的学习与评价中是重要的吗? ② 如何强化学生的元认知,以便学生能够熟练地运用知识与技能? ③ 业已教过的哪些知识与技能有助于当下的教学?
应用型作业	• 运用技能或者运用规则解题。 • 在新的情境中运用业已掌握的技能。	① 学生要运用哪些规则与原则解题? ② 学生拥有了哪些必要的知识背景去理解新的情境与场面?
拓展型作业	• 产生新的理解。 • 产出新的成果与思考。 • 运用多样的知识与技能。	① 课题能够形成新的知识与概念吗? ② 是否能够产出以往未曾想到的成果与思考? ③ 要完成课题,对学生而言,需要怎样的知识与技能?

---

① D. B. Fisher, N. E. Frey,著."学习的责任"在谁:借助"责任过渡模型"变革教学[M].吉田新一郎,译.东京:新评论股份公司,2017:199.

莱莫夫(D. Lemov)指出,练习文化的创造并不是轻而易举的,关键在于认识"练习"的真正价值,揭示何谓"有效的练习"。"练习"的敌人是傲慢、恐怖与自我满足。练习需要谦卑,越是谦卑,就越是能够承认自己的不足,越是能够接纳指导者的意见。他提出了成功练习设计的42项法则(表7-3)[7],不失为开发有意义练习的行动纲领。

表 7-3 成功练习的法则①

一、重建"练习"的概念

1. 让练习者体验到成功的乐趣。
2. 最重要的是精致练习。提炼练习项目,针对2%的关键目标持续地展开练习,可产出最大的效益。
3. 求得彻底熟练的练习。
4. 熟练有助于创造性的解放。
5. 更换目标,聚焦可计测、可管理的"目标"。
6. 发现擅长领域,展开精心打磨的练习。
7. 不是实战练习,而是通过反复练习求得技能的进步。
8. 不是一味批评,而是采用正确的方法求得纠正。

二、思考怎样的练习

9. 分析竞技游戏。人们未必可能带来分析如何取得胜利的技巧,但是,借助观察、获得数据、展开分析可以获得答案,明确技能的构成要素,从而获得惊喜。
10. 分解技能,有针对性地进行练习。
11. 命名能带来出色成果的技能技巧,分享技能。
12. 整合技能,进行真刀实枪的练习,以便能够渐次应对复杂的环境与状况。
13. 制定并修订练习计划。
14. 珍惜一分一秒,形成练习习惯。

三、发挥示范作用

15. 利用示范与练习手册。
16. 在示范之前,宣布注意事项,以便带着战略与意图去观摩示范。
17. 呈示诱人跃跃欲试的范例。
18. 呈示完整的范例。
19. 模仿范例。
20. 呈示经过分解的范例,反复练习,让练习者获得连续性成功。
21. 揭示范例体现的逻辑,理解"怎样"去实现的步骤。
22. 运用录像。作为一种简易的方法,就是利用录像分析示范的活动,供练习者反复琢磨。

---

① 钟启泉.学校的变革[M].上海:华东师范大学出版社,2019:152—153.

续表

四、运用反馈

23. 借助反馈，进行练习。
24. 反馈之后，再做反思。
25. 即时反馈是最有效的。
26. 运用反馈的"鼓动力"。反馈不是单纯用来修正的工具，而是有助于准确认知、反复练习，以及运用于别的情境。
27. 集中精力，攻坚克难。
28. 反馈日常化。一以贯之地做出反馈是理所当然的，形成不仅接纳反馈、而且欢迎反馈的环境。
29. 好的反馈不是指出问题点，而是说明解决方略——做出具体的、明白易懂的、立即付诸行动的指导。
30. 要使反馈获得完美地接纳，就得要求对方归纳反馈的要点，明确优先顺序，决定首要的行动。

五、形成有助于练习的组织

31. 纠错成为练习的一部分。
32. 打破练习的障碍。
33. 让练习变得快乐。引进游戏、竞争和令人惊异的要素，形成有意义的愉快的练习环境。
34. 全员挑战。在真正的学习文化中，指导者不宜袖手旁观，而是亲自挑战，做出积极地接纳反馈的榜样。
35. 增强伙伴之间的责任感。
36. 选择一部分人先行练习，做示范性表演并仔细做出点评。
37. 时时做出支撑出色练习的"称赞"。褒奖的是行动本身，真心诚意地褒奖，形成"认知"的系统。

六、练习无终点

38. 观察熟练与否。
39. 在比赛和表演过程中不宜指手画脚，否则会造成当事者的混乱。
40. 不断交流练习心得。
41. 求得支持与需求的平衡。
42. 采取多种方法（自我报告、观察与评价、成绩评定），收集真实数据，测量成功与否，借以改进练习。

学校需要采取应对学生需求的方式，提供难易度适中的课题，他们才能得到飞跃的发展。课题倘若过分艰深，容易引起学生的挫败感；倘若过分容易，学生就会觉得毫无挑战。维果茨基的"最近发展区"概念表明，学生拥有学习所必须的充分的预备性知识，但仍然需要支持与指导的领域。当布置最近发展区的作业却不提供支持的时候，亲子之间的对立乃至儿童的愤懑是可想而知的。在这里教师需要提供适当的"脚手架",诸如,提供频繁地反馈的机会;根据学生的进步状况调整教学的流程;让学生明确短期性的课题与长期性的课题,等等。

(三) 鼓励学生游戏与运动

"游戏是学习的理想方式"。无聊的课外作业剥夺了学生游戏的时间,学生感到枯燥乏味。而教师对学生是否热心做作业或者如何让他们完成也不感兴趣,他们关注的仅仅是作为考试的一种准备,对学生的需求不闻不问,热心于片面的灌输教学。这样,不仅不能激发学生的好奇心与创造力,也没有任何的"学习主体性"可言。大体存在如下问题:1.教师赶进度满堂灌,没有充分的时间,就把教学中施教的部分内容作为家庭作业来布置。家庭作业不是学生的兴趣所在,目的在于灌输知识、死记硬背而已。2.发展"批判性思维"原本是学校教育的目的,给学生布置无聊的家庭作业并不能养成批判性思维。3.让学生游戏与运动尽管是极其重要的部分,但比之必须教授的内容与习题而言,并不认为是真正重要的。

脑科学研究表明,运动引起生物学的变化,促成脑神经的联结。人正因为有了这种脑神经联结,才得以应对外界的变化。脑神经科学家在探讨这种神经联结的过程中发现,运动是最好的刺激。它有助于提供学习的准备、激活学习的动机、提升学习的能力,特别是有氧运动能够"适应性地"产生戏剧性的效果。所谓"适应性"是指调节身心系统的均衡、使其最大限度地发挥功能。这对于挖掘自身潜能的人而言,是一种不可或缺的机制。美国脑神经科学家瑞迪(J. J. Ratey)为革命性的体育教学模式提供了确凿的证据。他把"体育运动"上升到至高无上的高度:"运动是优化脑功能的唯一的最强有力的手段""运动决定体力""体力决定脑力"。他说:"无论是您的基因、情感、躯体还是大脑,无不渴望运动。人类天生就是运动的存在。当您运动之际,您的人生火花就开始华丽地绽放了。"瑞迪在其《SPARK》一书的扉页,引述了古希腊哲学家柏拉图(Plato)借用神的名义(这里的"神"或许可以理解为人类与生俱来的"天赋")所说的一句发人深省的名言:"神赋予人类求得人生成功的两种本能——学习与运动。不过,神的旨意并非意味着前者陶冶灵魂,后者强健体魄,而是两者兼修,方能锻造灵魂与体魄。借助这两种本能,人才得以成为完美的存在。"[8]

对于今日为应试疲于奔命的学生而言,游戏与运动也是一种解毒剂与预防药。教师与家长鼓励游戏与运动具有极其重要的意义,为此可以做出一系列的挑战:1.抛弃工作单——这是容易做到的。从运用信息技术开始,替代有数十道题目的工作单和练习册,让学生自己提出探究的课题,比如,上网检索,利用社交媒体同朋友聊天;倘若有不习惯于ICT的学生,那就给他们提供20个题目的工作单。学生通过自问自答,可以兴致勃勃地展开学习,这是学生游戏的时候司空见惯的现象。2.控制出题量——给学生出怎样的习题,需要花费多少时间,这些题目是否全都需要,需要全面考量,尽可能少而精。这样,就可以腾出更多的时间,让学生在放学之后从事更多的游戏与运动。3.保障特定的时间,把学习与游戏、运动链接起来,学生就可以从中学到更多的东西。

(四)刺激好奇心:形成学生对学习的兴趣爱好的链接

爱因斯坦(A. Einstein)说:"我没有特殊的才能,只不过有一股狂热的好奇心罢了。"[9]倘若课外作业作为课业的补充来布置,或者通过练习来巩固所教的技能,那么,刺激学生对学习的期待感这一个原本的可能性,就会消失殆尽。

日本脑神经科学家林成之说,"教育即脑育"。"儿童一旦了无兴趣,无所用心,脑就会渐渐地退化"。"脑神经细胞有三大功能,即'求生存''求知识''求伙伴',也可以说是脑的原点。幼儿与生俱来的脑形成信息传递线路的契机,就是对母亲的'兴趣'。对于人脑而言,'兴趣'是一切的开端。换言之,失去了兴趣,思维的机制便不起作用,脑的神经线路也就萎缩了。"[10]

要激发学生的兴趣与求知欲就得避免如下的状况:1.几乎在所有场合,出题的顺序是由教科书知识内容确定的。无论学生还是教师,在课堂内外都被教科书束缚住了。2.无聊的机械训练反而会降低儿童对教学内容的兴趣。练习确实能让学生习得教学的内容,但这不是唯一的方法。教师不妨通过问卷法,调查学生的兴趣,修改教学计划,激励学生的内在好奇心。这里需要破解的难题是:以为在家庭中花费练习是必要的;以为出习题没有必要强调好奇心。教育者的工作就是使学习变得有趣,好奇心应当贯穿于所有活动之中。通过一系列的步骤,这种愿景是可以实现的:

步骤一，采取"协同学习"的方式刺激好奇心。采用激发"赞成/反对"意见的做法，让学生从既知的知识出发，同课堂教学中提供的信息链接起来。或者围绕探究新的内容做出提问。不管哪一种方式，都要使得学生抱着关键的问题参与教学。提问应当是开放式的，回答有多种的可能性，以避免学生把一个问题归纳成为一种答案。

步骤二，让每一个学生围绕探究的课题，作出选择。谁都可以就自己感兴趣的问题做出详尽的解释。因此，学生是在探讨所选择的课题做出回答，在探究回答的过程中可以阅读书籍、向家长提问、网络检索信息，挖掘可供利用的信息源。——如此持续地激发好奇心，通过小组成员各自的聚焦，展开协同探讨，学习的责任自然地会从教师转移到学生自身。

步骤三，把每一个人的学习同意义的建构链接起来，让学生在收集信息之际就分享各自的发现，这样就能把学生分散的信息链接成一个整体的学习。对同样的题目给出不同的视点，学生就能理解，作为证据举出的信息同别的信息有怎样的关联。在这里受到来自别人的刺激会进一步增强自己所感兴趣的问题的探究，从而形成这样的学习环境——每一个学生都能感受到自己作为"学习共同体"的一员。

步骤四，通过单元教学，反思自己的探究活动。在学生披露自己所调查的信息之际，别的学生也能够发现这种信息。即便有差错，也原原本本地记录下来。这些信息在设计尔后的单元时可供参考。教会学生元认知的方法将有助于每一个学生面对人生中形形色色的事件，实现学习的"可视化"。

（五）丰富学生的学习机会：让学生自主地选择作业的内容与方法

一般而言，教育是自上而下进行的。教师并不倾听学生的思考，往往剥夺了学生的学习主动权，一切都是片面地灌输、强制他们顺从而已。不过，强制性地要求顺从，"学习"是不会发生的。这是因为：1.学生的经验与优势并不一样，需求也是多样的。教师不应千篇一律地对待，一种方法不可能对全员都有效。2.学习是在构筑师生协同关系的基础上产生的。不倾听学生的发言，家庭作业的目的就会变得模糊、作业的过程就会变得枯燥乏味。尤其是课外作业的场合，学生拥有发表各自想法的权利。教师不妨着力于拓展学生自身创造学习的机会：1.讨论深度学习的特征。倘有更多的学生参与这种讨论,教师就能把握学生是怎样对待学习的,为达成目标应当做些什么。听取学生对家庭作业的思考,可以思考更有效的课题。2. 教会学生制定学习计划。重要的是学生率先提出自己的想法,这样有助于教师对学生的思考做出即时反馈。3. 接受不同的意见。教师大多否定学生的意见,这不是单纯的习惯,而是想方设法限制不同见解,让学生学会顺从。教师的这种态度只会打击学习的积极性,剥夺学生学习的机会。

这里需要破解的难题是:1. 以为"放任学生选择是不行的"。当然,有的学生会选择"容易的解决策"。但只要学生拥有好奇心,让他们探究喜欢的事物,在学生之间形成良好的关系,有意义的学习自然会水到渠成。2. 教师的工作不是控制学习,而在于形成深度学习的环境——满足每一个学生的需求,有效地利用差异,就能够形成良好的学习环境。3. 以为"学生顺从是必要的"。确实,服从决定也是重要的。但作为教师应当认识到,学生是革新者,应当让他们凭借自身的力量成长,而不是唯命是从。

三、健全课外作业的环境

(一) 让家长成为学校教育的合作者

说起家长在学校的经验,只有自己当学生时的经验。尽管如此,关于学生的学习也有很多家长是堪称专家的。遗憾的是,家长的见解是数十年前的老黄历了,那时只是利用图书馆卡片目录的时代,不是数字化时代。众多家长以为,课堂不过是教师一言堂、学生排排坐、教师提问、学生回答的空间。在他们看来,从课堂到家庭作业,只需死记标准答案,考试满分,就足够了。据此,必须变革家长所持的"学习"的见解与对家庭作业之目的的传统见解:1. 任何一个家长都有过上学的经验。这种经验不管正确与否,会在家庭里同子女谈论学校的事件时产生影响。2. 任何一个家长都希望自己的子女获得成功。不过,他们并不知道成功的标准有多种正解,也不理解关于多元概念与技能的深度理解的重要性。3. 时代变了,学生的需求也变了。教学的方式也应当随之而变。但是,家长并不了解这种转型是怎样的,为什么新的教学模式需要在支撑校内外的学习的基础上才能有效。

因此,学校面临的一个挑战性课题就是"家校合作"。教师需要探寻家长的需求,对家长说明教育变革的必要性,从而让家长从新的视点出发看待学习,借以发现自己学生时代的体验应当如何修正,同新时代所要的行动与目标链接起来。转换家长对学习的看法,在构筑家校的合作关系上非常重要。这里需要破解的难题是:1.家长以为,教是教师的工作,不是自己的工作。这种想法根深蒂固。教师的责任与家长的责任是交织在一起的,家长终究是儿童的第一任教师,拥有极大的影响力。2.学生应当做的课题由家长替代。过分溺爱,家长替代做作业——这个问题本身就说明,历来的家庭作业是没有效果的,其解决方略就是不再布置家庭作业。3.深层次的问题是,贫困家庭大多倾向于"应试教育"(浅层学习),富裕家庭大多倾向于"素质教育"(深度学习)。这是由于"贫富两种家庭之间的种种落差——经济落差、文化落差、社会关系落差、健康落差乃至希望落差——所致。"[11] 如何帮助贫困家庭正视这些落差,抛弃不适应现代儿童需求的落后于时代的观念与方法,其实是脱贫攻坚的一个核心课题。

左右儿童"学力"的,不仅是家长的经济力,还有更复杂的多种要素。缺失亲情的儿童,长大后会怎样呢?人有多种多样的问题,在这些问题中存在着同人际关系相关的问题,而在人际关系中最基本的是亲子关系。意大利精神科医生发现,战后意大利育婴院的儿童,体重不增,少言寡语,词汇量少。罹患率、死亡率高。WHO对此作了调查,结果表明:儿童发展的迟缓,不是幼儿设施之类的环境所致,而是因为儿童不能适应不熟悉的环境所引起的自闭症状,这种症状谓之"亲情遮断症候群"。这是一个难懂的学术用语,但大体可以料想到,指的是"缺乏良性亲子关系而被扭曲了的养育"。其产生原因在于儿童进行亲子互动对象不是家长或特定的成人。对象不确定,久而久之,情感或情绪就难以表达出来。这样培育起来的儿童,到了成人之后,亲密关系难以建立,对家人也敬而远之。

心理环境也有从家长传递给后辈的可能性。为了在成人之后形成正常的人际关系,就得在儿童时期培育深厚的亲情。另外,仅仅是特定的养育者来养育,也不能说是充分的。因为也有家长等养育者的"心病"导致这种症状的,诸如母亲不想妊娠、过分年轻的妊娠、贫困、始料未及的未婚母亲、包括祖父母在内的养育协助者的缺位、家长的药物中毒等。这些因素超越世代,引起连锁反应。"代际遗传"作为一个学术用语,指的是家长的素养通过教育,能够代代相传。前面提到的调查结果表明,儿童的学力与家庭的经济环境也存在相关关系。富人的子女拥有更高的学力,成人之后,社会地位高,经济实力足。"富人子弟成富人"——这是一个意味深长的调查结论。不过,这不过是经济上的、从某种意义上说是一种物理环境的话题,不能断定心理环境也是如此。就是说,拥有良性亲子关系的人,到了成人之后,自然会掌握倾注亲情于孩子的能力。反之则不然。

左右儿童的"学力"的,是"家长的语汇力"。与其说家长的经济状态本身同儿童的学力有相关关系,不如说,与此有相关关系的另一个要素同"学力"有关。就是说,影响儿童教育的,当然有经济环境的背景,但还有别的更复杂的要素,那就是家长的拼搏精神与文化修养,其指标是家长的语汇力。所谓"语汇力"系指对事物有丰富表达的一种指标。修养的高低会在日常生活的对话中如实地反映出来。缺乏语汇力的家长张口闭口"这个家伙、那个混账";而受过高等教育的人优雅得体,语汇力也高。这种人作为家长养育的结果是,子女的学力也高。这是一个自然而然的、令人信服的流程。[12]

(二) 让成长过程可视化:帮助学生记录、确认自身的成长

在众多学校里不仅强制性地每晚布置家庭作业,而且要求批分数,把学习数值化,这是有损学生的内在动机的。学生是学习的主人。倘要实现有意义学习,根据如下理由,就不应当削弱他们的学习积极性:1. 课外作业的评价往往是肆意妄为的、不具体的。教师只不过是出题、记录不交作业者、用"优、中、差"三个等级来甄别学生是否掌握了教学内容。2. 在许多场合,学生并未得到对作业的反馈。因为量过多,教师不可能一一做出点评。而缺乏反馈,学生知识技能的掌握程度也存有差异。历来布置课外作业的做法,甚至未能发现,学生的个别差异会成为日后的困惑所在。3. 学生对作业产生抵制心理,存在让人代做或敷衍了事的情况,久而久之,他们无法把握自己知道的与能够做的,在碰到别的情境需要运用这些知识技能的时候,就会感到困惑。

学校需要把学生成长的过程可视化,最有效地评价学生学习的方法是让学生自身负责评价与记录自己的学习。学习是借助内发性动机作用而产生的。教师有必要把记录反馈的方法与长期成长的记录方法教给学生。学生掌握了这些方法,就能够反思

自己的成长,设定更好的目标,学会对自己的成长负起责任。

　　学习与成长不是一蹴而就的,而是一步一个脚印地达成的。在这里需要破解的难题是:1.以为"不做作业就得惩罚是天经地义的;强求学生做作业就能够获取好成绩,或是更好地发展学力",这些主张没有任何根据。当课堂之外的活动并不感到有意义之际,学生不会感到有挑战的必然性。教师要调动学生的学习积极性,不是禁止参加课外活动,而是让学生理解学习的意义所在,发现同日常生活有什么关联。2."学生没有从事记录自身学习的能力"。其实,学生拥有意想之外的素质与能力。只要对他们抱有高期待,他们就会发挥出色的行动力。3."学习记录是教师的事情,不应当让学生承担"。不消说,教师对所有学生负有责任。但学生也应当负有责任。归根结底,记录自身的成长,通过反思促进成长,这对于学生而言是极其重要的。

　　探讨课外作业问题的一个前提条件是改造我们的教育思想。新时代的学校教育不能单纯满足于学科的知识与技能的传授,还必须养成能够应对未来社会变化的"核心素养"。面对当今中小学生周遭的环境存在着重重陷阱,晚近国际教育界极其重视儿童学习环境的保障。儿童在"学习"中发展"认知能力"的同时,还需要发展"社会情感能力"(非认知能力)——善于同他者沟通、善于应对困难的能力。这样,我们不能仅仅把学校视为学习的场所,儿童在校外同伙伴一同游戏,形成多样的人际关系,在多样的场域自主地活动的场所,也同样是重要的。儿童需要借助课堂的学习和基于不同体验的学习,来养成自身的生存能力。可以断言,大凡"治标不治本"的教育行政举措不会带来真实而持久的效果,那种对课外作业高举斧头"一砍了之"的举动更是愚蠢至极。唯一的出路就是"变革"——重新定义"课外作业",为每一个学生开拓更广阔、更自由的学习天地。

参考文献

[1][7] 钟启泉,著.学校的变革[M].上海:华东师范大学出版社,2019:60,152—153.

[2] D. A. Sousa, T. Munegumi. STEAM 教育[M].胸组虎胤,译.东京:幻冬社,2017:11—19.

[3][4][5] S. Sackstein, C. Hamilton. 挑战课外作业[M]. 高濑裕人,吉田新一郎,译. 东京:新评论社,2019:5—6,6—9,59.

[6] D. B. Fisher, N. E. Frey,著. "学习的责任"在谁:借助"责任转移模型"变革教学[M]. 吉田一郎,译. 东京:新评论股份公司,2017:199.

[8] J. J. Ratey. 运动:锻造脑的唯一方法(SPARK)[M]. 野中香方子,译. 东京:NHK出版公司,2017:17,308,337.

[9] J. Mayer,等,编. 爱因斯坦150句名言[M]. 21世纪编辑部,译. 东京:厚德社,2019:10.

[10] 林成之. 别让脑滋生七种恶习[M]. 东京:幻冬社,2015:12—15.

[11] 钟启泉,著. 核心素养十讲[M]. 福州:福建教育出版社,2018:55—57.

[12] 中野信子(脑科学家),鬼塚忠(作家)对谈录. 左右儿童"学力"的要素[N]. 日本PHP online 众知,2020-4-9.

第八章 深度学习视域下的教育评价

所谓"教育评价"是收集同教育活动相关的一切信息,通过整理、分析、解释、反馈的一连串过程,为参与教育的所有人带来信息。显然,单纯地依赖"评分制"是难以发挥这种作用的。如何从5W1H的视点来立体地把握教育评价;如何消解"评分制"的弊端;如何从教育目标分类学的角度探讨"深度学习"评价方式的创造及其实践的课题,是支撑"深度学习"所需要的。

一、全方位地把握"教育评价"

(一)"成绩评价"不等于"教育评价"

"教育评价"在学校教育实践中占据核心的地位。然而,每当提起"教育评价",人们往往只是想到"评分制"——学业成绩的评价。确实,"成绩评价"是5W1H中构成教育评价的要素之一,但"成绩评价"并非教育评价的全部,它比"成绩评价"更为广泛而深刻。"教育评价"的概念远远超越了传统的"评分制"。这里,从5W1H(What,Who,When,Where,Why,How)六个视点出发,借以立体地把握"教育评价"的概念。

首先从"是什么"(What)的视点出发,考察何谓"教育评价"。所谓"教育评价"具有"价值(value)之核定"这一基本意涵。倘若"评价"不核定儿童的价值,"评定"(valuation)就足够了。之所以构成"评价"(evaluation)是由于加上了"价值的核定",因而具有了教育的意义。[1]

在20世纪之交的美国,开始用"测量"(measurement)来替代"评定"(valuation),即从教师主观地、恣意地给儿童的价值进行序列划分的倾向,转向旨在客观地系统测定学习成果的评价方式。"测量"(measurement)的特征是,采用客观测验——儿童的能力被视为固定的,无论谁进行评价都会获得同样结果——来测定学习成果。这就克服了"评定"(valuation)带来的主观性,在评价中引进客观性的,就是"测量"(measurement)。

进而批判"测量"(measurement),倡导"评价"(evaluation)的是泰勒(R. W. Tyler)。所谓"评价"(evaluation)意味着"通过课程标准与教学计划,评定在实际上有多大程度的实现过程"。泰勒批判了当时教育测定运动所产生的、由于在测定条件中借助统计学手段而带来的测定行为的自我目的化倾向,提出了具有教育意涵的"评价"(evaluation)概念。泰勒的"评价"(evaluation)基于如下四个原理:1. 确定教育目标——从理念性的"教育目的"引出具体的"教育目标"。2. 选择教育经验——在达成设定的目标上,把握有效的"学习经验"。3. 组织教育经验——编制从这种学习经验产生最大的累积效果的课程。4. 评价教育计划——测定这种学习经验的"成果","改进"学习经验。由此可见,测定儿童的学习成果在教育评价中未必处于核心地位。评价的主要对象不是儿童的学习成果,而是教育目标的达成度。把教育目标达成度的评价同改进教育实践链接起来,乃是"评价"(evaluation)的神髓。这样,泰勒从旨在测定儿童学习成果的"测量"(measurement),转向把教育目标达成度的测定作为手段,旨在改进教育实践,极大地转变了评价的方式。因此,这里的"评价"(evaluation)的译语,不是单纯的"评价",而是"教育评价"。

在泰勒原理之后,倡导"基于目标的评价"。凡以目标达成度作为标准来评价儿童学习成果者,谓之"绝对评价"。不是从目标达成度来评价儿童的能力与学习成果者,即为"基于集体的评价"。这是把儿童置于年级或者班级中相对位置的一种评价手法,一般谓之"相对评价"。

(二) 谁来进行评价(who)

评价的主体分两种类型:他者评价与自我评价。这里从"谁来进行评价"来考察一下评价的主体。比如,倘若问成绩评价的主体是谁,回答一定是"教师进行评价(儿童的成绩)"。不过,教师不是一切教育评价的主体。教育评价并不止于"成绩评价",也未必是教师对儿童做出的单向评价。从"谁来进行评价"的视点出发,可以把教育评价分为两种类型，一是像成绩评价之类的"他者评价"；二是自身既是主体又是客体的"自我评价"。

他者评价。可分三种类型：一是"教师评价"，即教师对儿童进行的评价，典型的例子就是成绩评价。尽管如此，教师评价并不全是成绩评价，也发挥其他的功能。二是"相互评价"，即儿童对别的儿童进行的评价。这是儿童相互之间进行的评价，在协同学习中被积极地利用。通过相互评价，儿童在彼此的相互学习中确认自身的能力与课题。为了有助于儿童理解自己能够做什么、不能做什么，必须有评价自己现状的"眼光"。在相互评价中儿童能够从同学的能力与课题中发现这种"眼光"。另外，通过相互评价能够使得儿童获得"元认知"。三是"第三方（比如社区居民）评价"，即社区居民对儿童进行的评价，其价值在于，用不同于教师的标准来评价儿童，建立多元的价值观。

自我评价。所谓"自我评价"是自己评价自己，可分两种类型：一是依存于他者评价的自我评价，二是从他者的眼光来进行的自律性自我评价。在教育评价中不仅是他者评价，自我评价的视点也是不可或缺的。

（三）何时进行评价（when）

"教育评价"是涵盖了"成绩评价"在内的广泛概念。就是说，在教育评价中存在着最终的成绩评价之外的时期与阶段。布卢姆（B. S. Bloom）倡导的"三评价说"是知名的，这就是：1. 诊断性评价——在教育过程中实施的、根据儿童实态进行的评价。根据所把握的儿童的特性、发展阶段与学习的水准，来分析儿童存在的问题，亦即依据制定开发课题的学习经验与个别计划而展开的。2. 形成性评价——在教育实践过程中实施的评价，主要根据所获得的数据，借以改进教育过程的一种评价。这是布卢姆的"三评价说"中最受重视的评价。它不是在学习过程的最终阶段实施，而是结合教育实践的改进而实施的，谓之"教学与评价的一体化"。3. 终结性评价——在课程的最终阶段进行的测定目标达成度的评价。终结性评价不是终点，而是从终结性评价的结果，验证实施的课程对儿童是否有效，为日后改进课程实施提供线索的一个再出发点。重要的是，"教育评价"本身不是目的，而是以此为辅助性手段，促进儿童成长。

(四)在哪里进行评价(where)

从"场所"的视点出发来考察实施评价的场,大体可分两种——校内与校外。在教育评价中有在校内进行的评价,它又可分为两种,即"应当在校内进行的评价"与"只能在校内进行的评价"。前者对于在校外进行评价持否定的、消极判断的评价,其理由是处理儿童的个人信息,需要保护个人信息。后者指的是在教育实践过程中随时随地即兴进行的评价,"形成性评价"就是一个典型的例子。所谓"校外的评价"是指各种专家组成的团队所进行的诊断性评价。

(五)如何评价(how)

从如何评价的视点,即评价手段的角度来看,作为评价的手段,容易联想起笔试与技能测验,但除此之外,晚近还关注"档案袋"与"量规"两种手法。笔试与技能测验是确认是否习得基础知识与基本技能的一种手法,而真实性评价是通过儿童实际运用知识、技能来评价其成果(真实性)的一种手法。这里所谓的"真实性"是指写小论文、报告、制作展示品、各种技能表演、同伙伴一起从事问题解决、进行实验,等等。如果说笔试与技能测验是评价碎片化知识、技能的习得程度,那么,真实性评价是测定能否将碎片化知识技能加以综合运用的一种评价。所谓"档案袋"就是把平日真实性评价的成果加以选择与集中,以便日后进行反思,确认儿童在该阶段实现的课题与达成目标,为教师改进教学提供线索的一种手段。

作为一种可能手段加以利用的另一种手法,就是基于"量规"的自我评价。所谓"量规"是真实性评价的一种工具,它是对儿童学习的作品与成果进行多视点、可视化评定的一套标准或量表,同时也是有效地链接教学与评价之间的重要桥梁。

(六)为什么进行评价(why)

如前所述,教育评价并非评价了儿童的知识、技能、表现与学习积极性之后即告终结,而是旨在从这种评价中求得教育实践的不断改进,基于此确认教育实践的新的出发点。换言之,通过教育评价的重新定义——从"终点"的界定改为"再出发点"的界定,无异于是对此前单纯依赖标准测验的评价模式进行的一种批判。这不仅是对教育评价的重新定义,也是对教育实践的重新定义,谓之"真实性评价"与"真实性学习"。这样,历来的以终结性评价(成绩评价)为前提的"学习成绩的评价"改变为强调诊断性与形成性评价的"旨在真实性学习的评价"。"真实性目标—真实性学习—真实性评价"是三位一体的,倘若没有"真实性学习",那么,"真实性目标"与"真实性评价"都将荡然无存。

二、基于"核心素养"的新型评价体制

(一) 新型评价体制的基本原理

基于"核心素养"的"求平衡"的评价体制立足于三项基本原理——"贯通性、囊括性、持续性"[2],这就是:

有"贯通性"的评价体制。它是基于系统的理论见识,亦即所期许的学习进步而构成的。这种理论见识以大规模的评价与每一所学校的评价为基础,其基础则同基于制度的行政管理水准以及学校的各个年级彼此贯通、相辅相成。

有"囊括性"的评价体制。它能够利用多种多样的评价方法,而这些方法经过了充分的检测,可以满足教育体制中各个层面的决策需求。囊括性的评价体制原本就应当具有说明责任,同时能够为各种层面做出改进决策提供有效的反馈。

有"持续性"的评价体制。它能够从每一个儿童的进步与教育过程的进展两个方面,做出长期的跨年度的追踪,作为持续性的证据的一部分而系统地加以把握。

在这些评价原则中还隐含着一项最根本的原则,即"公平性"。所有的评价设计不能有歧视"个性特征"的要素,亦即应当尽可能让所有儿童在评价中发现并发挥自身的优势。

(二) 实施教育评价的基本准则

"核心素养"或"21世纪型能力"涵盖了三大范畴——①"知识",②"技能",③"态度·价值观·伦理",包括思维方式、工作方式、工具与生存能力等各式各样的能力——创造性与革新;批判性思维、问题解决与决策;学习方式的学习与元认知;沟通能力、协作能力;信息素养;公民素养;生计与终身发展;个人责任与社会责任,等等。因此,宾克利(M. Binkley)提议21世纪型的标准与评价应当遵循如下准则[3]:

1. 明确有意义的21世纪型目标并付诸实施。支援学习的评价必须明确地传递期许的学习的性质,标准与评价必须完整地显示期待儿童理解与运用的广幅的21世纪型知识。所有的教育评价均需依据如下三大要素:第一,儿童是怎样表现知识的,如何发展学科素养的认知模型。第二,可观察儿童成绩的课题与情境。第三,从所把握的成绩来做出推论的解释方法。

2. 兼容适应可能性与预测不可能性。21世纪所要求培育的人最显著的特征之一是,适应进化的环境的必要性,和在不可预测的情境中能够做出决策与适当行为的必要性。处置这种不确凿性是必不可免的,这就意味着课程与评价面临新的挑战。

3. 聚焦基础学力。21世纪型能力的要点在于,知识的整合和在新情境中创造性地运用知识的能力。儿童通过教育的过程必须系统地掌握学科素养,亦即能够基于学科知识,进行课题分析、批判性思维与问题解决的能力。

4. 提升课堂教学的价值。评价课题倘若能够基于学习与认知的原则制订,那么就能优化儿童的学习。比如,在评价课题中要求迁移能力或者囊括真实性高的应用题。儿童通过解释或者使用多样的表现方法,可以获得梳理或深化业已理解的知识的机会。

5. 儿童思维的可视化。评价应当提供便于观察的手段,以了解儿童在问题的理解与解决中所使用的概念方略,进而通过儿童思维的可视化,提供便于实施的优质的评价模型。

6. 公平。公平地进行评价,让每一个儿童能够表现自己的知识水准。另一个有别于评价目的的理由是,测验可为学习困难儿童提供线索。

7. 基于专业根据。评价数据必须提供准确的可信赖的信息，借以做出准确的判断。测验倘若没有合理的准确性，在根据结果做出推论或者决策中就会存在犯错误的危险性，必须有新的心理统计研究来保障专业的品质。形形色色的基于认知原理的证据中心评价设计的应当成为 21 世纪型能力评价设计的构成要素。诸如，旨在把握作为被试的学习者个性特征的"学习者模型"（student model）；旨在通过课题与提问、观察学习状态的"任务模型"（task model）；旨在通过学习者的解答与得分，了解其熟练程度的"证据模型"（evidence model），等等。

8. 合乎目的。倘若要求把评价作为一种判断学校显示儿童是否掌握了"21 世纪型能力"的指标，那么，评价的设计就应当聚焦学生的"知识结构"与"问题解决方略"两个方面的发展程度。测验的结果从教育的角度看，精度越高，越有推广的可能，亦即，测验会影响到教学的优劣，接受优质教学的儿童比未接受优质教学的儿童，测验成绩会更好。

9. 提供有效的反馈。评价揭示了儿童究竟是怎样思维的，来自评价的反馈有助于理解儿童成绩的特征与妨碍学习进步的问题所在。教师必须利用评价信息，以决定如何为儿童提供更优质的学习机会。

（三）改革评分制

1. 评分制的弊端

单凭"考分"并不能反映学生的真实状态，一味误导学生为"考分"而竞争使得学校教育失焦与失败。聚焦学生的"学习"与"成长"，寻求"不评分制"，让每一个学生从"考分"的束缚中解放出来，是学校教育变革的关键所在，也是"深度学习"的前提条件。一个世纪以来，"评分制"深深浸染了世界各国的教育文化。这种评分制导致学校忽略了原本应该重视的部分——"学习"，大多学生、家长、教师，过分看重了考试的分数。大凡教育工作者都是用数字与符号来表示什么。在这种情形下，以往的评分制存在着必须革故鼎新的课题[4]：第一，"考分"让儿童把达成目标看得过度简单化，将他们束缚在妨碍成长的狭隘的笼子里，不能准确地传递"知道什么"和"能做什么"。第二，"考分"让儿童以为"成长"并不重要，产生儿童之间相互对抗的竞争性的学习文化。由于考分往往夸大了跟学习无关的要素,因此难以显示真正意义上的学习过程。这样,儿童不能发现成绩单记载的分数与符号之类的"成绩"事实上并不能准确地反映自己的能力,在这种状况下就不可能产生挑战新的难题的氛围。第三,有关成绩的评定,往往含有终结学习过程的否定性意涵。可以想象,当教师给儿童传递"这是错误的"信息、在作业本上打×的时候,儿童会是怎样一种心情,而这种情形是不可能促进学习的。

"成绩"并不表明学生理解的深度,教师必须改变传递"学生学到了什么"的方式。斯坦福大学的心理学家德韦克(C. Dweck)认为,一味纠缠于"成绩"无助于学习,这是一种缺乏"成长心态"的表现。所谓"成长心态"是指学生成为持续学习的出色的学习者。亦即,"成长"并不是根据数字与符号之类的不充分的评价,来调节自己学习的学习者。"成长心态"(或者"成长的思维方式")决定了学习过程中理解的方式。与其拥有抑制学生成长的力量的"僵化心态",不如接受变化与变革的成长心态。学生获得"差"的成绩,就给学生贴上"差生"的标签,是极其愚蠢的做法。教师在给学生做出反馈的时候,重要的不是给出"排行榜",而是培育每一个儿童向上的心态。要求得这种转换,需要师生双方的努力。

2. 围绕"不评分制"展开讨论

倘若向学生提议取消"不评分制",他们可能会谈虎色变。在这里需要从探寻"何谓学习"开始。倘若他们回答"自己很好地完成了课题,所以打上 A 的分数"的场合,那么接着问"你认为自己很好地完成了课题,究竟掌握了什么呢?"或者"所谓 A,是什么意思?"——教师需要耐心地引导学生认识"学习"的本质,让他们理解"冒险"并不意味着"失败","失败"仅仅是意味着必须尝试别的办法。围绕"掌握水准"展开讨论,可以让学生懂得真正的学习过程是怎么一回事——实际上是如何观察、如何体验的,倘能表达的话,就能够鲜明地体现掌握的水准。给出掌握水准的具体案例,可以消除学生的疑虑。比如,学习踏自行车,起初不断地挑战,反复经历多次失败,尔后才得以掌握,便是一个适例。

这里试举走向"不评分制"的若干举措:(1)探讨并明确学习的"达成目标"。让学生确凿地认识课堂学习所期待的(并不是规则)目标与达成目标,用学生明白易懂的话语来转述这些目标,使之成为他们自身的东西。然后,根据每一个人掌握的水准(达成目标),决定自己的上进目标。"达成目标"的表述需要在理解各自学科的专业术语的基础上,花费时间琢磨,促进学生制定自己的短期目标与长期目标,做出记录,养成自我管理学习时间的意识。(2)形成并分享日常的反馈模式。见贤思齐,鼓励学生向身边的榜样学习,不断调整班级管理条例。教师必须采用一切有助于成长的方法,诸如写作方法的指导或者小组间短暂的对话,给予一对一的交谈的机会,等等。(3)改变教师的教学用语。以往关于成绩的用语大多是被动的消极的。必须转换教学中的用语,用"评价"或者"进行评价"替代"成绩"或者"分数"。教学的用语由于是以边思考、边对话的方式来进行引导的,教师必须意识到自己期许的方向性,相信教学用语的变化会带来某种戏剧性的效果。[5]

表8-1 教学用语的变化①

关于成绩的用语	同成绩无关的用语
成绩	评价
分数	进行评价
"你得了多少分?"	"你学到了什么?"
"这是错的。"	"用别的方法试试看。"
问题	挑战、机会
评定与批评	反馈
排行榜	出色,掌握

学生和家长习惯于"评分",因为评分制对他们而言是唯一知道的事情,以为"好成绩即成功"的家长也会给孩子灌输同样的信念。"我们一直是这么做的,什么问题也没有"。为什么要改变并不坏的制度?——许多家长习惯于维持现状。在教育史上这种主张几经反复。在工业革命时代,学校的目的是培养顺从的劳动者这种教育模式,把重心置于"服从、纪律与死记硬背"。然而,19世纪以来的这种制度到21世纪已经过时了。当然,越来越多的家长也逐渐认同"学习"比"成绩"更重要。所谓"变化"即挑战,我们需要自觉地变革思维方式,通过变革的实践与讨论,获得家长与学生的信赖。

---

① S. Sackstein. 挑战评分制[M]. 高濑裕人,吉田新一郎,译. 东京:新评论股份公司,2018:14.

归根结底,评价制度的转型需要服务于所有学生的学习与成长,才能达成。

三、教育目标分类学与评价方式的开发

(一) 教育目标分类学:"深度学习"的参照性评价框架

如前所述,教育目标与评价理论的渊源可以追溯到"泰勒原理"。这就是:1. 学校应当达成怎样的教育目的。2. 准备哪些教育经验可以达成这些目标。3. 这些教育经验怎样才能更有效地组织? 4. 怎样判定这些目标是否达成? 在此基础上,泰勒(R. W. Tyler)引入"教育评价"的概念来替代"教育测量",强调教育目标与教育评价是不可分割的关系。

泰勒的弟子布卢姆(B. S. Bloom)则引进分类学的概念,开发了"教育目标分类学",倡导"三评价论"——诊断性评价、形成性评价与终结性评价,这就从内涵上发展了泰勒的教育评价论,并且提出了分类别地、清晰地表述教育目标的"教育目标分类学"框架。这个框架由三个领域——认知领域、情意领域与心智运动领域组成。认知领域用六个主要范畴表述,即知识、理解、应用、分析、综合、评价。情意领域用五个主要范畴表述,即接纳、反应、价值作用、组织化、关系化。这些主要范畴又进一步做了下位范畴的分类,并且举例说明了每个下位范畴的评价方法与测验项目。

20世纪60年代末,布卢姆的目标分类学及其背后的"行为目标论"与"泰勒原理"遭到批判,其缺陷在于,机械性地做出的三个领域的分类导致了线性式分层的学习。2001年,安德森(L. W. Anderson)推出教育目标分类学修订版,采用知识与认知过程的二维结构,并引进"元认知"这一新的学力要素。[6]这就是说,"知识维度"包括四个范畴——事实性知识、概念性知识、步骤性知识、元认知知识,这四种知识类型按照"具体→抽象"的组织原理,顺序地排列。"认知过程维度"包括六个范畴——记忆、理解、应用、分析、评价、创造。这样,知识维度的明确使得认知过程维度也易于明确,这就更容易进行教育目标的分类。

教育目标分类学的推出,特别是"思维维度"与"学习维度"的研究,为深度学习提

供了完整的评价框架。20世纪80年代培育儿童的"高阶思维能力"成为重要的教育课题,研究者展开了思维教学的相关研究。[7] 1988年马扎诺(R. J. Marzano)发表了他的思维教学研究的成果——"思维维度",1992年又在他的指导下对"思维维度"作为重建单元设计的实践框架进行了验证,强调了思维教学中知识与情境的重要性。1997年马扎诺进一步推出了基于"学习维度"的旨在"深度学习"的单元设计模型,而作为引领单元设计的隐喻的"学习维度"包括五个层次——维度一,学习的态度与感知。维度二,知识的习得与综合。维度三,知识的拓展与凝练。维度四,知识的有意义运用。维度五,心智习惯。这种隐喻为一线教师提供了培育高阶思维能力的教学与真实性学习的面貌,借助一线教师的实践思维可以引出多元的深度学习单元教学实践。事实上,马扎诺进一步实施了表达这种单元设计流程的三种模型:1.聚焦知识的模型。2.聚焦论点的模型。3.聚焦学生探究的模型。这三种模型主要是从强调维度的差异来区分的,不存在哪一种理想,也不以特定的顺序展开。其共同点是,从重视知识到重视思考力,并不是把两者二元对立起来、指向后者,而是明确知识习得与思考力培育之间不可分割的关系,寻求培育思考力的教育实践得以多样化。

(二) 真实性评价:教育评价的新范式

近年来国际教育界的"核心素养"思潮集中体现"真实性目标—真实性学习—真实性评价"的学校变革趋势。众多国家的评价研究与改革实践显示了旨在"21世纪型能力"评价的各种可能性。学校教育的评价活动从各个视点——"学习的评价""为了学习的评价""作为学习的评价"出发,相关研究相继开展。这样,新型评价方式不仅是"21世纪型能力"的评价,而且成为强化"深度学习"的机会。

芬兰的案例——"学习方式学习"的评价。芬兰国家教育委员会从20世纪90年代中期就开始倡导"学习方式学习",2008年倡导"深度学习"并采取新型的学习评价方式。"学习方式学习"可以定义为"旨在挑战新课题的准备与意欲,它是由认知能力与自己对情境的信念组成的复杂系统"。所谓"准备"与"认知能力"指的是相关的事实性知识与思维、推理运用两个方面,亦即指"能够检索既知的知识、采取适于新的情境的一般性步骤"。"学习方式学习"的认知构成方式亦指"推论的习得",这是同皮亚杰

(J. Piaget)的反思性抽象相关的,评价指标是基于同形式性运算图式的习得的相关目标。由于具体运算与形式运算可以兼容并包地教授,所以有别于传统的智力测验。"学习方式学习"的情意构成要素由包含了自我与情境相关的信念等若干方面的相对独立的子系统构成。所有这些——学习动机、行为控制、学科素养、课题的接受、社会道德的约束、自我评价、来自他者的支援,都成为学校层面实施"学习方式学习"评价的中心课题。[8]

新加坡的案例——"项目型学习"(PW)的评价。新加坡教育部从1997年开始,就作为"思考的学校,学习的国家"(thinking schools, learning nation)这一国策的一部分,展开学校教育的改革,特别是倡导"项目型学习"。它是一种跨学科的"协同学习"的设计,旨在让学生习得"能动的、自律性学习的方略"(SAIL),其评价要素是三项,即"小论文""批判性思维"与"自律性学习"。[9]

在这些案例的背后,有三点是值得我们关注的。第一,评价境脉的真实性与学力的质的追求。在真实性评价中重视的是课题的境脉与思维过程的真实性。真正的课题带有双重性——既是评价的课题,又是学习的课题。通过保障共同作业与个人作业两个方面,可以取得评价课题与学习课题的平衡。第二,支撑真实性课题之解决的"知性·社会性能力",需要有基于长远视野的单元设计与跨学科教学的设计,并且长跨度地实施可视化的评价,才能保障其成长。第三,让儿童自身也成为评价者。这是因为,学习的"深度"终究是受到儿童自身怎样看待学习、怎样依据元认知去自我调节学习的过程而决定的。[10]

"质性评价"与"量化评价"是相对的两种评价方式。前者基本上是针对后者的偏失而表现的一种补足。其优点是:第一,着眼于学生的整体发展,兼顾认知、情意、技能的整体学习评价;第二,适应学生的个别差异,肯定个人的努力进步与整体成就,呈现个性化的学习进程;第三,师生共同参与评价内容的设计、作品选择标准及档案评价标准的制订,激发学生自我反思、自我督导、自我评价的主体性学习潜能;第四,建立相关资源库,达成资源共享的目的,提升学生沟通、合作、表达及组织能力。"档案代评价"有可能使教学真正成为一种激荡师生智慧的艺术。[11]

在我国应试教育根深蒂固的土壤中,"分数主义"尤为猖獗。所谓"分数主义"是"基于碎片化知识的记忆与再现的纸笔测验得分的数值所显示的结果,来判断学生学习能力(学力、业绩、能倾乃至人格价值)的一种思维方式"。[12]要真正从"知识中心"的评价走向"素养中心"的评价,阻力重重。不过,倘若能够围绕"深度学习"及其评价的实践,将其作为开发新型的"学习实践与评价"(teaching and assessment)的一个出发点,将是大有可为的。

其一,从"项目型学习"的设计做起,让学生获取永不消逝的经验。"项目型学习"的设计是实现"深度学习"的一种有效教学模式。教学不是传递教科书的内容,不是提供关注正解与非正解的机会,而是改变人生的经验。所有的学习课题和课堂的经验,都必须帮助学生在学习中持续地成长。教师必须充实所有学生的学习,把知识、技能的习得同学生的生活链接起来。这就需要给学生选择课题的机会,同时,频繁地给予指导与评价的机会,最终形成有助于学生成长,形成师生良性互动。学校不是为教师,而是为学生而设立的,这是基本的常识。要实现学生最优的成长,就得终结一问一答式的教学,提供项目型课题。课堂中拥有各式各样的学生,由于不能发挥各自的专长,浪费了贵重的资源。我们倘若能够提供各种各样的机会,学生就能发挥潜在的能力,发现新的机会,产生更好的学习场所。

其二,完善"档案袋评价"的实施,让学生的"成长"可视化。所谓"档案袋评价"是长期地、有目的有计划地积累每一个学生学习成果的信息与资料的产物。教师与学生把学习成果的信息(通过观察学生而获得的资料、信息、学生的作品、测验信息)保存在档案里,打开"档案袋",就能辨析每一个学生的学习进展与当下达成度的强弱与否,以及明确尔后该如何学习的课题。"档案袋评价"是一种评价方法,因此不是保存学生所有的学习成果,而是必须选择那些能够反映学生的发展与体现当下的优缺点的信息,做出取舍。这种取舍选择,就是"档案袋评价"。教师必须根据评价标准,取舍选择应当入档的信息。同时,向学生说明入档的理由,学生自身也能够理解该从怎样的视点出发,来把握自己的成长。"档案袋评价"有助于促进教学的"反馈"与"反思"。反馈——一切的课题都是旨在练习的机会,而后得以修正与改进的。可以说,学习即"反馈",教师能够为学生提供最有利用价值的就是"反馈"。反思——教会学生反思学习过程,促使学生成为拥有元认知能力的学习者。让学生思考如下几点:1.怎样用自己的话语表达对课题的理解。2.要求得课题的成功,自己该怎么做。3.自己碰到怎样的困惑,如何战胜这种困惑。4.自己满意怎样的达成目标,是否在作为评价之证据的作品之中。5.自己设定怎样的目标,能够达成吗？该如何进一步努力。6.倘若面对又一次的机会,是否需要做出某种变化。教会学生自己进行测评——把评价权还给学生。

参考文献

[1] 樋口直宏,编著. 教育的方法与技术[M]. 京都：智慧女神书房,2019：119.

[2][3][8][9] P. Griffin, B. Mcgawe. Care. 21世纪型能力：学习与评价的新方式[M]. 三宅芳雄,主译. 益川弘如,望月俊男,编译. 京都：北大路书房,2014：29—30,31—33. 189—190,194—195.

[4][5] S. Sackstein. 挑战评分制[M]. 高濑裕人,田新一郎,译. 东京：新评论股份公司,2018：4,14.

[6][7] 石井英真. 现代美国学力形成论的进展[M]. 东京：东信堂,2011：88—112,141—165.

[10] 石井英真,著. 授业创造的探究[M]. 京都：智慧女神书房,2020：252—258.

[11] 钟启泉,著. 核心素养十讲[M]. 福州：福建教育出版社,2018：80.

[12] 北野秋男,等. 现代学力测验批判[M]. 东京：东信堂,2018：215.

第九章 深度学习与学习责任转移模型

教是为了不教。在深度学习的课堂里,教师不是知识的灌输者,而是协助学生透过自己的独特经验建构意义的引领者。教师需要致力于创造一个有助于学生链接既有知识和经验的学习环境,让学生成为学习的主人,为自己的学习负责。"学习责任转移模型"就是彰显"教是为了不教"的教学信念、走向"深度学习"的一种教学战略。"深度学习"的成功与否,受教师的教学行为所左右,而构成其基础的是教师的教育智慧。教师的"教学胜任力"是"深度学习"的必要条件,它同教师自身的成长联系在一起。

一、教师的"慧眼"与"有意义学习"

(一) 从普鲁斯特的"别样的眼光"说起

"学习"究竟是怎么一回事?著名法国小说家普鲁斯特(M. Proust,1871—1922)曾经说过这样一段发人深省的话——

"唯一的真正的旅游、焕发青春朝气的唯一的办法,并非欣赏新鲜的风景,而是用别样的眼光,用一个他者的眼光,用万千个他者的眼光,来眺望这个宇宙,眺望他们每一个人所眺望的万千世界,眺望他们自身的万千世界。"[1]

普鲁斯特说,人们周游世界,寻求新的事物。走进陌生的土地,遇见陌生的风景,借此获得新的知识、增长新的见闻。然而,不管你遇见了何等新颖的风景,倘若用同样的眼光去欣赏这个风景,那么,这个世界是平面的、狭小的。否!欣赏风景的眼光需要改变。唯其如此,才称得上是一次真正的旅游。试把这个"旅游"置换成"学习","欣赏新的风景"就相当于"增长新的知识"。即便知识大量地增长,处理这种知识的视点却没有变。——倘是这样,即便增长了再多的知识也是徒劳的,人并没有得到成长。这同"单纯记忆力的优劣不能决定头脑的优劣"是同样的道理,所谓"学习"并不是单纯知识量的增大这一"量的变化",唯有用完全别样的眼光来欣赏世界这一"质的变化",才是"唯一的真正的旅游",才是"真正的学习"。这种"学习"同应试教育中的灌输知识、背诵知识、测验记忆的学习是迥然不同的。

"深度学习"就是这样一种产生质性变化的学习。这里的重心在于"用慧眼",亦即"用别样眼光"展开"唯一的真正的旅游"之后而产生的。可以发现,这种旅游同欣赏新的风景、旅游之后再回归日常生活之中的方式全然不同。正是在这个时候,我们才会发现自身拥有了完全别样的新的眼光。这里所谓"新的眼光",不是探囊取物,而是以自己未曾料到的别样眼光而获得的。学习也是同样,也有获得信息或者掌握技能的学习。但在普鲁斯特看来,所谓"真正的学习"绝不是探囊取物那么简单。可以说,它是在我们学习之后,才认识到"学到了什么"这样一种具有结构性的智慧。这同赫尔巴特(J. F. Herbart)重视的教师的"教育机智"(临机应变的决策力),以及艾斯纳(E. W. Eisner)强调的教师在"教育瞬间"(pedagogical moment)展现出来的"教育鉴赏力"异曲同工,说明这种学习原本应当是可教的。那么,假定是可教的,该怎样做才有可能呢?

(二) 对话中心教学与有意义学习

1. 对话中心教学

所谓"对话"原本是在人、事、物之间的相遇与关系之中生成的、指向新知的创造性的协同探究过程,是通过他者的介入而形成的。在这个过程中涵盖了可用如下的关键词来表述的诸多侧面的一种能动的过程。这就是:1. 不同见解的碰撞。2. 互教互学。3. 主体性、协同性。4. 认知冲突。5. 混沌与困惑。6. 自我反思。7. 探究(意义与真实性的追求)。[2]

教师要展开这种基于"生命体"的对话教学,就得认识到至少如下要件的重要性,求得元认知教学的知识与技能。这就是:1. 在教学之前,制订大体的教学计划,而教师精细的教学行为有待于在实践情境中思考。不固执于课前的教案,需要根据实际做出修正。2.读懂学生的理解状态与流程，根据实际状态变更教学内容与教学方式，并修正教学的轨道。3.可以从线索提出的疑问中发现修正教学轨道的线索。4.不是以几名理解了的学生为中心展开教学，而是以形形色色的学生——不理解的学生、积极提问的学生、时而表达困惑的学生、一言不发、冷静思考的学生——为对象，展开教学。5.重要的不是以"得出了答案"作为教学的终结，而是指向"持续提问、持续思考的过程"。6.学生对教师的思考与教学行为不唯命是从，教师尊重学生的思维方式与见解，把它们作为一种知性工具与资源，从同学之间与师生之间的对话中偶然出现的线索里去发现教学创造的线索，体现重视偶然性的姿态。

2. 有意义学习

被誉为"20世纪影响力最大的心理疗法专家"罗杰斯(C. R. Rogers)倡导"非指示性疗法"(后称"咨客中心疗法")。[3]在此之前，不适应症状的要因与解决方法不是当事者而是通过治疗者的阐释来把握的，即治疗者是作为对症状做出回答的存在。这样，对患者做出怎样的指示是治疗者的主要课题。罗杰斯主张，能够最清楚地做出回答的不是他人，只有当事者自身，因而倡导"非指示性疗法"。他在《意义学习：心理疗法与教育》中论述了心理疗法对教育具有怎样的意义。罗杰斯在1952年哈佛大学的"教学研究"的会议上论及"学生中心的教学"，阐述了"通过教学产生的效果是不足还是有害"，主张"还是不教为好"，引发了"大骚动"。他说的是从"教"到"学"的转型，遭到当时一线教师的强烈抵制。罗杰斯把"有意义学习"视为"超越了事实积累的学习"，把它界定为"在个人行动中，这个人在其尔后选择的一连串行为中，进而在这个人的态度与人格中产生了变化的学习"。这个界定是同普鲁斯特的思想同声相应、同气相求的。

罗杰斯的"有意义学习"，是由三个条件"真诚""接受""理解"，加上咨客中心疗法的两个条件——某种程度的体验与感知，以及"直面问题"，总共五个条件被运用于教育而产生的。所谓"真诚"指的是，教师要对学生敞开心扉，以诚相待。"倘若教师能够真诚地对待学生，学习就得以促进"。所谓"接受"指的是，教师把学生视为具有其自身价值的独特个体而给予充分的、无条件的尊重、关注与接纳，消除师生关系中的不安全感。所谓"理解"指的是，教师对学生表示同情、理解与尊重的带有浓厚情感色彩的"移情性理解"。唯其如此，才能在师生之间建立起亲密无间的关系。"倘若教师不能设身处地理解学生拥有的情感，就不会产生有意义学习"。另外，在罗杰斯看来，"体验"是最高的权威。让学生采取非防御的态度有助于深化对自我的探索,而不是忙于抵御消极的体验。而"直面问题"对教育工作的启示则在于,"通过教育,让学生自己发现想要解决的问题,借以实现自身能够达到的水准",这是求得主体性学习的重点所在。"学习的主体性"表现为,认识到自己外部的社会的问题,是同自身当下的问题息息相关的。[4]

在这里,罗杰斯不是把"学习"视为单纯的知性活动,而是全人格的活动。正因为如此,罗杰斯要求教师在师生关系中成为"一个真诚的人"——既不是单凭课程决定的毫无个性的机器人,也不是单纯的在代际之间进行知识授受的传声筒。参与"有意义学习"的教师不应当是知识的传声筒,而必须是一个真诚的"人"。罗杰斯说,教师的工作就在于"形成有意义学习得以产生的促进性教学氛围"。因此,他将教师的角色界定为"促进者、帮助者、辅导者、合作者与朋友"。

3. 作坊与课堂研讨

在建构"作坊"的学习方式与创设"学习场"中,教师是作为一个"帮助者"的角色发挥作用的。所谓"作坊",不是教师单向传递知识的一言堂,而是参与者在参与、体验、小组活动的交互作用中,"学到什么、能做什么"的双向学习活动的场域。这里"参与者自身的参与与体验"是同"主体性"相对应,"交互作用""双向"是同"对话性"相对应的。作坊的方式亦即"深度学习"本身,而形成的"学习场"亦即"课堂研讨"。在课堂研讨中没有"指导者",因此并不进行"教授、指导、命令",而代之以"支援、促进、创设场所、链接、维系、启发、诱导、等待、守望、设问、总结"。作为课堂研讨的教师不是在讲台上发号施令,而是从高高的讲台上走下来,走进儿童,平等对话。一言以蔽之,做一个循循善诱者,这就是课堂研讨的作用。这同站在讲台上,把自己当作主角,吸引儿童的注意力,滔滔不绝地做讲解、趾高气扬地发指令的教师形象,形成了鲜明的对照。作为课堂研讨的教师尽力地引发儿童主体的、内在的动机与兴趣爱好,在儿童之间形成链接。在这里,守护着、添加着、等待着所发生的故事。课堂研讨的另一个重要作用是创设"学习场",亦即建构儿童的主体性得以发现、对话得以产生、学习得以深化的场域。这就是课堂研讨中教师的作用。

(三) 在深度学习中教师的姿态与技艺

第一,从根本上纠正教师对课堂教学的认识论。"传递隐喻"的教学认识论彻头彻尾地将课堂视为传递与记忆重要原理与概念的场所,是存在弊端的;"脚手架与说服隐喻"的教学认识论——学生自主地思考、学会发现问题并解决问题的过程——的重要性。

第二,教师充分地认识到,教学的展开是以教材为媒介,在教材、教师与学生三者的关系中运作与拓展的。因此,应当致力于创造教学内外或超越学科的、支撑对话的心理沟通氛围。

第三,教师应当准备丰富的教材,借以产生新的相遇、发现与惊异,或者形成对话之必然性的某种境脉,为此需要课前周密的教材分析。在进行教材分析之际不可或缺的是,不仅从教师的视点,而且也考虑学生的视点,进行双向分析。就是说,在展开教学之前,班级的学生"在什么问题上、在何处,容易产生困惑""哪里似乎会产生不同的见解与思考""谁、在哪里、可能会做出怎样的发言与思考",等等。把握班级中每一个学生的具有个性的见解与思维的特征。在此基础上,于假想的境脉中反复展开对话,吃透教材,进而为了"深化、拓展学生的思考""产出对话",在头脑中也得准备好应当激发怎样的认知冲突,做出怎样的提问。

第四,"对话流是不可预测的"。不管教师课前做出了怎样周密的教材分析,也不管教师根据班级学生的思维动向与特征而设计出了怎样的教案,终究不过是一种设想罢了。学生是活跃在"当下、此时、此地"的。因此,需要因应同教材的相遇和"此时此地的心理的与思考的状态",灵活多样地回应学生的思维方式与感知方式。

第五,要求教师以负责任的方式应对情境的变化,这并不是说整个教学的责任在教师。在教学的流程中教师绝不能越俎代庖,以免伤害了学生学习主体的地位。

第六,在教学的流程中,教师需要倾听来自课堂各个角落的学生的困惑与疑问,即时地判断与评价其意义与价值,决定是否纳入教学流程之中,重新编织教学。这种富于感悟与灵性的即兴判断力与元认知的反省性思维,是教师必须具备的。这就是说,教师应当在读懂整个教学流程的同时，也读懂每一个学生的动向这一多重性、多声性的反应，做出即兴的应对。[5]

不过，"深度学习"的实施还需要教师对教学战略的把握。下面探讨的"学习责任转移模型"，就属于这个范畴。

二、学习责任转移模型

（一）责任的转移

"学习责任转移模型"是走向"深度学习"的必要条件。所谓"责任的阶段性转移（gradual release of responsibility）的教学框架"，一般简称为"责任转移的教学框架"。这个框架是指，从调节认知负荷、提示范本的教师，转向师生共同负担责任的阶段，再逐步转向学生自主学习与应用的阶段。[6]就是说，要求从教师承担课题的状态，转向学生承担课题的状态。这种阶段性的转移可以在一天、一周、一年的期间内发生。这意味着，"有效的教学方法是从教师阶段性地减轻自己的负担、过渡到学生更多地承担责任的过程。学生通过渐次承担更多责任的过程，成为有能的自立的学习者"。换言之，使他们真正成为学习的主体与主角——"采用对话方式的学习者；思考缜密的表述者；深度反思的回应者"。

"责任转移"模型是基于不同的学习理论，从阅读教学法的开发起步的，这些理论包括[7]：

皮亚杰（J. Piaget）的认知结构模型——在瑞士心理学家皮亚杰看来，所谓"认知"表现了知觉、记忆、学习、思维等基本功能，另一方面，心理学的"结构"被视为是其构成要素交互影响、交互作用的一种能动的系统。而所谓的"图式"是用来解释人类认知过程而运用的术语，指的是关于某种事物的知识一旦集中起来，抽取其间共同的要素作为一般性知识来把握的一种可能状态。皮亚杰早期关注伙伴互动的重要性，晚期则着重个体活动。他的后继者采用"社会认知冲突"的概念，从而引发了课堂教学中合作学习研究的兴趣。大体说来，新皮亚杰学派着力于探讨互动能否增进个人成就，并未关注知识的合作建构。

苏俄心理学家维果茨基(L. Vygotsky)倡导的"最近发展区"(zone of proximal development)概念——"儿童的智力发展状态至少有两种水准,即现在的发展水准与最近发展区"[8]。"在成人指导与帮助之下的问题解决水准与在自主活动中困难的问题解决水准之间的落差,可以界定为'之间发展区'"[9],亦即"今日的花蕾、明日之果实",或者"儿童今天借助能者的帮助学会做事,明天就能成为独立自强的能者"。维果茨基学派不同于皮亚杰学派,他们强调的是协同,而非冲突。

布鲁纳(J. Bruner)的"脚手架"隐喻——美国教育心理学家、认知心理学家布鲁纳所谓的"脚手架"(scaffolding)指的是,学习者当下处于怎样的状态,指导者视其最近发展区在哪里,给出最佳的环境。具体地说,不介入儿童能做的事,只帮助其不能做的事。当借此赋予他能够完成的课题之际,儿童的发展就得以自立地展开。可以说,"脚手架"的概念是基于这样的思潮——"作为创造教学援助的社会状况与环境的原理,而运用了最近发展区。在这种状况中与环境中,儿童通过交互作用,从事共同的问题解决,从而能够以新的方式获得新的技能"——之下,作出解释的产物。[10]格里芬(P. Griffin)和科尔(M. Cole)着眼于维果茨基的"内化"概念,运用"文化习得"的术语来论述"最近发展区",指出"所谓文化性的适应行为的习得,是儿童与成人之间的交互作用的行为。据此,作为'概念习得/文化/教育'的本质性要素,是成人指导儿童的行为",而"儿童是同化符号的存在,通过内化的过程发展高阶心智功能"[11]。因此,他们强调"最近发展区""包含了未来模型、过去模型,以及解决两者之间的矛盾的活动"。恩格斯托姆(Y. Engerstrom)则从通往"最近发展区"的过程中必须把握的三个步骤,提出了进一步深化研究的方略:从"最近发展区"的下位领域切入,通过把握"需求状态的领域、动机形成的领域、需求与活动之转换的领域"来进一步拓展"最近发展区"研究。[12]

杜威(J. Dewey)的经验概念与班杜拉(A. Bandura)的"观察学习"(模仿学习)——杜威在《经验与教育》中说,"经验是个人及其周边环境的交互作用"。这里所谓的"交互作用"是指两种条件——"个人的内在条件"与"客观条件"形成一个整体的状态。[13]因此,在柯尔布(D. A. Kolb)看来,所谓"学习"是"通过变换经验而建构知识的过程"[14]。斯坦福大学心理学家班杜拉倡导的"模仿学习"不仅强调直接性体验,而且通过有意识地观察他者的行动,在以模仿而形成的榜样的"社会学习理论"中,关注"注意—保持—再现—动机"四个过程。揭示人类经验学习的机制,形成最大限度地丰富儿童学习经验的教学体制,是不可或缺的。"深度学习"寻求的教学方略,无非就是旨在提升"学习经验水准"的有效路径,形成"无意义经验→机械性反复的经验→碎片化活动经验→挑战性经验→审美性经验"的上升过程。[15]

在费希尔(D. B. Fisher)基于"责任转移模型"的大多数实践中,师生之间的交往是依照三个阶段——"我做""我们做""你一个人做"——来展开的。这里尤需重视为学生提供"我来帮助"这一"协同学习"的阶段。在"责任转移模型"的展开方式中理想的学习是以循环往复为其特征的,责任转移模型也得循环往复地进行——教师设定目标、进行引领性指导、展开协同学习、学习自主个别学习,这种循环往复是有效的。图9-1表示了在四个阶段中教师与学生各自承担着怎样的责任,并不是提议教学伊始非得从聚焦性指导(设定目标与提示范本)出发不可,不同的教师可以从不同的环节切入。[16]就是说,在教师提示范本之前,上课铃声一响,或从个别学习开始,或着手协同学习。走向"深度学习"的极其重要的决定性条件是,学生在学习新的教学内容之际,能够获取所有四个阶段的经验。

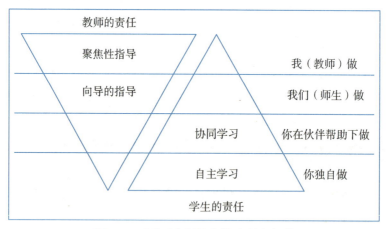

图9-1 "学习责任转移模型"的框架①

---

① D. B. Fisher, N. E. Frey, 著. 学习的责任在谁: 借助"责任转移模型"变革教学[M]. 吉田新一郎, 译. 东京: 新评论社, 2017: 8.

（二）聚焦性指导

学生单靠教师的讲解不可能有真正的深度学习，教师要为学生提供"脚手架"和各种支撑，这就是"教师的聚焦性指导"作用。它有四个特征。[17]

第一特征，设定学习的目的（目标），教学目的用"内容""语言""关系（社会性）"来表述。比如，这堂课的"内容目标"是分数与带分数的运算，因为，这是在烹饪、建筑和医疗领域使用的。"语言性目标"则是在提问与回答之际必须采用的数学专业术语，而"社会性目标"是"学会有序地讨论的技能，尽可能让班级全员能够参与对话"。从这个教学目标的陈述可以发现，在教学目标中包含了三个要素，亦即，学习者达成的明确成果；把握探讨的课题与学习者的需求；通过指导能够达成的内容。

第二特征，提供范本并实际演示。所谓提供"范本"不是单纯地展示，而是给学生提供融合了"宣言、步骤、条件、反思"等元认知的要素，大体跟学习的四个阶段一致——这是什么（宣言）？怎样使用它（步骤）？何时、何处运用（条件）？怎样分辨自己准确地运用了（反思）？

第三特征，边思考边解说。有效的边思考、边解说的关键在于用第一人称，说明我是怎样判断的，实施了哪些技能，问题是否得到了解决，成功背后的判断，启发学生把握顺利完成作业的秘诀。比如，让小学三年级生阅读关于蜘蛛的说明文之后，教师或许会这么说："我头脑里浮现出许多的问题。课文中说到，蜘蛛是没有嘴巴这一器官的。那么，它是怎么吃东西的呢？真是难以想象。要回答这个问题，需要探寻别的信息。我原本不知道蜘蛛在世界上是怎么繁衍生息的。读了之后，有了新的发现。在这篇课文中我最感兴趣的是，在水面下生息的像绢那样光溜溜的半球体。我想对它有更多的了解。"这样，教师边思考边解说的一个目的是，让学生了解专业人员是怎样展开思考、怎样运用技能的。另一个目的是，促使学生为发现自己的思考过程作好准备。这种元认知的发现对于学生深化理解自己的学习是不可或缺的，这对于在"教师向导性指导"与"协同学习"阶段里要求学生用自己的话语来表述自己思考的要求，是大有助益的。

第四特征，"发现"。这也是教师的教授工作所不可或缺的。要理解学生的思考，教师就得好好地观察,这是区分熟练教师与初任教师的重要因素。像教科书和录像之类,能够提供多样的教材和信息,有明确的目的、出色的范本、有效地边思考边解说,这些都容易做到。唯一难以做到的是,要求教师能够判断学生新学到的知识是如何运用的,教师该做些什么。熟练教师通过观察,善于发现并解释学生所思考的内容,展开形成性评价,这就有助于揭示此前教学的效果,为过渡到尔后的教师的"向导性指导"提供了可能。

(三) 向导性指导

在教师"向导性指导"的阶段里,成功指导的关键在于周到的准备。教师以小组为对象(几乎不是面对全班学生)进行指导,把重点置于为这些学生掌握知识与技能提供"脚手架"。这个阶段里的教学方法多种多样,包括"提问""暗示""指示"。[18]

提问。在美国七年级理科"发现小行星的影响"的学习课题中,教师根据课前评价,发现一个5人小组的学生并没有做好,于是向他们介绍图书馆的藏书——《彗星、小行星、陨石》,让他们阅读该书中有关小行星的描述。然后,围绕小行星对地球的影响,包括教师在内一共6人,一起展开讨论。在20分钟的教学时间里,教师在确认学生理解小行星对地球影响的同时,进一步深化了他们的理解。具体地说,地球在漫长的历史长河中发生了多次小行星撞击地球的惨剧。在小组讨论中教师提出了如下的问题:1. 梳理一下我们所知道的关于地球表面的知识,然后展开讨论。2. 地球无论哪一个角落都是平面的吗(学生全员否定)?3. 有哪些因素造成了今日地球表面如此的状态?4. 思考一下地球的漫长历史。——通过这些提问,引导学生走向更复杂的思考。这里教师的"向导性指导"不同于固化的能力分组,它是教师依据学生的言说、行为与需求做出判断,而不是独断专行。对于教师而言需要不断地扪心自问:1. 这个学生,在讲解细胞的减数分裂与有丝分裂的差异之前是否需要做一些铺垫?2. 倘若呈现了不同的形状,是否可能会出现不理解不等边三角形的学生?如此等等。

暗示。要让学生从事认知性或元认知活动,教师可以采取形形色色的暗示。比如,提供背景性知识、过程的推进方式、反思和旨在帮助学生获取解决问题的提案。暗示的功能在于引领学生的思考。

指示。有时暗示并不能充分引起学生的发现，也有不能给予学生明确暗示的场合，这时就得有"指示"。所谓"指示"就是转换学生的注意。指示比暗示更具体、更直接，亦即更多的思考责任由教师承担。教师可以有不同种类的指示：1. 视觉性指示——旨在促进学生的思维与理解而运用视觉性方法。比如在学生有错误的地方打红杠；把内容视频化，以便于理解；2. 语言性指示——聚焦学生的思维，改变话语方式，使用语言唤起注意力的方法。重要的是用抑扬顿挫的话语方式纠正学生的发言，改变说话的音量与速度。3. 具身性指示——运用身躯动作，借以唤起学生的注意。诸如在教室墙上贴告示，用手指指点学生忽略之处。4. 环境布置——在教室墙上的专栏贴上适当的名言警句、参考信息、学生作品。

（四）协同学习

在责任转移模型中的"协同学习"阶段里，学生把学到的知识与技能应用于新的情况，反复地习练与反思。在交互作用之中学习得以进化。晚近核心素养的思潮中强调的社交能力（沟通能力、协同能力）得以培育。"协同学习"体现了五个重要特质，这就是：1. 互惠的协作关系。2. 面对面的积极的相互交流。3. 双重责任：个人责任与小组责任。4. 小组学习中的社交技能。5. 改进小组活动功能的步骤。[19]

协同学习也是学生"有责任地对话"与讨论的最佳机会。所谓"有责任地对话"是教会学生展开有效对话的框架，可以提供一些标准，诸如，1. 要求确认与解释（比如，"能否解释一下有怎样的意义？"）。2. 提案正当化（比如，"这个信息是从哪里来的？"）。3. 认识差异，申述异议（比如，"不赞成，因为——"）。4. 寻求主张的根据（比如，"能否举个例子"？）。5. 解释或运用某人的发言（比如，"某某所说的，在这种场合，我认为并不恰当"）。[20]

在协同学习的进程中学生面对的课题种类有极大的差异，大体分为两种：一种谓之"基本的小组作业"。在这种作业中学生们相互倾听，分享各自的思考、价值与信念；另一种谓之"建设性小组作业"，这是一种注重活动之结果的作业，旨在运用业已掌握的知识。[21] "协同学习"为学生提供"深度学习"的机会，因此占据了责任转移模型实施中的大部分活动。

（五）自主学习

所有的学生都潜藏着学习的能力。不过,何谓"学习能力"？如何形成学习能力？如何认知自己的思考（元认知）？如何基于学到的知识采取行动（自我调整）？——所有这些都必须通过学校教育教会学生。教师指导的最终目标是让每一个学生学会在不同的情境中自主地运用信息、概念、知识与技能,培育他们成为一个不依存于他者的信息与观念的学习者。因此,要求学生通过"自主学习"的过程,得到训练。自主学习的特征有如下两点：

元认知。开始发觉自己的思考是在上学之前,大约 4 岁前后,这种意识必须通过整个中小学教育阶段有意识地加以培育。所谓"元认知"是学习者自觉地意识到自身的学习过程,最适于自己学习的条件,以及实际发生的学习状态。责任转移模型有助于支撑元认知的成长。这是因为,它可以反复地提供学生认识学习是否发生、在怎样的情境中发生的机会。培育这种认识的行为从教师的"聚焦性指导"就开始了。在教师的"向导性指导"中以明确的方式让学生明确自己是否掌握了知识,"自主学习"中的学习目标是理解自己的思考。

自我调整。所有的学生都必须在从事个别学习的过程中学会自我调整,在自我调整中包含了从元认知的角度把握自己从事活动的体验。学习者的自我调整行为包括三个要素,一是"时间管理"——通过制订长期的自主学习计划,养成自我调整能力。二是"确定优先顺序"——判断哪一种活动有难度,需要花费多少时间。三是"矫正"——学习者做出适当判断所需要的正确的自我评价能力。[22]

（六）富于魅力的挑战

在教师聚焦课题、决定了单元构成之后,教师便进入一连串的单元教学的设计。表 9-1 是编制单元教学用的样式。[23]

表9-1　单元教学编制的样式①

单元题目：	目的：内容、语言、社会	教材/资料

采用的课程标准：

本质性提问（明确单元学习的目标）：

聚焦性指导	"我做"

您怎样做
□怎样向学生明确地传递教学的目的？
□怎样同先行学习的知识链接起来？
□怎样使学生体悟教学内容的意义、感到有兴趣？
□怎样向学生进行示范、演示？
□怎样让学生发现学到了知识，且进一步学习？
□怎样围绕新的概念，实现多角度地解读的方式？
□怎样让学生展开课堂对话？

教师的向导性指导	"我们做"

您怎样做
□怎样才能把握学生自身已经有了深度的思考、形成了自己对问题的反应？
□怎样根据需要做出适当的启发与指示？
□怎样让学生以多样的手段与方法做出反应？
□怎样帮助学生进行信息加工？

协同学习	"你在伙伴的帮助下做"

您怎样做
□怎样把握课题的难易度？
□怎样向学生提供基于体验的学习与练习的机会？
□怎样决定旨在开展该活动的小组（结对或分组）？
□怎样确保进行协同活动所需之最低限度的语言性支撑？
□怎样使学生承担起自己学习的责任？

自主学习	"你独自做"

您怎样做
□怎样对尚无准备的学生进行辅导？
□怎样进行终结性评价，借以了解谁掌握了教学内容、谁尚需帮助？
□怎样对优异生进行拓展性教学？

---

① D. B. Fisher, N. E. Frey, 著. 吉田新一郎, 译. 学习的责任在谁：借助"责任转移模型"变革教学[M]. 东京：新评论社, 2017：234—236.

深度学习　Deeper Learning

	续表
□怎样帮助学生将新学的概念同尔后的学习链接起来,或者运用于实际? □怎样向学生提供自我评价的机会? □怎样向学生提供发展自身学习的机会? □怎样认可并帮助学生旨在深化自主学习内容的深度学习?	
评价	
形成性　　　　　　　　　　　　　/　　　　　　终结性	

"学习责任转移模型"是旨在变革教师主导的"教学"为儿童主体的"学习",走向"深度学习"所不可或缺的教学战略,其四个阶段(或要素)是循环往复地展开的。对于我国一线教师而言,可以说是既熟悉又陌生。说"熟悉",是因为大多教师对模型中的不同阶段(要素)一定有过某种程度的成功经验;说"陌生",是因为几乎所有教师对模型的各个阶段的要素与特征,未必有明晰的反思与洞察。因此,这种模型的实施不可能一蹴而就。但只要掌握了这些要素,课堂教学与教师研修的方式就会发生根本性的变革,儿童学习的质与量亦会飞跃地提升。这是一场富于魅力的永远的挑战。

三、磨炼教师的"教学胜任力"

(一) 教学的"设计—实施—反思"

不用说,教学的目的是旨在每一个学生的学习与成长。深度学习不是旨在提供信息与知识,而是触发学生的问题,拓展学习者的自我世界。在深度学习中师生的主体性并非二元对立。学生的学习是借助彼此的交互作用展开的,不是按照教师编写的脚本发生的。因此,教学的行为从某种意义上说具有"即兴艺术"的性质,要求教师在现场同学生一起创造不可预测的学习的进展。由于这种教学的路径是无限开放的,当课后进行反思之后,或许可以发现若干别的可能性。就是说,所谓"好的教学"并没有唯一正确的答案。这种回答是随着学生的不同而不同的,也会随着教学的目的与内容的不同而发生变化。即便是同样的内容,不同的教师也会有不同的"好的教学"。归根结底,对于"好的教学"的"答案"是谁也难以明示的。"完美无缺"的"好的教学"是不存在的。关键的课题在于,每一个教师需要花费时间与心力,从锻造自身的教学胜任力做起。

教师的教学行为由教学的"设计""实施""反思"三种活动构成,而且形成循环往复的过程。[24]

教学的设计。所谓教学的设计是指教师通过发挥自身的想象力、创造力,具体化地明确教学实施的行为。更具体地说,是围绕教学的构成要素——学习者及教学的目的、内容、方法,逐一加以明确并加以链接的教学设计。也就是说,要求教师从"针对谁、为什么、教什么、如何教"的视点出发,综合地探讨特定的单元与课时教学,做出整体平衡的计划,而展开的一连串思考。

教学的实施(展开)。在教学中教师根据课前的教学设计,通过多样的手段(提示信息、讲解内容、做出指示、进行反馈、监控状况),千方百计使每一个学生的学习得以形成。在教学的展开中教师的工作一言以蔽之就是"教育干预",其特征表现为"即兴性"。所谓"教育干预"是指在教学中监控学生的表现,旨在让学生形成更好的学习方式,视不同状况施加适当的影响,针对他们的行为做出随机应变的处理,比如,阻止、支援、激励、引导、链接。"教育干预"包括课前基于教学构想的计划性行为,实际上,基于情境监控产生的即兴应对者居多。在教学展开中要求教师的是,同学生一起创造更好的教学意志。因为,要使得每一个学生作为主体的学习者参与教学,那么,就得在整个教学过程中让他们积极地表达出自身的感悟、疑问与见解,这是不可或缺的。从这个意义上说,教师必须为了学生,在借用学生的力量的同时展开教学。当教师认识到这样一种教学的展开本质是即兴的经验干预,是同学生一起创造协同学习的行为的时候,要在课前预测教学中发生的一切事件,从原理上说是不可能的。亦即,按照"脚本"来进行教学是不可能的。教师必然要修正、转换课前面构想的教学设计与"准备"。就是说,所谓教学展开的行为,是运营教学一连串的行为,同时也可以说是教学的"再设计"(计划的调整、修正、变更、转换)的工作。

教学的反思。一般而言,从事教学的行为或许被理解成是展开教学、直至终结的行为。可以说,所谓"反思教学"是仔细地反思自己构想而展开的教学。教师通过这种反思，获得某种意义上的"发现"，为尔后的实践提供某种参考。就是说，由此产生两种发现：一是关于教学实施的发现，二是面向未来的教学再设计的发现，这两种发现是交织在一起的。

（二）教师必须具备的教学胜任力

在教学实践的过程中，教师是以特定的教材、特定的学生为对象、展开特定的学习，求得期许的结果的一种活动。这种活动的中心在于"设计"与"反思"。教师在不断变化的课堂境脉中，以教材为媒介，重建教学内容的知识，反思学生的行为的意义，针对学生的反应，设计自身的活动与学生的学习。通过这种设计产生的课堂事件的反思与判断，展开下一步的教学。重要的是，所有这些一连串的活动几乎都是在囊括了内在的反思与判断的思考中实施的。教学的实践是"看不见的实践"，学生的学习也是"看不见的实践"。在学习的过程中学生同教科书对话，同伙伴与教师对话，建构教学内容的知识的意义。在活动的过程中学生是怎样学习的，从外部去观察这种学习的内容与过程，是不可能认识的。教学研究就是把这些"看不见的实践"变为"看得见的实践"的研究。当学习是隐私不为人知的时候，其效果是无力的；当公开地、协同地实施对话活动之际，才能发挥最大限度的力量，才能揭示课堂事件的意义、浮现看不见的关系、表达看不见的故事。通过教学研究，教师把教学实践发展为学习的经验，形成由同僚性支撑的学习的专家共同体。因此，作为专家教育的教学研究是学习的设计与反思的研究。教学研究中的教师的学习是"教学的设计""教学的实践""教学的反思"这三种活动循环往复的学习，借助这种循环往复，教师得以作为"专家"成长起来。

教师在课堂中的"教学行为"或许可以归结为"观察·诊断·鉴别"的循环往复。[25]为了实现深度学习，教师必须具备的教学胜任力是：1.仔细地观察学生的姿态、倾听学生的发言（捕捉）。2.理解学生的思考与想法（解释）。3.思考本课时的目标（对照）。4.决定怎样进行应对（判断）。5.条理清晰地板书或者提问（应对）。[26]

倾听学生的声音。要真实地把握学生的姿态，倾听学生的声音是首要任务。不过，教师还必须解读学生的行为与话语的含意。每一个学生都有各自的生活背景与成长经历，每一个学生都有其个性特征。这就必须理解学生发言的背景，深度思考其话语的含义,对表面的把握不能说是充分的。

对照课时的目标。针对该课时的目标,当下学生的学习状态是怎样的,进行对照,做出即时判断,做出诸如"如此这般的课堂氛围是不错的""好好振作一下""做一些调整与修正,加以应对"等判断,以某种方式进行应对。可以对学生做一些言说,或者做一些板书,或者默不作声,可以用不同的方式方法,即时变换手法。

同僚性的建构。学校是教师学习成长的最有效的场所,教师是以自身的课堂实践的深思与反思为基轴而学习成长的。作为教师成长的契机,最有效的是同一所学校的同僚的建言。指向"深度学习"的教学需要职场同僚之间的协作,形成学校与年级教师团队的力量。一个人难以办到的事,靠团队就容易实现。这就要求指向教师实践能力提升的校本研修,特别是课例研究,让全校教师拧成一股绳。

(三) 课堂研讨的基本技能

1. 创设场域。"场域"分空间物理性设计与人际关系的心理性设计。所谓"空间物理性设计"指的是课桌椅的排列、纸板与标签的准备等外在的物理环境,而所谓"关系性的心理性设计"指的是定向、定位之类的内涵性的心理环境的设定。这里的"场域"也包含了氛围与态势在内。"创设课堂研讨的场域"指的是,组合外部的物理环境的设定与内在的心理环境的设定,调节场域的氛围与态势。

2. 分组。所谓"分组"是指通过配对、组织 2—3 人的学习小组或者中型的学习小组,乃至整个班级,使得该场域发生变化。即便是面对同样的课题、组织同样的成员,形成不同规模的小组,对话的内容与进展的方式也会发生变化。比如,在配对的 2 人组学习的场合,谁都逃脱不了,不回应就不能展开对话。在 3 人组的场合,比 2 人组更扩大了一些,容易形成 2 对 1 的构图。在讨论中可能形成 2 对 1 的局面,也可能形成只是 2 人对话,1 人旁观的局面。在 4 人组的场合,能够形成 2 对 2 的局面,等等。可以说,这也是学习小组规模的基本构成。

3. 提问。这是按照怎样的顺序、提出怎样的问题的技能。即便是问同样内容的问题,话语的选择、提问的方式时机、序列,研讨的展开或到达点都会有所不同。

4. 可视化。"可视化"指的是把稍纵即逝的口头语言,写在纸上或者白板上,加以显性化，用图表之类，比用口头语言更容易描述。在教学中如何让学生活跃地展开讨论，如何显性化，是口头讨论中教师应当注意的课题。

5. 程序设计。程序设计是同教学设计密不可分的。作为时间流程的设计，起承转合是基本的范式。这是指一种程序设计，往往在起承转合中促成教学的觉悟。

教师的工作是认知性的，同时也是情感性的。教师之间彼此开放课堂，分享各自的经验，是实现"深度学习"所必须的。爱因斯坦说："不做任何思考、一味敬畏权威，乃是寻求真理的最大敌人。"[27]挑战守旧势力、践行"深度学习"，是 21 世纪专家型教师成长的必由之路。

参考文献

[1] 普鲁斯特. 追寻逝去的时光（全 13 卷）第 10 卷第 5 篇《被囚禁的女人》[M]. 铃木道彦，译. 东京：集英社，2007：97.

[2][5] 高垣真由美，编著. 教学设计的最前沿Ⅱ：创造理论与实践的知性过程[M]. 京都：北大路书房，2010：61—62，62—64.

[3][25] 杉尾宏，编著. 教育沟通论[M]. 京都：北大路书房，2011：63—66，164.

[4] 小室弘毅，斋藤智哉. 教育的方法与技术[M]. 东京：中西屋出版公司，2019：63—64.

[6][7][16][17][18][20][21][22][23] D. B. Fisher, N. E. Frey，著. 学习的责任在谁：借助"责任转移模型"变革教学[M]. 吉田新一郎，译. 东京：新评论社，2017：5，7，7，44—66，74—85，18，131，180—183，234—236.

[8][9] 维果茨基. 最近发展区理论：教学过程中的儿童智慧发展[M]. 土井捷三，神谷容司，译. 大津：三学出版有限公司，2003. 19，18.

[10][11][12] 恩格斯托姆. 拓展学习[M]. 山住胜广，等，译. 东京：新曜社，1999：210，208，212.

[13][14] 松尾睦，著. 经验学习[M]. 东京：同文馆，2006：58，61.

[15] 铃木克明，美马百合，编著. 学习设计指南[M]. 京都：北大路书房，2018：64—65.

[19] 钟启泉,著.课堂研究[M].上海:华东师范大学出版社,2016:57—60.
[24] 佐藤学.培育作为专家的教师:教师教育改革的宏观设计[M].东京:岩波书店,2015,114.
[26] 田村学.深度学习[M].东京:东洋馆出版社,2018:225.
[27] J. Mayer,等,编.爱因斯坦150句名言[M].21世纪编辑部,译.东京:厚德社,2019:66.

第十章 深度学习与教师成长

教师不是一个人成长的,单靠个别教师的成长也难以成功。教师是在相互学习——向前辈教师学习,跟同辈教师合作,给后辈教师帮助——的过程中成长的。"深度学习"的质,归根结底取决于教师作为专家的成长的质,而这种成长的质又取决于"教师学习共同体"的形成。

一、作为"反思性实践家"的教师

(一)教师角色的演进

教师是教育的专家,教师的职业是专门职业。"专家"这一术语的语源是古希腊语"profess"(神的意旨),意味着接受来自神的使命的嘱托。起初出现的是牧师,尔后是教授、法官、医生,最后是谓之"教师"的职业。这是中世纪欧洲的传统,也是随着近现代社会的形成而带来的变化的一部分。不过,在全球化的今日,各种职业仍然是基于公共使命而得以完成的工作,仍然要求高度的知性,这是永恒不变的。那么,作为职业的教师是什么样的专家呢?在20世纪的工业化社会里,知识的量与理解受到重视,教师发挥着作为"教的专家"的作用。这是因为要求教师发挥有效地传递知识,让学生理解的技艺与作用。不过,在知识社会的21世纪,教师仅仅是"教的专家"是不能适应社会的变化的。当代教师工作的复杂性要求高度的见识与判断,作为专家的教师形象必然随着时代的发展而更新。

(二) 作为"学的专家"的教师

教师的专家形象从"教的专家"转型为"学的专家"具有划时代的重要性。在这里要求教师拥有高度的专业知识,而且具备能够展开新型学习的"实践指导力"。在这种"实践指导力"中特别强调"协同学习"的意义。运用知识、技能的学习活动与课题探究型学习,即便是个人也能实现,而"协同学习"所不可或缺的是同他者的对话。"协同学习"有助于提高生产性(效率),但可能会出现三种情形:其一,教与被教的关系可能固化,一旦固化了教与被教(支配与被支配)的权力关系,就会妨碍深度学习。其二,过分强调全员对课题的同时理解、同时解决,有可能限制了课题与问题的质的高度与难度。学生的学习方式是多样的,难点与困惑也是多样的。尊重这种多样性,保障所有学生学习课题的设定是必要的。其三,小组内的讨论活跃,但有可能讨论不深。[1]需要注意倾听每个小组讨论的内容,倘若判断讨论的内容过于简单,则宜及时地提升探究的水准。

(三) 从"技术熟练者"到"反思性实践家"

学校的"教师"究竟是怎样一种角色,经师?人师?心师?——不同的历史时期有不同的教师形象。佐藤学以纵轴——"官僚化与民主化",横轴——"专业化与非专业化"作为坐标,进行了教师形象的类型与文化的梳理。依据其支配性文化,可分为如下四类:1."作为公仆的教师"——这是处于现代学校制度基底的教师形象。所谓"公仆"是指"为公众服务""公务员"的意涵,要求对大众虔诚的献身性与遵纪守法的精神。2."作为劳动者的教师"——这是 20 世纪 60 年代以来以教师工会运动为基础普及起来的。它是一种从理念上跟"圣职者的教师"形象相抗衡、从现实上跟"公仆的教师"相抗衡的教师文化,这种文化拥有"教师也是一个劳动者"的社会意识与政治意识,因而展开作为劳动者的权利主张的运动。3."作为技术熟练者的教师"——这是基于教师教育与研修的制度化而普及起来的教师形象。伴随着 20 世纪 60 年代科学技术的发展,教育也展开了科学研究。这种教师形象是以科学技术的合理运用作为其实践原理的。根据舍恩(D. A. Schon)的见解,所谓"技术合理性"指的是"严格地运用科学的理论与技术的一种工具性问题解决的思维方式"。4."作为反思性实践家的教师"——这是同"作为技术熟练者的教师"相抗衡的教师形象,其特质是不仅关注教材研究与教材开发,而且通过基于课堂实录的具体课堂事实的反思,提升实践的见识。在这四种教师形象中处于专业地位的是"技术熟练者"与"反思性实践家"。"技术熟练者"是"教的专家","反思性实践家"则是"学的专家"。不过,"技术熟练者"成长模式是容易想象的,"反思性实践家"的成长过程却难以想象。这就需要认识构成"反思性实践家"的核心——"反思"了。

"反思"(reflection)"反省""省察""回顾",大体是同义词。不同的人,理解方式多少有些差异。一般所谓的"反思"是指在一连串的事件终结之后,事后以诸多的行为作为对象,加以理解,发现改进之处。在 PDCA 中(P 计划/D 实施/C 评价/A 改进)就有这一种意涵。"反思"是理解"反思性实践家"(reflective practitioner)最关键的概念。舍恩从建筑设计师、医生形象的分析,医学与精神疗法、工程学、城市规划等专家形象的分析出发,描述了作为"反思性实践家"的新的专家形象,揭示了何谓"实践"。在他看来,"关于行为的反思"是极其重要的,另一方面,作为专家的行为不是停留于默会知识,而是有必要同他者分享。因为整个"行为中的反思"过程,其实是实践者应对情境的不确定性与不稳定性、独特性、情境中的价值观冲突时的实践智慧的核心部分。所谓实践者的行为的"反思"是对行为本身的反思。对于作为"学的专家"的教师而言,行为中的反思是不可或缺的。倘若离开了"反思",许多实践者就会把自己陷入技术熟练者的见解,错过了在实践世界中进行反思的机会。这样,对于教师而言,更需要的是"围绕行为中智慧生成的素材进行反思"。"行为中的反思"是一种"实践认识论"。

(四)教师形象的再造与教师学习

教师通过反思引出的在实践中起作用的知识,谓之"实践性知识"。李·舒尔曼(L. S. Shulman)倡导"教学设计的知识"(PCK)占据教师职业知识的核心地位。PCK 提示了教师根据教学中学生的学习过程,链接学科内容的知识与教育学知识的重要性。教师要把日常学到的具体的知识运用于教学实践之中,就得把它们转化成 PCK,作为"反思性实践家"积累反思,是极其必要的。

如前所述，自 20 世纪 60 年代以来，围绕教师"专业性"的言说，突飞猛进。舍恩把教师也视为一种专家，描述为"反思性实践家"。在"教学"这一复杂的过程中是否真正实现了学生的学习，存在着不同的意见分歧。不过，艾斯纳（E. W. Eisner）认识到，这样一种瞬间是"教育瞬间"（pedagogical moment），他把能够准确地判断"何谓教育瞬间"、洞察学生发展与变化的"教育慧眼"，谓之"教育鉴赏"（educational connoisseurship）。这样，随着晚近围绕教师形象的描述不断得以琢磨，教师的专业性内涵也在教育学（方法学）的领域中得以明确。一线教师在自身的教育生涯中应当发展怎样的职能，如何发展这些职能，也得以分享了。

为了从经验中引出教训，获得实践知识，"反思"发挥着重要的作用。从经验中学习的"反思"存在两个时间维度。其一是"回顾性反思"，这是从过去的体验中获得意义与意涵的解释及深度洞察。其二是"展望性反思"，这是面向未来的、关于实践可能性的深度思考。特别是从失败中汲取教训的场合，基于第一个维度的范式，修正计划、改进行动，是十分重要的。为了深化对自己行为的洞察，描述自己是如何基于经验获得成长的面貌，可以在尔后的教学活动中发挥作用。在上述两者之间也存在"行为中的反思"，这是指在行为进行之中，监控状况、引起警觉，适当地调节行为。重要的是，在课堂教学这样动态变化的复杂情境中，边反思、边灵活地做出应对的反思性实践。所谓"反思性实践"是指，一边推进实践，一边有意识地系统地反思情境与经验，适当地调整行为，深化洞察。例如，资深教师作为"反思性实践家"能够解说教学中的事件、并讲究适当的对策。归纳起来，作为"反思性实践家"的"反思"大体分为三类：其一，"行为中的反思"的实践。在行为的反思中，在过程中会思考当下自己进行的行为，改进自己的行为。这种行为中的反思在专家的智慧生成中起着重要的作用，其二，在课后进行的"行为的反思"，有别于"行为中的反思"，谓之"关于行为的反思"。其三，作为"元认知的反思"，亦即反思过程本身的"关于行为中的反思的反思"。

柯萨根（F. A. J. Gorthagen）强调了"教师学习"中"经验""反思"与"实践智慧"的重要性。教师的学习是基于经验的学习，可以说是"行为"与"反思"不断交替的过程。他把这个过程分为五个阶段——"行为""行为的反思""本质特征的发现""行为选择的扩大""尝试"，简称为 CLACT 模型。[2] 柯萨根提炼出作为"行为反思"阶段的机制而采用的"八个问题"，这就是：1. 我做了什么？ 2. 我思考了什么？ 3. 我感悟到了什么？ 4. 我希望什么？5.学生做了什么？6.学生思考了什么？7.学生感悟到了什么？8.学生希望什么？[3]

"反思"与"反思性教学"的概念几乎都是基于教学中逻辑分析的信息处理方法来界定的。就像各式各样的学者用二元对立的概念来界定关于"思维"的概念——"分别性"与"整体性"、"合理性"与"非合理性"、"默会知识"与"明示知识"——那样，众多学者把"反思"视为合理性的思维方式。柯萨根则基于格式塔心理学的见解，把引发非合理性的思维方式谓之"格式塔"。就是说，课堂中解读信息、决定事物的方法依靠右脑进行信息处理的可能性极高。据此，与其说教师是基于合理的思维方式决定自身的言行，不如说是受格式塔的触发而决定言行的。[4]

柯萨根论述了反思中"发现"的关键在于"情感"与"期待"，倡导"反思的冰山模型"。这个模型表明，在水面上看得见的部分，相当于客观的、视觉容易辨别的"行为"；接近水面隐隐约约看得见的部分，相当于通过语言能够把握的"思维"；而在水面下看不见的部分——表情与一部分思维，倘若不仔细观察是难以把握的，而且终究单凭借观察难以清晰地把握的是"情感"；进而在水面下的深处部分，是"期待"。一般界定的"反思"往往聚焦水面上看得见的部分——"行为"与"思维"，柯萨根则把它颠倒过来，主张"情感"与"期待"是触发人的行为的，尽管聚焦的未必是合理性的要因，但通过反思这些非合理性的要因（前述的八个问题），能够变无意识为有意识。这八个问题作为"反思"的象征性机制有别于历来的"反思"概念。可以说，教师通过投出这些问题，把失落的大部分思维捡回来了，从而免于自身（或者同僚）见解的偏颇与失落，提升"反思"的水准。[5]

佐藤学说："教师不是一个人成长的。作为专家的学习与成长的教师，是从前辈的榜样中学习，从同僚伙伴的相互学习、并受到后辈成长的支援，在共同学习中成长起来的。可以说，作为专家的教师成长的质，取决于教师所在的专家共同体的质。"[6]

二、教学研究范式的转型及其课题

（一）教学研究范式的转型

晚近围绕"教师学习"的模式展开了活跃的讨论。尤其是教师作为专家，通过适当的教育方法与技术得到成长,能够发挥作用并愈益受到关注的是"校本研修",亦即"教学研究"。当然,教师学习的场域各式各样,包括大学主办的研修班、教委主办的培训班、民间学术组织的讲席会,等等。不过,教师在学校的日常教学实践中的研修却是影响教师成长的最大制约因素。校本研修存在形形色色的实施体制,通常是就某个特定教师的公开课,在同僚观摩之后,一起展开教学研讨,这就是"教学研究"。不过,在近40年间,就教育学研究而言,实现了从"行为科学"向"认知科学、学习科学"的根本转型。20世纪80年代,在"教学研究"中基于行为科学的"过程—产出模型"的定量分析(量化研究)的论文,销声匿迹,而基于认知科学、学习科学、文化人类学、民族志研究的定性方法(质性研究)阐释的教学研究占据了统治地位,被誉为"革命性的变革"。

李·舒尔曼用3C——"学科内容"(content)、"教师与儿童的认知"(cognition)、"课堂与学校的境脉"(context)——的复权,来表达这种范式的转型。历来基于行为科学的"教学研究"是借助作为"独立变量"的教育技术与教育方法,与作为"从属变量"的课后测验所测定的学力与技能之间的因果关系的量化分析,来进行阐释的研究。课堂的事件被视为"暗箱",亦即不问学科内容、教师与儿童的认知、以及课堂与学校的境脉。反之,基于范式转型的教学研究,以学科内容、教师与儿童的认知、以及课堂与学校的境脉作为依据对象,基于解释来阐明课堂事件与儿童学习的意义与关系的研究。[7]

表10-1 传统的教学研究与革新的教学研究的对比[①]

	传统的教学研究	革新的教学研究
目的	教案和教学技能的改进与评价,实现有效的教学	基于学习反思的教师实践性知识的形成,教师专业性的发展
对象	教案,教师的教学行为(提问等)	儿童学习的经验,相互学习的关系
基础	行为科学,教育心理学	认识论哲学,学习科学,人文社会科学
方法	量化方法,分析、概括与法则化	质性方法,案例研究,叙事法
特征	因果关系分析	意义与关系之格局的认识,实践性思维
结果	教学计划,教学技术	教师的实践性知识,学习的设计与反思
表达	命题性认识,步骤性理解	叙事方式,实践性知识与实践性智慧

---

① 佐藤学.培育作为专家的教师:教师教育改革的宏观设计[M].东京:岩波书店,2015:100.

这种教学研究范式的转型带来了一线教师的校本研修——教学研究——的革新，其典型的案例就是"学习共同体"学校改革的教学研究。学习共同体的教学研究不是旧有的"假设—验证型"的教学研究，而是以"基于反思性实践的专家学习"为原理来推进的教学研究；不是旨在培育"技术性熟练者"的教师，而是要求"反思性实家"的教师成长；不是以教师的"教授"为中心的教学研究，而是以"学习"的设计与反思为中心的教学研究。[8]

表10-2 通常的教学研究与学习共同体的教学研究的对比①

通常的教学研究	学习共同体的教学研究
目的：1. 改进教学 2. 提高学力 3. 培育熟练的教师	目的：1. 实现儿童学习的权利 2. 创造优质的学习 3. 深度思考的教师的成长 4. 构筑同僚性 5. 人人是主人公的学校与课堂
焦点：教材研究、教案、教学技能	焦点：儿童的学习活动与关系 真正的学习与协同学习
频度：每年3次左右	频度：每年30次以上

这种教学研究的基本特征如下：1. 它是扎根于教师日常工作的"现场第一主义"的研究。2. 它是以所在学校的同僚之间相互学习的"实践共同体"为基础的研究。3. 它是应对教学全过程（课前、课中、课后）的一种反思性思维的研究。上述三点相辅相成，形成促进以教师的学习与成长为特色的教学研究。教学研究离开了日常的实践，表现出"表演式"的倾向，导致形式主义，鼓励平日绝对不会出现的"演技"，绝不是"深度学习"所要求的。那么，应当如何来激活课堂研究拥有的潜在可能性，形成各自学校的生动活泼的教学研究呢？这就得改变空洞化与非日常化的弊端，面向"日常的教学"、展开日常教学的缜密反思，从而为未来的课堂教学创造，积聚能量。

---

① 佐藤学.培育作为专家的教师：教师教育改革的宏观设计[M].东京：岩波书店，2015：102.

（二）教学研究转型的课题

1. 教学研讨焦点的转换

教学研讨的关键在于如何"在反思中加深反思"。在通常的教学研究中，教材研究、教案、教学技术是观察与研究的焦点。这种研讨在多数场合是执教者的提问、指示、板书、教材研究和教材提示、学习环境的构成与一节课的学习流程、单元计划等单元集、年度教学计划，等等。议题广泛，而且往往是围绕执教者的质问与意见展开的：（1）是怎样的意图，做出那些提问的？（2）为什么采取这样的信息提示方式？（3）为什么让最先点名的那个孩子回答？

在"深度学习"的教学研究中，从聚焦"教师的教学方法"转移到聚焦"学生的学习方式"。亦即，大多是围绕课堂事实，以执教者教学的精彩之处为中心展开讨论：（1）这是一节非常出色的课。（2）孩子们兴趣盎然地学习。这就是说，研究具体的每一个学生的学习活动与关系，旨在实现优质的真实性学习与协同学习。所谓"真实性学习"是紧扣学科本质的学习，是把同客观世界的相遇与对话置于学习之中心的学习，这种观察、活动、认识、议论的对话，意味着紧扣学科素养的结构：文学即文学样式的学习，历史即历史样式的学习，物理学即物理学样式的学习方法与风格。另一方面，所谓"协同学习"是基于哲学与学习科学的基础——"不是一个人能够形成的，是在同他者的对话与协作中形成的"。

前者的教学研讨，其质问往往是挑战性的，在研讨会上观摩者对执教者采取一味批判的架势，侃侃而谈，可谓"活力四射"。然而，这种交织着对执教者持否定的发言，把执教者置于"被审判"的地位，是不可取的。而且，在研讨会中一部分人垄断了发言的机会，其余的参与者不过是一种陪衬罢了。而后者的教学研讨重在教师观念的转变，亦即"教学研究"不是判断执教者的教学手段的优劣、不是鉴定执教者教学能力的场所。"教学研究"与其说是评判执教者的场所，倒不如说首先是检验观摩者的姿态与实力的场所。教学研究是执教者与观摩者共同创造新的教学的场所。观摩者应当把立足点置于通过教学观摩来创造明日的教学，生成能够体现出"学习共同体"创造的丰饶的"学习场"。

2. 采用真实的儿童的名字，展开言说

那么，公开教学之后的研讨会上的发言应该是怎样的呢？重要的是，不应当采用抽象性的话语来讨论一般性的意见。教师需要着眼于学生的具体姿态展开讨论，在研讨会中围绕所观摩的教学的具体事实，指名道姓地来展开讨论——"〇〇同学，在△△场面，做出了□□的发言"。为此，在教学观摩中要求教师如实地记录每一个学生的姿态，全方位地致力于从学生的发言、学生的行为来收集信息。在这里重要的是做好教学记录，数字摄像机与数字录像、录像片都是有效的工具。不过，它们终究是辅助手段的工具，课堂的事实应当借助文字记录和笔记来揭示。"深度学习"是如何得以实现的，是否接近知识的运用状态，除了具体地揭示学生的状态，别无他法。这就要求细致地记录教学中学生的表现，还得探讨这种事实产生的原因。学生的学习活动无论是顺利地展开还是处于迷乱的状态，一定有其产生的原因，教学记录就是旨在推测原因究竟何在。因此，要提升教学研究的质量，就应当追问观摩者的姿态。

教师与其探讨"教什么、怎样教"，不如着眼于"学什么、怎样学"。这是教学研讨的大前提。从这个意义上说，教学研究的基础应当是"学习研究"——着眼于每一个学生的学习，探讨作为教学环境的教学方式的应有状态所固有的境脉与具体意义。

3. 提出代替方案

关于教学研究应当评价什么，即评价对象的问题，表面看来多种多样，不过就教学研究的本来目的来看，是显而易见的，那就是为了实现优质的教学，为了实现学生优质的学习。由此可以说，评价对象是每一个学生，其标准归根结底在于是否实现了深度学习。即便教师的讲解与教学的工具再出色，不能提升每一个学生的学习活动的教学，决不能说是好的教学。因此，在教学研讨会上观摩者不应当醉心于无休止的批判，而是有必要表明对实际的教学模式赞成与否，围绕当下教学的细微部分仔细观察的结果，做出发言，而且重要的是，就发觉的问题，提出代替的方案。在教学中所发现的课题与产生的问题应当如何改进，具体地提出建设性的意见——"我感觉〇〇存在问题，究其原因可能是△△，倘若是我来上的话，就应当□□。"——要做出这种发言，就得在观摩的过程中持续地思考产生问题状况的原因及其改进策略，在课后的研讨会上彼此坦诚地交换意见，为创造更好的教学提供不同的线索。可以说，能够提出替代方案的，才是有实力的教师。为了提升教学研究的质量，就应当叩问观摩者的实力。

4. 设计研讨的场所

教学观摩不是悠然自得的场所,而是敏锐地调动观摩者的诸种感知,全力以赴地做出记录,绞尽脑汁,探求自己主张的天地。可以说,对于教师而言,这是不容喘息、马虎不得的学习的场所。反反复复地经历这种教学的观摩,才能确凿地发现课堂诸多的事实,扎实地培育观察课堂的慧眼,揭示学生行为的背景,思考原因与改进的方略。重要的是在于,在教学研讨会上能够把自己在观摩教学之际收集的信息与认真思考的见解,超越立场,自主地交换意见。如前所述,即便是观摩同样的课,观摩者的实力当然是参差不齐的。不过,这正是发挥从不同的视点出发进行的教学分析,才能生成更丰富多彩的智慧。正因为如此,也可以考虑准备小型的研讨会。成员可以是由各种年龄层次与性别的教师组成,成为收集广幅度的信息的集体。在此基础上,梳理信息,凝练见解,创造新知。特别鼓励年轻教师勇于发言,经验丰富的教师则应当洗耳恭听。经验年数与专业学科、擅长的领域各不相同,应当广泛地接纳这种互动的差异,以学生的学习为中心展开讨论。当然,观摩者的差异以及其间形成的交流,就可以创造丰富的学习场所,产生作为团队的一体感。此外,这种研讨的场所也可以成为交流日常教学实践的契机,同研讨会的日常实践结合起来,就会形成基于作为团队协作的学校创造。为了提升教学研究的质量,催生观摩者之间的丰富关系的学习设计,显得格外重要。

三、教学研究:充实教师的"专家资本"

(一)学什么

1. 认识教学活动的复杂性。教师通过校本研修学习什么呢?倘若是学习教学的方法与技术,在教学观摩之后教师也可以模仿教师的提问、板书、教材教具的使用方法,作为一个模本来仿效是有效的。可以断言的是,这样单凭对执教者的外在行为的表面模仿,只能产生诸多弊端,是难以实现教师作为专家的成长的。

那么,如何通过学习适当的教育方法与技术来实现教师的专业性成长呢?应当从校本研修中学习什么呢？回答这个问题的关键在于展露教者"行为"的复杂性。在教学中，我们肉眼看得见的教师的"行为"不过是冰山的一角，存在着支撑隐藏在水面下教师的"行为"的复杂因素。在教学研究中极其重要的一点是，不能停留于看得见的教师的"行为"，必须围绕处在水面下的看不见的多元要素展开探讨。比如，在某个教师的教学中让学生通过使用手机来进行对话活动，在这种看得见的教师的"行为"的水面下，其实存在着支撑其"行为"的各种要素：处于最底层的是该教师的"信念与态势"。该教师把思维的工具从历来的笔记与铅笔改为信息机器，或许存在着拓展与深化学生思维能力的"信念与态势"。不过，单凭这种"信念与态势"并不能立即付诸"行为"，还得有对自己执教的班级学生是怎样的学生，即具有对学习者的"知识"，这是不可或缺的。根据诸如此类的"个性化"的知识，教师才能做出是否让学生采用手机来进行对话的"判断"。基于这种水面下的综合因素，我们所看见的教师的"行为"才得以展露出来。另外不可忘却的是，师生之间的交互作用——教师的"行为"是怎样对学习者起作用的，教师又如何回应学习者的反应的。在教学研究中往往只关注教师的"行为"，作为学习者是怎样学习的状态，往往被忽略了。促进教师学习成长的目的最终在于提升学生的学习质量，了解学生在实际上是怎样学习的，这个视点是不可或缺的。

2. 对支撑执教者"行为"的各种要素进行反思。在教学研究中把水面下支撑这种教学的教师"行为"与学生的学习实态关联起来进行反思与仔细的讨论，是极其重要的。即便实际观摩了公开课，实际上知道这位教师上课的情形，但这位教师究竟是以怎样的"信念与态势""知识"来展开他的"行为"是难以观察到的。不过，在这里重要的是，我们可以带着这样的视点——教师的"行为"是在怎样的"信念与态势""知识""判断"的关系之中产生的——来展开反思。在教学研究中要求通过观摩同僚的公开课，观察该教学中产生的教师"行为"与学生的学习实态，进而反思看得见的"行为"的水面下的复杂因素之间的关系。但这绝不是单纯表面地观察看得见的教师的行为，而是以此作为范本来展开的研修。为了通过教学研究促进教师作为专家的成长，在观摩的课堂事实中，重要的是作为执教者的同僚教师是以怎样的"信念与态势"准备教学的，是基于怎样的"知识"作出来的"判断"来采取"行为"的，以及积累作为学习者的儿童是怎样学习的反思案例。通过这种积累，就会在自己的上课过程中渐渐地培育起进行"行为中的反思"的能力。

（二）跟谁学

1. 同僚性。在教学研究中回答"跟谁学的问题"，首先需要关注的当然是"同僚"。或许这个回答本身不成问题。但是，同怎样的"同僚"学习，却是左右教师成长的重要课题。所谓"同僚性"（collegiality）指的是在职场中教师之间形成了怎样一种沟通关系。比如，是单纯的随意闲聊关系还是相互探讨教学相长的关系，会极大地影响到教师的学习与成长。倘若同僚关系不好，即便反复地展开教学观摩活动，教师之间也难以形成专业能力。可以说，在教学研究中不仅是"学习什么"，还是"跟谁学习"，亦即在怎样的"同僚性"规范中学习，是一个重大的问题。

2. 教师文化。作为制约"同僚性"的最大要因是"教师文化"。所谓"教师文化"指的是"教师个人或教师团队的关系方式的总体"。每一所学校都拥有个性的"教师文化"，但另一方面也存在着超越每一所学校和社区所拥有的共性。哈格里夫斯（A. Hargreaves，1951）从教育、社会、经济、政治等诸多方面，围绕教师的专业性与"教师文化"进行了研究，他把典型的"教师文化"分为五种类型：其一，"个人主义型"——顾名思义，指的是每一个教师彼此孤立，同僚之间几乎没有交流的状态。其二，"山头割据型"——指的是同一年级与学科的同僚关系密切，同其他年级与学科教师之间几乎没有交流的状态。其三，"步调划一型"——这种状态确立了家族式的一起处置任何事情的关系，可能形成上命下从、唯唯诺诺的工作状态。其四，"组织配置型"——这是为取得作为组织的成果，借助官僚作用而形成协同性组织的状态。其五，"动态镶嵌型"——指的是来自教师的问题意识与必然性非正式地形成的"教师文化"。在这种类型中，教师根据需求灵活地进行合作，不是固定的集体，根据需求其合作的成员也会发生更替。由于不是自上而下组织的"教师文化"，关系性不稳定，在合作上容易产生矛盾与分歧，但对教师的专业成长却是一种有益的"教师文化"。[9]

3. 作为团队的学校。通过校内外专家的合作，校内研修得以保障，可以期待学校成为打磨教师专业性的学习场所。

(三) 怎样学

1. 打磨"读取能力"。毫无疑问,实现"深度学习"的关键在于教师锲而不舍的努力。不过不管怎么说,学习的主体是学生——学生聚精会神、孜孜以求,正是深度学习所需要的,这就要求教师能够把这种教学作为理想,作为学习主体的学生的"学习"必须置于中心的地位,如何读取学生的"学习"状况应当成为焦点。倘若教师不能仔细地读取学生的具体状态,并且同课堂事实一起展开讨论,也就不可能展开实现"深度学习"的讨论。正因为如此,具体地讨论"深度学习"的学生的状态是极其重要的。另一方面,这种读取能力在不同的教师之间存在一定的差异,也是事实。即便是同样的课,既有仔细地议论"这个学生的学习如何"的教师,也有不能做出议论的教师。在日常的教学中或者在教学研究中,教师必须掌握这种读取能力。

2. 描述教学。在教学研讨的场所展开扎根课堂的事实的"协同解读",尤其是认识参与者之间的非对称性,十分重要。至少有三个要点:一是重视执教者的说明,重视同执教者对话。二是以反思课堂事实作为线索,交流解释。三是用自己的话语来交换意见。[10] 我们往往可以发现学生如下的姿态:(1)快乐地学习;(2)积极地发表主张;(3)彼此倾听见解;(4)认同独特性与创新性;(5)直面见解与观点的差异;(6)生成自己的思考;(7)重视伙伴之间的存在;(8)觉悟到自己的变化,等等。学生笑逐颜开的课堂,生动活泼的课题,对话在上课之后也会持续的教学——持续地描述这种教学就能逐步地实现"深度学习"。这种教师的姿态正是"深度学习"的引领者,在这里,一定会有"深度学习"的教师。

挑战"深度学习"教师的教学实践与研修,不是旨在添加一些新的"知识"与"技能",而是旨在不断充实自身内心世界的一种"修养"。创建"学习共同体"的学校寻求的"学习"是三位一体的"对话性实践"——同客观世界的对话,同他者的对话,同自己的对话。这种课堂是一个多声交响的世界。

古屋老师一直致力于"学习共同体"的课堂创造与教学研讨,他的"教学隐喻"发生了根本性的变化。他说,"在我的脑海中,'交响的教学'的形象变了。在此之前的'交响的教学'用语中,儿童们的思考被描述为犹如'星座'那般连结在一起,而实现这种教学所必须的无非是有趣的教材开发与合适的教学方法。如今,面对三年级的孩子们,我所抱有的形象与此前有所不同了。所谓'交响的教学',就像'一石击破水中天,激起层层涟漪'那般敏感地作出反应的课堂中生成的教学。'交响的教学'的形象从'星座'变为'涟漪'——这种转换是一种根本性的变革。教师一旦以'涟漪'的交响为基础来展开教学,那就凸显了教师教学技艺的问题——如何读出孩子们的眼神来展开教材的探究;如何把课堂里生成的复杂多样的'涟漪'链接起来、拓展开来"。[11]

教师的学习与成长不仅是旨在教师个人资本的提升,而且有着"学校"这一组织负起公共教育的责任——培育未来社会人才的责任的一面。哈格里夫斯和富兰(M. Fullan, 2012)倡导作为"专家资本"的概念模型,这个模型表明,"人力资本、社会关系资本与决策资本"的循环是培育专家教师所需要的。[12]在以往的学校教育中往往强调教师个人的资质,是作为个人的学习来对待的,而这个模型加上了"同僚性"这一社会关系资本与专家的判断与工作这一"决策资本"。在三者之中特别倚重"决策资本",这是专家的本质。因为充实"决策资本"同教师的个人"素质"这一人力资本、"关系性"这一社会关系资本的激活与发展息息相关。作为根本变革儿童的教师必须拥有丰富的专家资本。基于这一基本认识,柯萨根倡导"教师学习",并且推出了"教师学习"的三个原则,亦即,"越是贴近教师的内在需求越是有效;越是扎根教师的鲜活经验越是有效;越是基于教师的实践反思越是有效"。[13]

参考文献

[1][9] 小室弘毅,斋藤智哉. 教育的方法与技术[M]. 京都:中西屋出版,2019:85—86,218—219.

[2][3][4][13] F. A. J. Korthagen,编著. 教师教育学[M]. 武田信子,主译. 东京:学文社,2010:52—57,251,272,65.

[5] 日本持续学习教育者协会,编. 反思入门[M]. 东京:学文社,2019:18.

[6][7][8] 佐藤学. 培育作为专家的教师:教师教育改革的宏观设计[M]. 东京:岩波书店,2015:20,100,102—103.

[10] 鹿毛雅治,著. 授业这一活动:同儿童一起创造"主体性学习的场所"[M]. 东京:

教育出版,2019:304—305.

[11] 佐藤学.教师花传书:为了作为专家的成长[M].东京:小学馆,2009:23.

[12] 佐藤学,等,主编.学习与课程(教育变革展望丛书第5卷)[M].东京:岩波书店,2017:92—93.

附录 从『基础学力』到『核心素养』：日本的案例

附录 从"基础学力"到"核心素养":日本的案例

探讨作为国民核心素养的"学力"的基本构成及其时代脉络,是教育研究中的根本课题。战后日本教育界一直围绕"学力"或"基础学力"的论题展开学术研究,形成了独树一帜的"学力理论"。所谓"学力"是指通过学校的学习所实现的能力。学力的获得状况决定了个人升学与就业的前途,因而在社会体制中具有赋予价值的一面。正因为"学力"的这种性质,使得其研究大体分化为如下领域:探讨学力形成的学习与发展机制的"学力心理学";探讨学力与学校的社会功能的"学力社会学",以及承担"学力"之实现的教育方法与技术之发明的"学力教育学"。本章旨在通过日本"学力"模型的历史演进与现代特征的考察,提供"核心素养导向的深度学习"的若干思想资料。

一、战后日本的"学力论争"与学力论的演进

战后的日本处于时代的转捩点,学力论争此起彼伏。在第二次世界大战前的教育学中"学力"这一理论领域并不是明确存在的。作为学术研究的学力论是围绕学校的教育内容与学校课程有了讨论的可能,在战后的时代背景之下,在对"新教育"批判的反论中产生出来的。围绕"学力"的意涵反复展开学力论争的一个焦点是,如何把握"知、情、意"三个要素,求得均衡的发展。战后日本的学力论争经历了五个时期。[1]

(一)第一波学力论争:1950年前后的"基础学力"论争

围绕作为"读・写・算"或者国民共同教养的"基础学力"与"新教育"指向的"问题解决能力"的关系的认识,日本学界展开了论争。关于"学力的基础",可以确认如下解释。(a)构成一切学习之基础的"三基"(读・写・算)的基础学力;(b)构成各门学科学

习之基础的作为教育内容的基础学力;(c)作为国民教养之基础,至少在义务教育阶段之前需要共同掌握的教育内容(最低限度水准)的基础学力;(d)学力结构(知识、理解、问题解决学力、兴趣、态度)之中作为基础部分的学力。论争的始点是,1948年前后通过大众媒体挑起的社会舆论对"学力低下"的焦虑和不满。舆论指责儿童连"书信也不会写""县政府所在地的地名也不懂"。这种"学力低下"原本应当是战时和战后初期事实上学校教育功能处于瘫痪状态所致,但事态的发展却成为当时挞伐"新教育"的问题所在,被加以批判了。

面对这种批判,"新教育"的理论"支柱"青木诚四郎率先使用"学力"的术语,出版《新教育与学力低下》(1949年),"学力"这个术语在构成"基础学力论争"的导火线——"低学力问题"的背景下问世了。战后初期的"基础学力论争"是同当时对"新教育"的评价交织在一道的。青木针对传统"学力"的思考,提出了三个疑问——不能仅限于把"知识"视为"学力",而是需要考虑到生活、思考力与生活态度,这是新旧学力观转换的要点。[2]学力论的焦点是"学力"概念中如何涵盖"态度",这就形成了关于知识与态度、学力形成与态度形成、教养与教育的论争。他强调"读·写·算"的认识是陈腐的"知识主义"的学力观,在新学力观看来,"读·写·算"不过是一种"工具"。提高"生活的理解力""生活态度"才是目的。因此,他反驳说,对"学力低下"的指责不过是基于陈腐的学力观的批判。

批判"新教育"的急先锋国分一太郎在《现代教育的探求》(1954年)中则强调,"读·写·算"的"基础学力"是"开启人类文化宝库的出色钥匙",针对"新教育"轻视"基础学力",高扬"捍卫基础学力"的旗帜。尔后,通过久保舜一的调查(1951年),"学力低下"问题随即大白于天下,基础学力的地位和内涵也发生了变化。支持"新教育"的人士也把"读·写·算"的作用纳入视野,对于应当瞄准的"问题解决能力"(活生生的学力)来说,终究是"基础"。从这个判断出发,展开了学力结构论。其代表就是(d)的立场:由广冈亮藏提炼的"三层"(基础课程、问题解决课程、实践课程)组成的学力模型(《基础学力》,1953年)。另一方面,在批判"新教育"的人士看来,所谓"基础"就是人格发展的基础。因此,"基础"的对象从(a)扩展到(b)(c)。国分一太郎在"读·写·算"的基础上加上"科学、文化基础知识",来"捍卫基础学力",而城丸章夫则把"认识之概括"的"读、写、算"界定为"狭义的基础学力",把支撑国民需求的教育内容界定为"广义的基础学力"。

这样看来,"基础学力论争"中提出的关于"基础"的四种解释中,(a)(b)(c)是从学力的客体的、实体的侧面来解释,(d)是从学力的主体的、功能的侧面,来界定基础学力的。这种梳理表明,需要关注的所谓"基础学力"不能局限于"读·写·算"。

(二) 第二波学力论争:20世纪60年代前期"可计测学力"与"态度主义学力"的论争

在20世纪60年代初,以教师的"勤务鉴定"与文部省的"全国学力测验"的实施,以及国家对教育内容控制的强化为背景,围绕"学力"概念的界定与模型化,展开了讨论。论争的一个焦点是,对广冈学力模型的评价。

广冈梳理了第一波的学力论争,发表题为《何谓"学力"与"基础学力"》(1964年)的论文,在战后率先提出了学力的模型。广冈指出"理想的学力面貌"应当概括为让所有学生掌握"高阶的学力,协调的科学的学力,而且是能动发展的学力",并且提出了由双层学力结构——"知识层"(分外层与中层)与支撑知识层"态度层"——组成的学力模型。[3]不过,在广冈模型中,"态度层"基于学力的核心地位,是把它作为支撑"知识层"、促进知识的迁移与发展的主体倾向性来把握的。其结果导致儿童在学习上产生困惑时,不是去追问学科内容与教材的理解,而是融合对"心态"维度的考量,因而被视为"态度主义"遭到了批判。另外,广冈模型全盘接纳了《学习指导要领》的目标论,最终借助发现学习的方法去灌输学习指导要领,形成反科学教育内容的结果。

在广冈模型提出的同一个时期,胜田守一界定"学力"的内涵是,"学习了成果可计测的、可组织的教育内容之后达到的能力",提出基于社会价值的差异而进行的能力分类及其整体结构,主张把"学力"归结为以学校里培育的认识能力为主轴来加以把握。[4]他所谓的"认识能力"是指在"能力的知性化"进展的现代社会,社会需求提高,在这种需求的发展中有序地学习由语言表达的、可传递、可组织的知识所必须的,正是学校应当培育的能力。胜田的学力界定往往容易跟心理学的操作定义——"所谓学力是借助测验可计测的能力"——混淆起来。正因为"可计测"是一个条件,那么,就得提出教育内容的组织化、系统化。对1961年开始的文部省的全国学力测验的实施,胜田的学力界定顺应了所要测验的学力的社会需求，提示了上述的可计测的条件，建构了学习指导引领修订的逻辑。由此可以发现这样一个视点——教育目标论与教育评价论是不可分割的，学力的评价不是选拔与区分学习者等级的手段，而是作为验证教育方法与教育探究是否适当的手段。

支持"新教育"的论者关于学校中应当形成的能力往往是一般能力的论述。相反，以认识能力为中心的胜田的模型，牢牢抓住了学校中能够形成、应当形成的特殊能力——传递与习得文化遗产的过程所不可或缺的契机——的观点出发，来展开学力概念的讨论。不过，在胜田的学力论中，广冈提出的关于知识层与态度层之间的关系、学力与人格之间的关系问题，并没有直接触及。当然，胜田并不是忽略了这个课题，而是把它作为学力与教养的问题而已。

在日本社会里一般所谓的"学力"，往往以为是经过考试的结果与学业成绩之类的可测定的操作性步骤之后获得的测定值。战后作为学力论导火线的学力低下与低学力的问题，实际上就是围绕这种"测定学力"而言的。然而，学力论争本身是围绕理想的学力形象——关于"学力"的主张与价值观，特别是学力的概念界定与模型来展开的。习得教学内容（客体侧面）与形成能力（主体侧面）之间关系的认识，成为学力论争的主要论。学力论争本质上是教育目标论与教育评价论中应当具体化的一种作业。

（三）第三波学力论争：20 世纪 70 年代中期围绕"学力与人格"的论争

20 世纪 70 年代，以经济高速发展的过程中社区生活的荒废，60 年代学科内容的高难度与负担过重为背景，差生、病态学力、身心发展的扭曲之类的问题渐益凸显出来，爆发了第三波的学力论争。在这场论争中，基于胜田的学力界定，学力与人格的关系成为论争的焦点。

教育科学研究会的坂元忠芳对 70 年代的学力问题发表了有力的言说。坂元在《能力与学力》（1973 年）中围绕何谓"学力"的问题，展开了他的学力论——学力不仅是理解力，也包括与此关联的"思考力""努力""动机"在内，[5]强调教学内容的科学研究与"理解的教学"，同时揭示了作为"理解力"的学力的结构、理解力以及支撑理解力的情感与意欲的发展之间的关联。儿童由于生活环境与学校教育的荒废，往往迷失了生活方式的追求。针对这种状况,把"学力"置于内在的人格结构的发展之中。亦即,"生存力"与"理解力"的结合成为学力研究的课题。

面对坂元的这种学力论,藤冈信胜发表《"理解力"是学力吗——围绕学力论的态度主义批判》反驳说,坂元引进受儿童的生活经验与意欲所支撑的"理解力",是一种"隐蔽的态度主义"[6]。坂元的学力论、学力形成问题,变成了社区的荒废与蓬勃生活的恢复问题,而借助固有的学校教学来求得学力形成问题的解决却置之度外。藤冈肯定了胜田与中内敏夫关于学力界定的积极意义,主张"学力"乃是习得并且达到了"成果可计测的、能够普遍授受而组织起来的教学内容"[7],从而明确了自己学力研究与授业研究的方法论立场。

作为生活作文研究者的坂元,在教育内容的科学研究取得了某种程度的进展的认识前提下,从胜田的学力论引出了学力与人格关系的课题,但结果却偏向于把学力论归结为发展论、能力论(学力的主体侧面)。而基于学科内容研究展开授业研究的藤冈,在教育内容的科学研究仍然不成熟的认识前提下,着眼于胜田学力论"可计测"的概念,却把学力论归结为教育内容论(学力的客体侧面)。这场论争同样是从战后新教育批判出发,但双方却从各自的立场——前者是出于"生活与教育相结合的原则",秉持教育实践的生活制约性的立场,后者是出于"科学与教育相结合"的原则,推进学科内容研究的立场——围绕民间教育研究运动的方针而展开的。除了2000年前后的学力低下论争之外,日本战后的学力论争基本上是采取教育学立场的对立——经验主义与系统主义、"生活与教育相结合"与"科学与教育相结合"论的对立——而且以夹杂了冷战格局与官民的政治对立的方式——展开的。

(四)第四波学力论争:20世纪90年代以来围绕"新学力观"的论争

面对上述狭义教育学与教育方法学研究者的学力论,从20世纪70年代末到80年代来自外围的教育学研究者挑起了争端的问题。教育心理学家佐伯胖提出"能否明确地否定'学力'的实在性",主张改用知识与技能的"智能性向"意义上的诸如"知道""理解""能够"之类的"学力"术语。[8]佐伯胖的学力论,反映出从"学力论"到"学习论"的转向。佐伯胖针对坂元,认为认知能力、人类能力之基础的东西是普遍存在的,伴随社区生活的破坏而衰弱或低落的说法是不可思议的;针对藤冈,认为在教育内容的组织与传递中,考虑到学习者的主观条件是重要的。历来的学科内容研究着力于作为科学而确立的知识组织,而有关认知过程,特别是学习者既有的认知图式的研究却极其薄弱。这样,他提出了基于学科内容研究学习者的认知过程的必要性。而后他又批判了教师主导的课堂教学的非日常性,同时引用了"合法的边缘性参与论",把"习得"的过程同文化实践的参与挂起钩来,主张修正学力论与学习论。不过,佐伯胖的学力论局限于教育实践与教育研究的基本方针的意识形态层面,缺乏对于现实的具体教育实践问题,特别是日常的课堂教学层面的关照与回应。这样,一方面激化了历来的学力论争的问题,另一方面也提示了学力研究的一个方向:关注学习者认知过程的研究。

上述从学力论到学习论的转向,随着1990年前后日本文部省推出的新学力观以及围绕新学力观的论争而进一步加强了。在1989年的《学习指导要领》、1991年的《指导要录》中提示的"新学力观"表明了重视个性、教育体制的弹性化与多样化的方向,谋求学习指导的根本转型——从根本上纠正了此前单纯地重视掌握知识技能的教学,转向重视儿童自主地发现、思考、判断、表达并解决课题的资质与能力。这种"新学力观"提出了以"自我教育力的培育"为轴心,在评价的视点上把"兴趣、动机、态度"置于最头等重要的地位,而又不轻视"知识、理解"的学力结构。这就是学力的冰山模型。他把"学力"比喻成浮在水面上的一座冰山,水面上的部分谓之"看得见的学力"(知识、理解、技能),水面下的部分谓之"难以看见的学力"(兴趣、动机、态度)。根据这种比喻,把"看得见的学力"表现为受"难以看见的学力"支撑的结构。这样,他主张,要重视每一个儿童所特有的心得、体悟、本意的世界,谋求其形成与深化,在此基础上,形成"知识、理解、技能"之类的看得见的学力。[9]

对这种新学力观,围绕"兴趣·动机·态度"作为评价对象的问题,就轻视知识的态度主义这一点上,掀起了批判的浪潮,展开了第四波学力论争。全国生活指导研究协议会的竹内常一认为,新学力观不同于站在历来的一元论的能力主义立场的"客观知识"的学习,而是站在多元能力主义的立场上,提出了"主体学习方式的培育",对新学力观的从儿童的学习侧面出发来矫正传统教学观这一积极的一面,给予了肯定的评价。不过,在新学力观的"主体的学习方式"的培育上,指向儿童修得普适的、超境脉的学习方式,借以形成能够主动地应对国际化与信息化的社会变化的强健的日本人,却是存在问题的。

不同于以往的教师中心的学校,竹内常一着眼于以《儿童权利条约》以及儿童"学习权"为轴心的国际化教育改革,突出"批判性学习方式的学习"——在《儿童权利条约》中承认儿童见解发表权等参与权,这种参与权与学习权相统一的学习,从个人及集团的权利的侧面批判性地解读现实的世界,把个人及集团的权利,创造性地写进现实的世界之中。竹内的论述,体现了伊利奇(I. Illich)的"非学校化社会论"、弗莱雷(P. Freire)的"批判性素养论"、波兰尼(M. Polanyi)的"知识论"、福柯的"权力论"等对于现代科学与现代学校的根本怀疑。正因为如此,基于后现代的各种言说所表达的这种主张,其实也隐含了对民间研究展开的旨在科学与教育相结合的研究与实践及其所依据的学力论的默认前提——科学本身是自立的,具有绝对价值的;科学是一个系统,只要系统地教授,儿童就一定能够掌握科学认知力;对于知识是否为真理、是否为正确的判断不是个人而是取决于诸如历史的实践之类——作出了批判。

对新学力观的批判不仅是作为学力论的批判,还有作为学习论的批判。到20世纪90年代,在教育学研究中,乃至在引领战后学力论争的教科研中,"学力"的术语使用也越来越倾向采取消极论、否定论。在从学力论向学习论的转型中发挥了主导作用的,是推进草根的课堂研究与学校变革的佐藤学。佐藤学主张,在走向后工业社会的日本,对于学力的经济价值的信赖正在崩溃,形成儿童"逃避学习"的现象。佐藤学认为,"学力"的概念已经渗透进日常的教育实践,断言它只会对"此时此刻"发生的个别的、具体的经验的意涵与价值起破坏性的作用。无论是学力还是能力本身并不是一个实体的"力",不是一个稳定的存在。评价的对象应当是教育的"关系""状况"。学力的概念被界定为"学校教授的内容的'学习'的成就",只是在以特定的尺度来评定"学习的结果"之际而使用的。在日常教育实践的境脉中还是不使用为好。

佐藤学与上述的佐伯胖一起,基于社会建构主义的学习观,把学校中的学习视为同教育内容对象的对话(认知性、文化性实践)、同课堂内外的他者的对话(人际性、社会性实践)、以及同自身的对话(实存性、伦理性实践)三位一体的过程。[10] 共同秉持"学习共同体"的愿景,借助协同学习,不仅保障每一个人的学习结构(学力保障),更是从重视教学的参与、形成并充实对话关系本身入手。这样,在20世纪90年代,"学习"代替"学力"的术语,作为开辟教育学研究新范式的关键概念来使用。

日本文部省的"新学力观"与民间的"学力论",倡导儿童中心主义、重视从学习过程本身获得的喜悦与价值,而不是为将来的准备,这是共同认可的。其背景是后现代社会化的进展——从"现代能力主义社会"走向"后现代能力主义社会"。在后现代社会的到来与新能力主义出现的双重变革中,20 世纪 90 年代的欧美教育改革瞄准了全球化时代的企业所需要的问题发现、问题解决、战略媒介等能力。在日本,1970 年之前的学力论争是围绕课程编制中"科学"重视论与"生活"重视论之间,应当如何为儿童架起通向现实构想(教育内容)之桥的论争,而在生活方式多样化、社会流动加剧,难以形成现实的、稳定的构想的后现代社会里,学力论争,终究不是儿童与现实(教育内容)之间的架桥的论题。因此,不是重新构想应当传递的现实(教育内容),而是面向儿童,思考如何基于儿童的心灵培育养成应对现实的"能力"。这种倾向,无论是新学力观还是学力低下论,都是共同的,形成了教育的心理学化与教育的无限责任。

(五)第五波学力论争:21 世纪前半"学力低下论争"——从"学力低下"论争到"确凿学力"观的提出(围绕新能力的学力辩论的理论构图)

"宽松教育"与"个性消费社会"相结合的日本走向后现代社会的动向,在第五波学力论争前后进入了新的局面。从揭发大学生"学力低下"开始的第五波学力论争,结合对 1998 年揭橥"生存能力"学习指导要领修订的焦虑与批判,发展为对文部省标榜"宽松教育"的学校课程改革是非的论争。第五波学力论争的导火线不是先锋的教育学家,而是经济学与数理系统的大学教师、财团、基于社会学家。在这次学力论争中,教育行政官僚辨析解说,旧学力(知识量)或许低落,但新学力并不低下。同第一波学力论争如出一辙。在这里,学力的内涵本身缺乏议论,也可以发现排除了作为学力问题的当事者的教师与学生的声音的倾向。然而,儿童逃避学习的事态是昭然若揭的,学力与学习动机的阶层落差的问题也益发突出,提出了思考后现代社会的学力问题的实证数据与论点。由于 2002 年当时的文部科学大臣提出的《提升确凿学力的呼吁——确凿学力的进展》,2003 年学习指导要领的部分修订,提升学力的教育政策与教育实践的方向调整,第五波学力论争大体告一段落[11]。

不过,2004 年 12 月,这里论争又进入新的阶段。2003 年公布的 PISA 学力测验,日本学生的阅读能力从第 8 位下降到第 14 位,带来了"PISA 冲击"[12]。于是,文部科学省推出表达新能力的学力模型——以"确凿学力"观来替代支撑"宽松学习"的"新学力观"。"确凿学力观"的基本思想是,着眼于培育知识社会中的"生存能力",强调在组织跨学科的问题解决"探究"活动的同时,在学科教学中重视基础知识与基本技能的习得,以及通过"活用"知识、技能,来培育"思考力、判断力、表达力"。这样,在 2008 年的学习指导要领修订中提出了因应 21 世纪"知识社会"的新三层结构的学力观:第一层,基本的知识、技能的习得;第二层,运用知识、技能,旨在解决课题的思考力、判断力、表达力;第三层,自主学习的态度(学习意欲)。这三层结构让人不由得联想起广冈亮藏倡导的经典的"三层结构"。不过,第二层"运用能力"的概念大体相当于"PISA 测验"根据 OECD 的关键概念的视点出发所设定的评价内容。另外,增加了由"思考力·判断力·表达力"所建构起来的"运用能力"这厚厚的一层。因此,一般谓之"新三层结构的学力观"[13]。梶田叡一在新"三层结构论"的基础上,提出了"新四层结构学力"的解读,即"理解·记忆"(知识·技能)层——"探究"(思考力·问题解决力)层——"兴趣"(意欲)层、"体验"(感悟)层。在他看来,"学力"的"冰山模型"的最下层是"体验"(因而产生"感悟");在其上层产生"兴趣"(因而形成某种"意欲"),它是受"兴趣"支撑的;从而出现"探究"活动(这就必然形成"思考力"或是"问题解决力"),形成可见的形态——"理解"或是"记忆"的活动。这样,正如学力的冰山模型所示的那样,所谓"学力的形成",无非就是"体验·感悟"与"知识·理解"的一种"自下而上""自上而下"的双向活动过程。

日本"基础学力"的研究为"学科素养"的诠释提供了结构性框架——学力三要素,这就是:1.基础性知识与技能;2.思考力、判断力、表达力;3.能动地学习的态度。关于三者之间的关系,一般的解读往往是,首先习得知识,然后运用思考力、判断力、表达力,学习的意欲则是不同于上述要素的另一种要素,构成分离的、阶段性的模型。这种模型并没有考略三者之间的关联,其背景是,"思考力等能力的运用是以知识的习得为前提的"。但在深度学习中,要求超越这种分离的、阶段性的模型,倡导"运用思考力,同时也习得知识、产生学习意欲"的学习方式。

二、"21世纪型能力"模型与"深度学习"的创造

(一)"关系论学力"的提出

"确凿学力观"一方面体现了新能力主义的学力观,强调基础知识与基本技能的培育(所谓"习得型教育")与自主学习力的培育(所谓"探究型教育")不是二元对立的,两者应当统整地加以培育。这就明确了"习得""运用""探究"之间的关系——它们是相辅相成的,这是其积极的一面。但另一方面,其问题在于,围绕基本知识与基础技能的"习得"的问题——"具体的知识技能的习得与巩固"(知道、能够)与"概念性知识的意义理解"(理解),原本是应当区分的两个不同的认知水准,却把它们归入"习得"这一笼统的范畴里去了。同时,强调"反复"的意义与低中年级"双基"的彻底习得,这就把"作为工具性的知识、技能"同"思维过程"分割了开来,存在一味追求知识堆积的倾向。再者,培育"新能力"的关键在于"运用"——在现实世界的境脉中运用知识、技能。但是,基于各门学科的认知框架的现实境脉的模型化,与要求基于境脉的知识、技能的综合认知过程培育"PISA型学力"的课题,却被矮化为培育PISA型阅读能力了。应当说,思考力与表达力的发展,以及思考力、表达力的发展与语言的发展乃是不可分割的。但是,把运用各门学科的知识技能的学习活动,却作为游离于学科内容之外的一般性的语言活动(记录、归纳、解释、论述)来设计,将会带来这样一种危险性,即把原本借助"运用型学习"来培育的"思考力、判断力、表达力",沦为各门学科的"语言能力"这一形式性的能力。从"确凿能力"观可以发现,"作为工具而积累的知识·技能+运用知识·技能的形式能力"这样一种这二元化的外在的关系结构。由于同各门学科的深度学习无关的非境脉的"力"的泛滥,将会导致教育实践的空洞化、形式化以及学力落差的加剧,即低学力儿童的"习得型学习"与高学力儿童的"运用型学习"之间落差的加剧。

对此,岩川直树从教育实践的逻辑出发,批判性地审思了"确凿学力论"乃至覆盖现代日本教育政策与教育实践的学力论争的方式,特别是"力"概念的界定。[14]他发现了现代"力"概念演变的历史特征就在于"把所有的人类活动、所有的人类的丰富性,均

被还原为技能主义的、量化评价的○○力"。就是说,历来的"能力主义"是把某种处于体制外的人类活动与人类的丰富性,以○○力之类的言说为媒介嵌入竞争与效率的体制之中。在新自由主义的"力"概念的现状中,即便○○力的目录如何增加,也即便如何实证了自由主义带来的阶层分化,只要缺乏矫正"力"概念的哲学,就难以开辟抵制与重建这一现状的道路。在这里,他"围绕言说意义的斗争",展开了关于学力·能力的论述。他梳理了把握"力"概念的如下五个要点:1. 表现为具体境脉中的行为。2. 内化为自身知识的过程。3. 同他者的关系场中形成。4. 拥有独特的经验与故事。5. 同他者的相遇与对话。这是有助于同新自由主义的竞争与控制体制相抗衡,并重建"力"概念的。岩川强调,上述所谓关系论的"力"概念的倡导,不是"自我实现""自我表现",而是旨在以对他者的"应答责任""应答可能性"为基轴,重建课堂中的"学习"。在他看来,"在现代日本教育问题的深处,横亘着那种"身体、场域、社会关系织物"的伤痕的问题。无视这一点,满足于表层的教育问题的言说方式与应对方略,只能使这种底层的深层结构更加伤痕累累。学力测验的平均分数的高低,不是各自学校的教育实践的质的差异,而是反映了各自社区的生活基盘的落差"[15]。然而,在学力论的言说中,把学习中关系性(主体性)的重建视为问题的案例,极其罕见;从恢复作为学习之基础的具身性与恢复同他者的关系出发而展开成熟的论述的,也寥寥无几。立足于上述的问题意识,他提出了一揽子重建的必要性——发现每一个儿童的"能力"问题的事实,需要把握其背后该儿童的"身体"、其生活的家庭、社区、课堂的"场"的伤痕,乃至深层次的人们生存的"社会关系的织物"本身的伤痕,借以重新从心理层面把握儿童的(身体、场域、社会关系的织物)的深层结构。

岩川的关系论的"力"概念是从经验主义的共同体论的教学研究这一"学习"论的立场提出来的。基本上不是个人的能力,而是从关系性的事件为单位来捕捉教育的意义与成果的。岩川针对一些学习论者不仅否定"学力"的概念,而且对"力"的概念亦持否定态度的事实,采取了重建"力"概念的方略,着眼于学习过程的关系与事件的意义与成果的解读。岩川的关系论的"力"概念表明了给人以有"力"的感觉的,是揭示了对具体的行为与人际关系的样态的某种事实。这种"力"的概念本身,以及矫正"力"的场域与阐释方式的意向,值得肯定。不过,这种"力"概念同20世纪70年代坂元的学力论一样,把学力论归结为能力论,在处理学校固有的"力"概念的问题上是存在局限性的。进一步可以说,岩川的关系论的"力"概念把"力"的问题归结为关于行为与经验之言说的一部分。"力"的问题,作为行为与经验之产物,并不是在个体内产生的,也并不限于特定的境脉。它是一种拥有社会价值的、稳定而持续地变化的问题。离开了这一点认识的"力"概念,是不可能真正重建"力"的概念的,其结果无异于"力"概念的否定罢了。

佐贯浩基于岩川的关系论论述,但也着眼于学习的认知的质的差异,在学力研究与教育实践研究的基础上,提出了他的"学力模型"[16]。这个学力模型由三层结构组成——"基础知识层""熟练层""表达·创造层"。不是旨在竞争的扩大"基础知识层"知识记忆量的应试学力(横向学力),而是提示了纵向学力的形成路径——通过汲取学生切身的生活课题,直面知识的运用,同生存能力息息相关的学力。在佐贯的学力论中强调了三层的循环关系,基本上着眼于"表达·创造层。他针对揭橥"生存能力"的2008年版的《学习指导要领》,严厉批判了如下的"自我责任"的逻辑——不是指向儿童难以生存的社会与空间,却把难以生存的原因归结为儿童方面的"生存能力"与学力的有无。另一方面,是否有必要把学习论中的"运用阶段"同以"基础知识的获习得"为主课题的学习阶段区分开来加以设计,都是值得探讨的课题。

佐贯浩的学力论是以学校学习中的关系与境脉的恢复为基调的,比之岩川,更为注重学习活动的认知水准的高阶化。尽管佐贯的学力论同岩川、坂元如出一辙,但也积极地汲取了以竹内为首的20世纪90年代教科研的"参与"论相结合的学力论的成果,强调"参与学习"。"参与学习"基本上是指向生活与教育相结合的。不是作为特定科学概念的丰富的获得手段、激活生活概念的水准,而是旨在生活情境的实践能力的培育,要求挑战现实世界的切实的课题,重建科学概念的学习方式。这种对现实世界的切实课题的探究,将会拓展儿童多样的探究方式的空间,越是逼近课题的本质,越是会在探究过程及其成果作品中,要求更综合、高阶的认知过程。不过,佐贯的学力论是把学力的形成与学习动机的形成作为两个相互独立的系统来把握的。学习动机是指通过能动地参与社会以及伴随而来的学习者的沟通的重建而培育起来的。学力,特别是"表现·创造层"倘若没有能动的差异与主体式的学习动机,就不可能激活。单纯地强调"参与"只能沦为重建儿童难以生存的课堂竞争性沟通,而获得各门学科的科学概念的意义却被等闲视之了。

(二)"21世纪型能力"模型的界定

日本国立教育政策研究所(NIER)在《关于学校课程编制的基础研究》(2009—2013年),与《关于21世纪素质·能力的课程模型的研究》(2014—2016年)的基础上,根据"素养·能力"的层级性,以"思考力"为核心、支撑该思考力的"基础力"与引领思考力方向的"实践力",推出了三层结构的"核心素养"目标的框架(2016年)。图1表明,底层——驱使工具与身体的基础力(语言、数量、信息);中层——深度思维(思考力),涵盖了"问题解决与发现;逻辑性·批判性·创造性思维;元认知·学习方式的学习";上层——未来的创造(实践力),涵盖了"自律性活动;关系形成;可持续的社会创造"。[17]

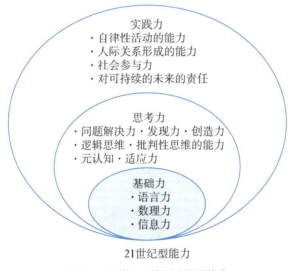

图1 "21世纪型能力"的结构①

"驱动工具与身躯"(基础力)。基础力是由处理语言、数量、信息(数据、绘画、形体、音乐)的能力构成的,具有工具性意涵的素养。人们驱动作为工具的语言、数量、信息与身体,认识周围的世界,并加以表现出来。要把握从生活世界中产生的事件,有效

---

① 日本国立教育研究所,编. 素质·能力(理论编)[M]. 东京:东洋馆出版社,2016:191.

地表达自己的所思所想,就得运用这些工具,反复实践,巩固经验;要同未知世界相遇、更好地表达自己的所思所想,需培育驱动身心,有效地操作包括信息技术在内的多种工具的基础力。换言之,要参与现实的社会,就得双向地运用语言、数量、ICT、信息、绘画、形体、音乐等工具并通过驱动工具,对个体影响作用,培育收集、处理信息的能力(听取能力、阅读能力、观察能力、感悟能力),以及面向客观世界的表达能力(发表能力、写作能力、制作能力),亦即培育基本媒介手段(媒体)的运用能力,成为关键的课题。

"深度思维"(思考力)。思考力是由问题解决与发现、逻辑性·批判性·创造性思维、元认知与学习方式构成的。意味着发挥高阶思维的作用,主体性、协同性地解决问题、发现更新问题的能力。从某种意义上说,人们的一切活动都是围绕着问题解决而展开的。把问题当作问题来加以把握,每一个人拥有自身的思考与判断,同他者进行对话,琢磨不同的思考,求得更佳的解答的能力、重建知识的能力、发现新问题的能力,构成了21世纪期许的"思考力"。人们要获得能够运用知识的深度的理解,形成主体性的学习,就得追根究源,找到理由与根据,反思既有的经验及其思维过程,反复地求得学习方式的经验。要成为能够主体性地解决直面的问题的学习能手,逻辑性·批判性·创造性地深度思考、反思自身的学习的高阶思考力的培育,自然成为学校教育的课题。

"创造未来"(实践力)。实践力由自律性活动、关系形成、可持续的社会关系构成,意味着开拓自身与社会的未来。大体可以分为三个要素,亦即,1.实践性课题的自律性发现与解决——实践性课题的一个特征是,"倘若不把课题作为一个课题来把握,那么,就会对课题视而不见"。正因为如此,首先要求学校教育培育儿童发现自己与周遭环境对社会有意义的课题的态度,以及提炼课题的知识与技能。2.同多样的他者的协同与关系的形成——实践性课题的又一个特征是,同课堂伙伴的分工与课堂之外同他者协作的必要性,即必须接纳他者的见解,慎重地加以琢磨与协调并形成共识。3.价值的学习与创造——同多样的他者的关系是同价值的学习密不可分的。这里所谓的"价值"包括两个侧面,即每一个人受到国家与地域的、家庭文化的影响,在自主判断的经验之中培育起来的各自的价值观,和学校教育中受到关注的共同的价值观。

上述三种力并不是彼此分离与独立的,而是一体化联动的。借助三种力的一体化作用,"运用学习的工具、深度思考、创造未来",便成为可能,这也就是"生存能力"。[18]从培育健全的公民的角度而言,可以把三种力的一体化作用过程归结为"知、思、行"。同样,从历史法则的角度而言,也可以归结为"知道过去的解决策、思考现在的课题、创造未来的行动"。反过来说,亦即不应当采取"忘却过去、无视现今的问题,脱离现实而奢谈未来"的态势。表1表明了期许的21世纪型能力的形象与构成要素。在这里,"素养·能力"具有双重性——既是手段又是目标。"深度学习"是发展儿童潜在地拥有的萌芽、却未能充分展现出来的重要能力的实践。[19]

表1 "21世纪型素养·能力"的内涵(形象)①

期许的力	具体形象	知识的质(举例)
创造未来(实践力)	发现生活与社会环境中的问题,同多样的他者建立关系,引出答案,开拓自己的人生与社会,创造健全而丰富的未来的能力	能够做出知识迁移的提案
深度思维(思考力)	每一个人拥有自己思考,同他者进行对话,琢磨与整合思考,创出更佳的答案与知识的能力,进而发现新的问题、持续地学习的能力	能够做出为什么的解释
驱动工具与身躯(基础力)	驱动语言、数量、信息等符号与自己的身躯,理解与表达客观世界的能力(语言、数量、ICT、具身化素养)	调查所在地的名称与位置

(三)"深度学习"的创造

日本国立教育政策研究所通过对十几个国家的"核心素养"的国际比较研究,揭示了"核心素养"大体由"硬件"——学科素养(学科·领域的深度理解)与"软件"——高阶教育目标两个部分构成。因此,要求课堂教学模式的转型——从"教师中心"的教学

---

① 日本国立教育政策研究所,编. 素质·能力(理论编)[M]. 东京:东洋馆出版社,2016:220.

转向"学习者中心"的教学,亦即超越教科书内容水准的学习这一目标,引领每一个儿童从"浅层学习"走向"深度学习",以实现"教育内容"[学科知识与跨学科领域知识]的深度理解(硬技能)的学习,同"21世纪型技能"(软技能)的一体化培育。[20]

策略之一,重视"优质知识"及其学习方式。其一,首先应当重视的是让儿童从事提升知识质量的学习。所谓"优质知识"意味着,不单要求"知道",而且要求"理解"与"运用知识"。也可以说,能够持续地迁移与活用的知识。换言之,从源于经验的知识的经验法则——"朴素概念",上升到基于专业的原理的"科学概念"。其二,要儿童掌握"优质知识",就得有扎扎实实的"深度学习",不能满足于授受碎片化的知识。亦即,需要学习的,不仅是寻求"答案"与"解答方式",而且包括寻求"根据"与"理由"。这种学习需要有"思考力",而且需要把链接学习成果的根本性概念——"大观念"(Big idea),作为学习的对象。其三,掌握"优质知识"的学习方式与基础素养。在学校课程中历来强调的是3R,即"读·写·算"(reading, writing, arithmetic)的技能。随着通信技术的进展,就得有运用电脑并同时展开综合运用的"信息素养"。比如,读取文本与图表,集约所掌握的信息、进行多媒体制作、向未来世界发出信息。亦即,读写算和ICT。融合读写算的ICT素养,成为必备的素养。这种能力一旦充实,就成为基础的能力,便于活跃地展开思维。

策略之二,重视高阶的教育目标及其学习方式。就素养而言,问题解决能力,创造力,沟通能力,协作能力,等等,这些能力同学科内容的学习应当一体化地培育。那么,实际上该如何一体化呢?首先来考察一下"自己发现问题的能力,同伙伴对话与协同,寻求答案"的素养·能力。这个"问题的发现"是非常重要的教育目标,却是一个知易行难的目标。与其在"问题发现—界定—计划—实施—反思"的过程中形成,不如采取以问题的解决经验为基础而形成发现问题的学习顺序,在这种疑问的产生过程中,大体包含了两个因素。一是出于丰富的知识本身而产生质疑的因素,即明白了,却发现尚不明白。二是出于学习者自身的主体性而产生质疑的因素,即学习者能动地运用知识之后,发现了尚不明白的所在。后者可以说是更自觉的元认知的过程。不管怎样,围绕"自己究竟在哪里明白了""想进一步知道什么"的反思性活动,对于激活上述两个因素是有效的。这就是说,驱动思考力来解决课题的过程,从某种意义上说是矫正体验性数据,同"实践力"这一教育目标密切相关。要求儿童从事提升知识质量的学习,就得同时为儿童提供奠定"沟通能力""协作能力"或者"自立·协同·创造"之类的能力之基础。

参考文献

[1] 松尾知明.学校课程与方法论：培育核心素养的教学设计[M].东京：学文社，2014：127.

[2][3][4][5][6][7] 山内乾史，原清治，编著.日本学力问题论集(上卷)：学力论的演变[M].东京：日本图书文化中心，2010：35，94—119，135—140，150，150，154.

[8][10][11][12][13][14][16] 松下佳代，编著."新能力"能否改变教育：学力·素养·核心素养[M].京都：智慧女神书房，2010：147，151，136，156，157，159—163，164—165.

[9] 梶田叡一.教育评价的理论[M].东京：金子书房，1994：86.

[15] 山内乾史，原清治，编著.日本学力问题论集(下卷)：学力研究的最前线[M].东京：日本图书文化中心，2010：233.

[17][18][19][20] 国立教育政策研究所，编.素质·能力(理论编)[M].东京：东洋馆出版社，2016：191，217，220，26—27.

结语　走向"深度学习"

一、汲取学习科学的养分

学习科学围绕"深度学习"有效环境的创造，进行了一系列课程、教材与教学的设计、开发与验证，诸如"项目型学习"(Project-Based Learning)、"问题型学习"(Problem-Based Learning)、基于"具身认知"(Embodied Cognition)的"具身化设计"(Embodied Design)、"电脑辅助协同学习"(Computer Supported Collaborative Learning：CSCL)、"移动辅助无缝学习"(Mobile-assisted Seamless Learning：MSL)，等等。这些新型的教学范式具有共同的重要特征。[①]

特征一，驱动性问题。保障深度学习品质的重要特质，就是引领教学的"驱动性问题"(driving question)。"驱动性问题"必须同现实世界的状况紧紧相连，让学习者感到是有意义的、重要的。"驱动性问题"使得项目活动得以组织与驱动。这是提供面向学习目标、进行科学实践的境脉，给予了整个项目活动的连续性与一贯性。随着学生寻求对驱动提问的解法，核心科学观念的整合性理解得以发展。优异的"驱动性问题"引发学生醉心学习的心情，带来问题解决的必要性与重要性。克拉耶克(J. S. Krajcik, 2013)指出，优异的"驱动性问题"有若干特征：1. 学生能够设计并且实施旨在回答问题的调查，从这个意义上说，应当是"可实施"的。2. 能够满足重要学习目标的丰富的科学内容，同科学家实际从事的工作相关联，从这个意义上说，应当是"有价值"的。3. 能够依存于重要的而不是细微末节的境脉，即应当是"境脉依存"的。4. 能够激发学习者浓厚兴趣，即应当是"有意义"的。5. 不会对个人、生物与环境造成危害的，从这个意义上说，是"合乎伦理"的。在"深度学习"中可由课程与教学的设计者选

---

① R. K. Sawyer,主编. 学习科学指南(第二版第 2 卷)[M]. 大岛纯,等,主译. 京都：北大路书房,2016：17—35.

择驱动性提问，有时也可以是学生与教师选择驱动性提问。在项目型学习中也有从学生自身进行驱动性提问开始的，这有利于学生提出有意义的问题，但倘若要求学生满足优异驱动性提问的特征，是极其困难的，在满足有价值的学习目标这一点上尤为困难。

特征二，聚焦学习目标。要保障基于课程标准的深度学习，就得运用以学习目标为起点的思维过程，保障教材能够满足主要的学习目标。克拉耶克(J. S. Krajcik,2008)在这个过程中大体采取三个步骤：1. 选择核心观念。2. 分解核心观念。3. 开发能够表现所求的学习成果的认知性任务。核心观念的选择主要采取两个标准。其一，核心观念必须是拥有说服力的，能够实现对多重现象的理解。其二，核心观念是下一步学习所必须的，亦即具有发展性，或者是旨在理解相关的情节所必须的。比如，作为物质粒子的性质即一例，物质粒子的性质能够用于说明诸多现象——不管水是否蒸发，即便引起了化学反应，质量也得以保存下来。事实上，在从幼儿园到高中的科学教育的框架中也把物质粒子的性质规定为"科学的核心观念"(Core Idea of Science)。可以说，物质粒子的性质也是理解光合成与呼吸之类的发展现象所需要的核心观念。核心观念一经选择，就得分解这种核心观念，其过程是把核心观念分解为构成要素与概念。然后拓展这些概念，加以确认。课程设计者理解核心观念本身，通过分解的作业，在课程设计中确认观念的核心部分。当然，作为构成要素的观念必须适合于学生的年龄与学年。然后，再从学习成果的视点出发，来描述学习目标，借以做出学生能够运用核心观念的推论，通过学习成果，让核心观念同科学实践结合起来。学习成果反映了现实的科学家专业领域的实践，亦即反映了现象的描述、运用模型解释数据、验证形成科学解释的假设之类的过程。

特征三，参与科学实践。科学的目标是解释与预测多种现象，诸如，蚕食、疾病、生锈、植物的生长、自由落体运动等。科学家为了解答问题而采取不同的科学实践——提出问题、设计并实施调查、运用证据、做出解释。科学家依据一连串的步骤未必能够达到新的科学的理解，但依据证据、模型、理论来说明、预测世界上发生的现象，是所有科学家共同的特质。实际上科学是非线性的尝试。根据实践中的某些结果，就可以明白应当改变实践的做法本身。比如，收集有关某种情节的信息，或许会纠正原本的问题，合作修正调查的计划，数据分析的结果与实验设计本身也可能修正。在深度学习

深度学习　Deeper Learning

中学生自身把学到的新的观念,围绕驱动性问题,展开探究。他们经过一定时间持续地围绕驱动性问题展开调查,这是同传统的科学教学不同的。传统的科学教学就像根据烹饪手册来做菜肴一样,具有凭借短时间的活动来进行的特征,而"深度学习"让学生运用包含了三个要素(主张、证据、推论)的解释框架。所谓"主张"是指学生围绕探究的现象进行的思考;所谓"证据"是指运用观察、文献、所得数据、调查结果等若干来源获取的科学数据,来支撑主张。所谓"推论"是显示主张与论据相关的正当性,运用适当的科学概念来表明为什么作为支撑主张的数据是重要的。通过提供这种框架的结构,就可以支援科学教学中师生双方进行的解释。

特征四,协同学习。深度学习给予学生、教师、社会成员相互协同、探究问题与观察的机会。当课堂成为每一个学生提出问题、书写说明、形成结论、理解信息、讨论数据、发表结果的平台的时候,便是"学习共同体"。比如,教师要求围绕彼此的解释做出评论与反馈。通过协同作业,学生围绕科学观念建构共享的理解。跟伙伴与课堂外的成人对话,也有助于理解这种专业领域的性质。阿兹米蒂亚(M. Azmitia, 1996)说"教师在教学中,即便是放任自流,学生也不会协同"。教师必须帮助学生学会尊重他者的见解、发展协同技能,这是不可或缺的。根据相关经验,由于学生几乎没有协同的经验,需要有一年时间的打磨。比如,先让学生写下自己的见解,然后跟同学写出的见解进行对比,再让其写出"我的见解是基于这样的理由,跟同学的见解类似或者不同"。这样的做法,有助于学生学会相互切磋各自的见解。

特征五,技术支援与观念创生。技术工具拥有学习工具的功能,有助于使得课堂成为学生能动地建构知识的环境。埃德尔森(D. E. Edelson, 2001)指出,在学校中运用技术有三个理由。其一,适于科学的实践,其二,能够以交互作用的方式提示信息。其三,为课堂转型——从灌输主义的课堂模式摆脱出来,提供机会。让学生借助因特网,收集数据、制作并分析图表、制作模型、分享信息、发现信息或者写出多媒体的作品。这样,学习技术就可以拓展课堂世界,成为促进学生展开探究的强有力的认知工具,学习科学的研究表明,学生通过作品把建构的知识加以外化之际,可以取得更好的效果。首先,通过作品的制作,学生的理解得以建构与再建构。当反思自己的作品时,能够能动地运用科学观念。其次,学习不是线性的、碎片化的,评价不应当基于碎片化的信息构成。教师可以运用作品,学生的理解能够通过项目学习,发展自身的理解。

作品的创作从问题提出、设计调查到收集并解释数据、作出科学的解释，就有可能对高阶认知成果做出评价。其三，当学生自身出版或公开利用自己的创造性产品之际，就可以从他者给予的理解中获得创作的动机。由于作品是具体的、明示的，学生就可以得到来自教师、同学、家长与共同体成员的分享与评价。批判性评价给予学生有关优缺点的反馈，就可以使得学生反思并修正自己的作品，从而发展学生的理解。

二、超越"个体能力主义"

实施"深度学习"的最大障碍在于"个体能力主义"。从传统上看，在学校教育中最受重视的是个人的能力，诸如学业成绩、社会能力，均视为个人学业知识与能力的掌握问题，而传统的心理学也往往关注个人内在的侧面。显然，个人是心理学的分析单位。雷斯尼克（L. B. Resnick, 1987）指出，学校的学习不同于日常生活中的学习——其一，在校外的学习中重视在共同作业者之间分享的认知，在学校中则重视个人的认知问题；其二，在校外进行某种作业之际尽可能利用工具，而在学校里则重视不使用工具的纯粹心智的作业；其三，在校外进行适应种种情境的推论，在学校内则重视象征性操作；其四，在校外重视特有的能力，在学校内则重视一般化的能力。[1] 总之，在学校教育中指向个人不使用工具之类的辅助性资源、通过在头脑中的纯粹符号操作，学习通用的知识。这就是说，不依存于情境性资源与社会历史的人造物，从某种意义上说，是一种抬高"赤裸的个人能力"的见解。这种个人能力主义的谬误就在于，它是以"无媒介性""超境界性""没交往性"为其特征的。可以说，这是一种认为人的活动不需要任何媒介、知识是超界域的、意义与价值不变的一种活动观、知识观和意义观。[2]

媒介性的活动。布鲁纳（J. S. Bruner）清晰地分析了能力的媒介性及其重要性。他认为人的能力是借助种种的工具而得以增幅的。比如，车子使得运动能力增幅，眼

---

[1] 佐伯胖，等. 在心理学与教育实践之间[M]. 东京：东京大学出版会，2013：107.
[2] 佐伯胖，等. 在心理学与教育实践之间[M]. 东京：东京大学出版会，2013：118.

睛使得感觉能力增幅,语言与理论使得推论能力增幅,等等。不过,"增幅"并不意味着个人能力的增加。人不是在封闭系统中面对世界的,而是包括人与工具在内的整个系统中,作为运用工具的人面对世界的,人的活动不应以个体作为分析单位。维果茨基(L. Vygotsky)主张,应把以工具为媒介的活动视为一个分析单位。他区分了两种类型的工具:一是形成物件、结构与系统的技术性工具;二是符号、语言之类的心理学工具。[1] 工具媒介活动的重要性就在于,在人同客体世界相结合的同时,也形成同其他人之间的关系。比如,即便是一个工人使用锯子锯木头的场合,锯子是某人制作的工具,同锯子的制作者与改良者形成了间接交流的关系。当一个人进行思考的时候,就必定会借助社会性的语言作为媒介,在这里形成对话性关系。"我"这一界域并不是以皮肤作为边界的躯体,比如在拄拐杖的场合,"我"的躯体同拐杖结合成一体而形成一个系统,在拐杖的前方,"我"与世界的边界在移动。实际上,不以工具为媒介的活动是难以想象的,无媒介的活动不过是一种幻想。这就是说,学校的教育观——以为工具是外在的东西,学校教育的任务只是尽力地培育躯体内在的、不以任何工具为媒介的心智活动就足够了——是必须变革的。符号对于思维活动而言是重要的,但并非由于是表象操作的工具,而恰恰是社会沟通的工具。因此,学校教育中的工具媒介性活动是天经地义的,组织儿童能够积极地运用多样的资源的活动是无可置疑的。

境脉化的知识。所谓"去境脉化"是指,把某种情境中所产生的具体行为与知性同其场域切割开来,视为一般性的知识技能与知性来把握的。实际上,这是有别于去境脉的语言性标记,并不是具体的行为与知性失却了境脉的意义,而是具体的行为所产生的境脉被剥夺,同时被赋予了另一种境脉。从这一意义上说,所谓"去境脉化"是境脉的一种变更——某种境脉在这种变更之前被"特权化"了的境脉。比如智力测验就是测量去境脉的知识的一种作业,但它是把属于各式各样的社会文化的人们的成果,置于西欧学校文化这一特权化的境脉,往往把文化差异视为能力差异来加以把握的,这就出现了"某种文化圈的人欠缺某种能力""某种文化圈的人在某种能力上优于其他文化圈的人"之类的言说。人类是在各自的情境中发挥知性作用的,拥有依存于情境

---

[1] 佐伯胖,等. 在心理学与教育实践之间[M]. 东京:东京大学出版会,2013:119.

的知性,这是不容忽略的。因此,应当讨论的是,在各自的情境与借助各自情境中的活动而达成的知性之间的关系。讨论不依存于情境的知性,只能是一种幻想。这样,我们需要重新思考的是,这种知性的培育应当成为学校教育的主要目标。

交往性的意义。 在每一个人的头脑中都有"意义"——这就是语言符号所承载的、所交流的沟通观。思想首先是在个人头脑中形成的,这是被社会流通的语言翻译出来的加工过的思维方式。在这种见解中,所谓的"发展"是存在于既存世界的"意义"之中,借助社会性语言加以接受,并把它内化为自身的知识的过程。这样,就像思考相对稳定的事物、把意义写进辞书那样来处理一样。不过,辞书记载的说辞只是想定了的"一例"而已,并不是任何时候都可以利用的绝对不变的"意义"。布朗(J. S. Brown, 1988)指出,"知识类似于语言"。这种语言并没有附着固定的意义,而是标示世界的某种情境中的活动的产物。正像海鲜市场牌价中的"鲤鱼"与"鲤鱼跳龙门"的词汇那样,在不同的语境中有不同的意义。意义不是不变的,而是借助直面世界的活动随时随地得以交往并生成。意识到了的"意义"只是表示在这种过程中的某种状态。因此,学校教育不应当倾注于"意义"的传递,而应当指向因应情境的意义的生成,使每一个儿童积极地参与交往。这就意味着,克服"知识是教科书中记载下来的、存在于教师头脑中"的"知识的正答主义",直面现实的世界。

强调活动的媒介观、知识的境脉观、意义的交往性的立场,统称为"情境学习论"。在这里,涵盖了维果茨基学派的"最新发展区"的研究、"社会分散认知"的研究、"情境学习"等研究。这些研究的一个共同点是,研究的分析单位不是个体,而是具体情境中包含无数他者与人工物的活动系统。情境学习研究指向的,不是把个人消解在情境之中,也不是无视个体,而是同情境关联起来,捕捉个体。生态心理学是起源于达尔文(C. Darwin)的人类生态学研究,重视对个体生态学环境的影响。因此,莫斯(R. H. Moos, 1976)说,"个体的行为不是各自的人所固有的内在的特性,亦即不是借助人格与态度来决定,而是强烈地受到环境影响的结果"。威克(A. W. Wicker, 1984)则指出,这种理论的核心概念是"行为背景"(behavior setting),借此,有机体与环境的交互作用作为分析单位抽取出来。[①] 所谓"行为背景"不是指单纯的物理空间,它是由"旨

[①] 佐伯胖,等. 在心理学与教育实践之间[M]. 东京:东京大学出版会,2013:128.

在实施被称为'行为为背景程序的序列化'的一连串行为,有可能协同地置换交互作用的人以及人之外的构成部分组成的有边界的、拥有自我调节功能的层级化系统"。"情境学习论"摈弃旧有的个体与环境关系的二元对立模式,强调把两者视为一个整体来加以把握。

三、 编织跨界的知识网络

在信息云端化时代,随着"物流网络化""大数据分析"和"人工智能"的进步,"信息素养"成为一个重大课题。所谓"信息素养"亦称为"信息·知识的素养"(information and knowledge literacy),可以界定为"检索与选择、解读与阐发、整合与编辑、分享与运用的能力,以及有效地展开这些作业的认知处理能力(知觉、记忆、语言、思维、批判性思维、问题解决等)"。[①] 这些能力是有助于更深、更广、更灵动地建构知识、内化知识的素养。概而言之,所谓"信息素养"涵盖了"信息的知识化""知识的运用""知识的分享与社会化"以及"知识的组织与经营"的能力。

信息的知识化。信息不等于知识,"知识是伴随着判断,对信息进行选择、加工而获得并加以内化的"。[②] 两者的差异在于,第一,是否有主体的存在。亦即,"信息"指的是被发出的信息,跟主体没有关系;而"知识"是以主体的存在为必要条件的,亦即"是谁拥有这种信息"。不过,在这种条件中"信息"与"知识"是难分难解的。因此,要区分两者的差异还需要附加另一个必要条件,亦即不是单纯地拥有知识、知道什么,不影响行为的信息不能称为"知识"。"信息"是借助分析数据而抽取的片段的意义;而"知识"是同影响行为相关的有价值的信息体系。因此,所谓"信息的知识化"可以归纳为,"信息内化为个人的东西,在个人的知识世界中占据一席之地,影响到行为,称为'有意义的知识'"。[③]

知识的运用。在知识社会里谁都需要有处理信息与知识的能力,但传统的学校教

[①] 沟上慎一. 能动学习与教学范式的转型[M]. 东京:东信堂,2014:58—59.
[②] 山田肖子. 知识论:信息云端化时代的"知识"活动[M]. 东京:东信堂,2019:20.
[③] 沟上慎一. 能动学习与教学范式的转型[M]. 东京:东京信堂,2014:62.

育满足于"知识的传递与习得",却忽略了"信息与知识的运用"。信息与知识的运用不仅旨在"累积型知识"的巩固,而且旨在形成"网络型知识"。知识是人类理解周遭发生的社会与自然的现象与在人生问题解决的情境中不可或缺的。因此,在深度学习的教学设计中,需要从实践视点出发,探讨如何培育儿童知识运用的能力。

知识的分享与社会化。向他者传递知识,或者汲取、整合他者的知识,谓之"分享与社会化"。在知识世界中,求得自己与他者、自己与社会之间的平衡是非常重要的。向他者学习,同他者一起解决问题,是同获得自己没有的新的知识,发现自己并不拥有的视点,联系在一起的。同他者协同作业,获得来自他者的信赖,也会激发进一步学习的动机。这种自己在他者与集体·社会中拥有了意义的心理社会的动力作用,就是杜威(J. Dewey)所说的提升经验水准的"社会交互作用"。可以说,"深度学习"强调的协同学习,谋求知识的分享与共鸣,乃是理所当然的。

知识的组织与经营。一切知识的习得都会丰富个人的知识世界,不过,这种习得的知识,倘若在既有的知识世界中不经过梳理,即便是理解了每一个具体的知识,但大体是不可能臻于深度理解的,而"经过知识的分享与社会化、相关的知识越是能够习得与积累"这样一种作业,显然是必要的。在这里,这种知识的梳理作业谓之"知识的组织与经营"。具体地说,指的是"知识的整理、链接、分类"的作业,这是因为,知识容易消逝或腐朽,需要不断地提炼、精进。作为旨在培育社会所必须的核心素养的一种学习法,国际教育界倡导"扬弃说"。所谓"扬弃"不是单纯地积累习得的知识,而是适应新的情境与课题,解构既有知识,从中汲取必要的养分,重建新的知识世界。这种"扬弃"是持续地适应现代社会的急剧变化所需要的方略,也可以说,这就是美国著名经营学家德鲁克(D. F. Drucker)倡导的"知识经营的大前提——再确认、再学习、再习练"的过程。

佐藤学倡导"学习的共和国"的术语,指的是"打破教室的墙壁、学校的围墙和地域的界限,超越国境,形成跨界的知识网络"。[①] 真正的"深度学习"应当具备这种编织跨界的知识网络的品格。"深度学习"的理论研究与实践案例层出不穷,为"课堂转型"带来连绵不绝的动力源。

---

① 佐藤学,等,主编.教育的再定义(教育变革展望丛书第1卷)[M].东京:岩波书店,2016:4.